Filip Gańczak

Jan Sehn und die Ahndung der Verbrechen von Auschwitz

Eine Biografie

Studien zur Geschichte und Wirkung des Holocaust

Herausgegeben von Sybille Steinbacher im Auftrag des Fritz Bauer Instituts

Band 7

Filip Gańczak

Jan Sehn und die Ahndung der Verbrechen von Auschwitz

Eine Biografie

Aus dem Polnischen
von Lothar Quinkenstein

WALLSTEIN VERLAG

Diese Publikation wurde vom
©POLAND Translation Program gefördert.

Bibliografische Information der Deutschen Nationalbibliothek
Die Deutsche Nationalbibliothek verzeichnet diese Publikation in der Deutschen Nationalbibliografie; detaillierte bibliografische Daten sind im Internet über http://dnb.d-nb.de abrufbar.

www.wallstein-verlag.de
Die polnische Originalausgabe erschien 2020 unter dem Titel »Jan Sehn Tropiciel nazistów« im Czarne Verlag

Vom Verlag gesetzt aus der Adobe Garamond und der Myriad Pro
Umschlaggestaltung: Susanne Gerhards, Düsseldorf
Coverfotografie: Jan Sehn (dritter von links) mit der Frankfurter Gerichtsdelegation bei der Ortsbesichtigung in Auschwitz, Dezember 1964.

Lektorat im Fritz Bauer Institut: Andrea Kirchner
Druck und Verarbeitung: Hubert und Co, Göttingen
Gedruckt auf säure- und chlorfreiem, alterungsbeständigem Papier

ISBN 978-3-8353-5321-3

Inhalt

Der Stadt Krakau gewidmet

Ich bin […] ein entschiedener Gegner der Todesstrafe, und es versteht sich von selbst, dass ich umso mehr ein entschiedener Feind der Tötung und bestialischen Ermordung von Menschen bin, wie sie die Hitler-Faschisten massenhaft begangen haben, grundlos und ohne Gerichtsurteil […]. Daraus ergibt sich für mich die innere Verpflichtung, mit denjenigen zusammenzuarbeiten, die sich zum Ziel gesetzt haben, diese Verbrechen offenzulegen und die Täter zu bestrafen. Meine ganze Haltung wird bestimmt von einem tiefen Respekt vor dem Leben […], wie es unser großer Zeitgenosse Albert Schweitzer in einem handschriftlichen Brief an mich formuliert hat.

Jan Sehn, 31. März 1960[1]

Auschwitz 1945

Oktober 1965. Im Büro des Direktors wird Kaffee serviert. Ungeduldig schrillt das Telefon. Vor dem Fenster sieht man den Krakauer Parkgürtel Planty, immer noch grün, obwohl es bereits Oktober ist. Professor Jan Sehn, Direktor des Instituts für Gerichtsexpertisen, empfängt den Journalisten Leopold Marschak. Das Gespräch, das nur kurz hatte dauern sollen, zieht sich schon über zwei Stunden hin. Eigentlich geht es allein um ein Thema: Auschwitz.

Der Gastgeber, »groß und schlank, mit energischen Bewegungen«,[1] begibt sich in der Erinnerung um zwanzig Jahre zurück: ins Frühjahr 1945. Die größte deutsche Todesfabrik – zunächst ein Ort von Massakern an Polen, mit der Zeit dann vor allem ein Ort der massenhaften Ermordung von Juden – steht still. Auf Teilen des Lagergeländes hat sich die sowjetische Militärverwaltung eingerichtet. Einer der ersten Polen, die hier Ermittlungen aufnehmen, ist der Untersuchungsrichter Jan Sehn. Der hervorragende Krakauer Jurist weiß genau, dass die Zeit gegen ihn arbeitet. Es gilt, Dokumente des Lagers zu sichern, ehe sie in die Sowjetunion gebracht oder makuliert werden. Ausländische Zeugen müssen befragt werden – ehemalige Häftlinge –, ehe sie sich in alle Winde zerstreuen. Und die Baracken müssen nach Möglichkeit davor bewahrt werden, dass sie durch Brände oder Abriss verschwinden.

Seine Geschichte aus dem Jahr 1945 illustriert Sehn mit Fotografien. Er zeigt Marschak eine Gruppe von Menschen auf einer Schwarz-Weiß-Aufnahme: »So sah die erste Auschwitz-Kommission aus, an deren Arbeit ich teilgenommen habe.«

Zum ersten Mal kommt die Kommission zur Untersuchung der deutschen Hitler-Verbrechen in Auschwitz – so die vollständige Bezeichnung – am 29. März 1945 in Krakau zusammen, es ist der Gründonnerstag. Politiker und Wissenschaftler gehören der Kommission an, ebenso bekannte Kulturschaffende, wie etwa die Schriftstellerin Zofia Nałkowska.

Richter Sehn ist anfangs noch nicht dabei. Es ist jedoch bekannt, dass er bereits am 28. März mit Lucjan Szulkin, dem Leiter der Abteilung für Propaganda und Popularisierung des Rechts im Justizministerium, über die Auschwitz-Kommission gesprochen hatte. Einen Tag später verfasst er eine Notiz für Szulkin, in der er dafür

Knochensieb, im Hintergrund die Ruinen des Krematoriums II, Birkenau, 29. Mai 1945. Ganz links Hewlett Johnson, Dekan von Canterbury; ganz rechts Jan Sehn.

plädiert, Gerätschaften und Einrichtung des Lagers als Beweise der Schuld zu erhalten.

Die neuen kommunistischen Machthaber, die sowohl auf gesellschaftlichen Rückhalt als auch auf internationale Anerkennung erpicht sind, möchten zeigen, dass ihnen an einer gerechten Abrechnung mit der blutigen deutschen Besatzung gelegen ist. Die Anfänge der Auschwitz-Kommission haben allerdings einen sehr improvisierten Charakter. Beim ersten Ortstermin am 5. April auf dem Gelände des ehemaligen Lagers wird kein Protokoll angefertigt. »Damals wurden auch [...] weder Dokumente noch Sachbeweise sichergestellt«,[2] halten Jan Sehn und Staatsanwalt Edward Pęchalski später fest. Die beiden gestandenen Juristen, die ihre Ausbildung noch vor dem Krieg absolviert hatten, schließen sich am 6. April der Kommission an.

An diesem Tag beginnen im Gebäude des Krakauer Appellationsgerichts in der Grodzka-Straße 52 die öffentlichen Befragungen von Auschwitz-Häftlingen. Auch hier wird wieder improvisiert. Die Kommission hat keinen klaren Plan, wie sie vorgehen soll. Justizminister Edmund Zalewski schaut immer wieder auf die Uhr, beschränkt die Möglichkeit, Fragen zu stellen. Diese sind im Übrigen auch eher zufälliger Natur. Und schlimmer noch: weder werden die Aussagen chronologisch geordnet noch von den Zeugen unterschrieben. Ein solches Material ist zwar ein gefundenes Fressen für die Presse, vor Gericht jedoch besitzt es keinen größeren Wert.

Sehn und Pęchalski pochen darauf, dass die Befragungen an die juristische Unterkommission abgegeben werden, der sie beide angehören, damit sie dort im Einklang mit der polnischen Strafprozessordnung weitergeführt werden. Mitte April haben sie ihr Ziel erreicht. Nun stößt Wincenty Jarosiński dazu, ebenso Staatsanwalt mit Erfahrung aus den Vorkriegsjahren und ehemaliger Auschwitz-Häftling. Endlich werden die Protokolle auch professionell geführt – bis heute schnüren sie einem die Kehle zu. In großem Maße ist dies den Zeugen zu verdanken, die bereit waren, ausführlich von dem Grauen zu berichten, das sie erleiden mussten.

Luigi Ferri krempelt bei der Befragung im April 1945 den Ärmel seines Tiroler Jankers hoch und zeigt seinen Unterarm mit der eintätowierten Lagernummer: B 7525. Noch keine dreizehn ist der dunkelhaarige Junge, doch was er im letzten Jahr erlebt hat, hat ihn brutal aus seiner Unschuld gerissen: »Ich habe auch Leichen von kleinen Kindern gesehen, sehr kleinen Kindern, ganz voll Blut«,[3] berichtet er Sehn und Jarosiński auf Deutsch. Als im Juni 1944 italienische Polizisten in Triest seine jüdische Großmutter abholen, beschließt er, mit ihr zu gehen, obwohl die Uniformierten ihm erlauben zu bleiben – Luigi ist in einer katholischen Familie aufgewachsen. Im Güterzug sind sie noch im selben Waggon, im Lager werden sie dann bald getrennt. Nach einigen Monaten erfährt Luigi, dass seine Großmutter in der Gaskammer ermordet wurde. Er selbst kann dank der Fürsorge überleben, die ihm Dr. Otto Wolken zukommen lässt, ein Wiener Jude, der in Auschwitz als Häftlingsarzt tätig gewesen ist.

Roman Goldman ist fast ein Altersgenosse von Ferri – nur ein halbes Jahr älter. Er kommt aus Tomaszów Mazowiecki. Zu dem Zeitpunkt, als Sehn und Jarosiński ihn befragen, wohnt er in einem Krakauer Waisenhaus in der Długa-Straße. Den Kontakt zu seinen Eltern und seiner Schwester hat er in Auschwitz verloren, wohin sie alle im Juli 1943 von Treblinka aus verbracht worden waren. Roman Goldman war schon für den Tod bestimmt. Der Arzt Josef Mengele, der »Todesengel«, hatte ihn einer Gruppe von 180 Menschen zugeteilt, die vergast werden sollten. Doch der Junge entkam aus dem Block, in dem die Menschen ihr Schicksal erwarteten. Später arbeitete er unter anderem in einem Rollwagenkommando – »beim Transport der Leichen ins Krematorium«. »Immer wieder habe ich verschiedene Transporte gesehen, die ins Lager kamen«, berichtet er. »Gleich nach dem Ausladen des Waggons hat der Lagerarzt die Selektion durchgeführt und die Gesündesten, immer nur sehr wenige, für das Lager eingeteilt, die anderen sind gleich in die Gaskammern gegangen. Ich konnte genau beobachten, wie sich das alles abgespielt hat.«[4] Häftlinge wie Goldman profitieren von den Lebensmitteln, die die Vergasten zurücklassen. Der deutsche Blockwart drückt gnädig ein Auge zu.

Eugenia Halbreich, geboren 1902, wurde im Januar 1943 zusammen mit ihren Eltern nach Auschwitz deportiert. Zuvor, im Krakauer Ghetto, hatte sie noch eine Arbeit gehabt, die es ihr erlaubte, das Ghetto zu verlassen. Jetzt gelangte sie nach Auschwitz – im Bewusstsein, dass »aus Auschwitz kein Jude mehr herauskommt«.[5] Schon die erste Konfrontation mit der neuen Wirklichkeit war brutal: Schläge, Hunde, die auf Menschen gehetzt wurden, fürchterliche sanitäre Verhältnisse. »Allabendlich brachten die inhaftierten Frauen einige, wenn nicht Dutzende Frauen, die gestorben, vielmehr ermordet worden waren«, berichtet sie Sehn und Jarosiński. Um ihre Leiden zu verkürzen, warfen sich einige an den elektrisch geladenen Zaun. Auch Halbreich dachte daran, sich das Leben zu nehmen. »Vom Selbstmord hat mich nur meine Mutter abgehalten«, sagt sie später. Trotz äußerster Anstrengungen konnte die Tochter die Mutter nicht vor der Gaskammer bewahren. Halbreich musste in dieser Zeit noch einen weiteren Schicksalsschlag hinnehmen: Sie erfuhr, dass einer ihrer Brüder auf einem jüdischen Friedhof in Krakau von der Gestapo erschossen wurde. Eugenia hatte mehr Glück: Sie überlebte mehrere Dutzend Selektionen. Schließlich erhielt sie eine leichtere Arbeit, wurde Schreiberin (*szrajberka*) im Nebenlager Raisko, wo Gemüse für die SS angebaut wurde. Von dort sah sie noch immer die qualmenden Schornsteine der Krematorien.

Die Berichte der Zeugen sind von größtem Wert, doch eine professionelle Besichtigung des Ortes selbst ist unumgänglich. Sehn und seine Kollegen aus der Unterkommission wollen das Gelände des ehemaligen Lagers so bald wie möglich in Augenschein nehmen. Es dauert – heute mag das erstaunen – eine Ewigkeit, bis ihnen endlich ein Auto zur Verfügung gestellt wird. Erst im Mai werden die Fahrten möglich.

Unscharfe Fotos aus dieser Zeit zeigen die Mitglieder der Unterkommission auf ihrem Weg. Auf einem offenen Lastwagen mit Sitzbänken auf der Ladefläche sind Sehn, Pęchalski, Jarosiński und drei Protokollantinnen zu sehen: Krystyna Szymańska, »die hervorragende Deutschkenntnisse besaß und ein klein wenig ›holprig‹ Polnisch sprach«,[6] Stefania Setmajer und Jadwiga Wojciechowska. »Gelegenheitshalber fuhren wir mit einem Lastkraftwagen – einem Klapperkasten, den die Verwaltung zur Verfügung gestellt hatte«, so Jarosiński später, »schließlich konnten wir uns mit einem Privatmann ins Einvernehmen setzen, der ein Auto besaß und sich einverstanden erklärte, dass die Kommission für einen Teil der Zeit den Wagen nutzte, und er für den anderen.«[7] »Häufig war es so, dass wir am Montag aus Krakau wegfuhren und am Samstag zurückkamen. Und am darauffolgenden Montag fuhren wir wieder ins ehemalige Lager«,[8] erinnert sich Krystyna Szymańska 1990.

Da sich das sogenannte Stammlager (Auschwitz I) unter Aufsicht der sowjetischen Militärverwaltung befindet, muss die Krakauer Unterkommission auf deren guten Willen hoffen. Anfangs gestaltet sich die Zusammenarbeit auch ganz gut. Die polnische Gruppe übernachtet in einem Gebäude, in dem sich zuvor die Lagerverwaltung eingerichtet hatte. Sehn und Pęchalski teilen sich ein Zimmer; für die nächsten Jahre werden sie eng zusammenarbeiten. Jetzt – zwischen dem 11. und dem 25. Mai 1945 – widmen sie sich gemeinsam dem Lagerspital. Begleitet werden sie von Stanisław Łuczko, dem Fotografen im Institut für Gerichtsexpertisen. Im Spital befinden sich noch immer um die 400 Patientinnen und Patienten – ehemalige Häftlinge. »Alle […] sind unterernährt, abgemagert, die meisten schwer krank, bettlägerig«,[9] gibt Sehn zu Protokoll. Klara Chełmicka, eine dreißigjährige Polin, wiegt nur noch 25 Kilogramm, ein Drittel dessen, was sie zum Zeitpunkt ihrer Verhaftung 1943 wog. Die einige Jahre ältere Betty Spinoza, eine holländische Jüdin, wiegt 23 Kilogramm. Alleine kann sie sich nicht im Bett aufsetzen. Um die Patienten kümmern sich Ärzte und Krankenschwestern des Polnischen Roten Kreuzes, ehemalige Häftlinge mit medizinischer Ausbildung sowie sowjetische Ärzte mit ihrem Hilfspersonal. So sehr diese Menschen sich auch bemühen – nicht alle können gerettet werden. Janette Aparicio, Jahrgang 1903, ist bei Bewusstsein, als Sehn das Spital besucht, doch völlig ausgezehrt. Sie stirbt gut zwei Wochen später, nicht ganz vier Monate nach der Befreiung des Lagers. Und sie ist nicht die Einzige.

Krystyna Szymańska wird später sagen, dass die ehemaligen Häftlinge in ihrem elenden Zustand überaus bedrückend auf sie gewirkt hätten. Doch nicht nur sie – auch der Galgen, die Ruinen der Krematorien, die Berge von Haaren, die den vergasten Frauen vom Kopf geschoren worden waren. »Was ich gesehen habe, überschritt die Grenzen des Erträglichen. Ich hatte den Eindruck, in Blut zu waten«, ist in einem ihrer Berichte zu lesen. »Als ich Birkenau sah, war ich völlig entsetzt. Als es wärmer wurde, fingen in dem sumpfigen Terrain die riesigen Mengen menschlicher Asche an zu brodeln. Man meinte, es würde dort kochen. Der Anblick war unfasslich.«[10] Erschütternd ist auch eine der Aufnahmen, die Łuczko zur selben Zeit gemacht hatte. Die Unterschrift dazu: »Birkenau – Gelände beim Krematorium Nr. 5, nicht verbrannte Überreste von Leichen.«[11]

Birkenau war ein Ort des Massenmords in Gaskammern. Diesen Teil des ehemaligen Lagers sollen jetzt die Polen beaufsichtigen, eine entsprechende Wachmannschaft wurde auf Anweisung des Krakauer Wojewoden organisiert. Diese Männer jedoch – nur wenige an der Zahl und nicht mit Waffen ausgerüstet – können ihre Aufgabe nicht erfüllen. »So hat die Bevölkerung der Umgebung die Baracken geplündert und sowohl die darin befindlichen Dokumente vernichtet als auch Gegenstände zerstört, die zum einen für die Arbeit der Kommission von Bedeutung gewesen wären und zum anderen als Museumsexponate hätten dienen können«,[12] halten Sehn und Pęchalski einige Monate später in ihrem Bericht fest.

Trotz der schwierigen Bedingungen kann die Krakauer Kommission einiges erreichen. Juristen nehmen die Objekte des ehemaligen Lagers in Augenschein, bemühen sich, Dokumente zu sichern, die die Deutschen hinterlassen haben. Die Suche führt »in alle möglichen Ecken des Lagergeländes«, so die Erinnerungen Krystyna Szymańskas, »[Papiere] lagen auf der Erde verstreut, auf den Fußböden verschiedener Räume, vor allem in dem Gebäude, in dem die

Verwaltung untergebracht gewesen war. Richter Sehn sagte, dass wir jedes beschriebene Stück Papier einsammeln sollten, später würden wir dann entscheiden, was von Bedeutung wäre und was nicht. So machten wir es auch. Einige Lagerakten haben wir aus Mülltonnen und aus den Kloaken hervorgeholt. Sie wurden in große Papiersäcke gepackt, und ein ums andere Mal brachten wir sie mit dem Lastwagen nach Krakau.«[13] Dort – im Institut für Gerichtsexpertisen – werden sie von Schmutz und Kot gereinigt und unter Infrarotlicht gelesen.

Geborgen werden können unter anderem Listen, Korrespondenz und Befehlsschreiben der deutschen Lagerleitung. Auf dem Dachboden von Block 11, dem sogenannten Todesblock, finden Sehn und Pęchalski die Häftlingskartei. »Die Suche führte mich zu den Trümmern eingestürzter Baracken, in überflutete Keller, aus denen wir die dort verstreuten Papiere buchstäblich herausfischen mussten«, berichtet Sehn im Gespräch mit Marschak. »Im Schutt einer abgebrannten Baracke fand ich zum Beispiel Formulare, die beim Verhör von Häftlingen benutzt worden waren, an anderer Stelle wiederum stieß ich auf Lagepläne des Lagers. All diese Dokumente mussten sorgfältig sortiert werden, jedes einzelne konnte das Dokument eines Verbrechens sein.«

Doch fehlt es der Kommission an Personal und an Transportmöglichkeiten. Der Lkw, den der Krakauer Wojewode als Notbehelf organisiert hat, steht nicht jeden Tag zur Verfügung. Sehn und Pęchalski schlagen Alarm – »zwei Mal schon wurden Dokumente, die – in Säcken verpackt – zum Abtransport bereitgestanden hatten, von sowjetischen Soldaten mitgenommen«.[14] Der Untersuchungsrichter fordert eine Intervention, doch die Dokumente können nicht mehr zurückerlangt werden. Die Krakauer Gruppe erhält den knappen Bescheid: »Kriegsbeute. Die geben wir nicht zurück.«[15]

Es kommt noch ärger. Schon Ende Mai schränkt die sowjetische Militärverwaltung die Möglichkeiten, sich auf dem Terrain des ehemaligen Lagers zu bewegen, erheblich ein, auch das Fotografieren wird restriktiv kontrolliert. Unterdessen sind einige Baracken bereits eingerissen worden, andere befinden sich in bedenklichem Zustand. Es verschwindet der Galgen, der vor dem Block 11 gestanden hat. Auf dem Dach des Bunkers, in dem sich eine Gaskammer und das Krematorium I befunden hatten, wird ein Tanzplatz eingerichtet.

Hilfesuchend wenden sich die Krakauer Juristen an Jerzy Kornacki, einen Abgeordneten des Landesnationalrats, weiterhin an den neuen Justizminister Henryk Świątkowski, einen ehemaligen Auschwitz-Häftling, sowie an den Vizepremier Stanisław Janusz. Vergeblich. In dieser Lage richten Sehn und Pęchalski am 30. Mai ein mit allem Nachdruck verfasstes Schreiben an den Vorsitz der Hauptkommission zur Untersuchung der deutschen Verbrechen in Polen, die in eben jener Zeit gegründet wurde. Unter anderem fordern sie in ihrem letzten Punkt »eine angemessene Sicherung des Lagergeländes Auschwitz sowie die Möglichkeit uneingeschränkter Bewegung in allen Objekten auf dem Terrain«.[16] Die Übergangsregierung der Republik Polen, die wenige Monate zuvor unter dem wachsamen Auge Josef Stalins berufen worden war, hat jedoch nicht den Mut – oder auch schlicht keine Lust –, sich der Sache anzunehmen.

Die Sowjets richten in Auschwitz und Birkenau Übergangslager für deutsche Kriegsgefangene ein, ebenso für Zivilpersonen aus Oberschlesien und der Gegend um Oppeln. In Kürze ist jeglicher Zutritt zu dem Terrain untersagt. Sehn und Pęchalski schreiben, dass »auf dem Gelände herumgewühlt wird, auf der Suche nach Gold und anderen Wertgegenständen, von denen man vermutet, die Häftlinge hätten sie vergraben oder in den Wänden der Baracken versteckt. Dadurch wurde das Aussehen des Lagergeländes so weit verändert, dass sich selbst Häftlinge, die mehrere Jahre hier eingesperrt waren, nur mehr mit Mühe orientieren können.«

Die beiden Juristen fordern erneut, die polnische Regierung möge »die sowjetische Militärverwaltung dazu bewegen, das Gelände des ehemaligen Lagers Auschwitz freizugeben und eine entsprechende Sicherung des Terrains zu ermöglichen«.[17] Doch sind das naive Erwartungen. Der Abgeordnete Kornacki hatte sich zuvor schon irritiert gezeigt, dass weder der Justizminister noch der Premierminister Edward Osóbka-Morawski noch die wichtigsten Kommunisten – allen voran Bolesław Bierut und Władysław Gomułka –, dass also »niemand aus der sogenannten Regierung der polnischen Volksmacht auch nur einen Finger gerührt hatte, um das, was in Birkenau an Bedeutsamem vorhanden war, vor der sowjetischen Lagerverwaltung zu sichern«.[18]

Auch das Argument, dass immer öfter ausländische Delegationen nach Auschwitz kommen, verfängt nicht. Der luxemburgische

Außenminister Joseph Bech kann am 26. September nur durch einen Teil von Birkenau geführt werden, für eine Begehung des gesamten Lagerareals erteilen die Sowjets keine Genehmigung. Sehn und Pęchalski halten fest, dass er dennoch »zutiefst erschüttert war angesichts der riesigen Ausmaße der deutschen Verbrechen, die hier begangen wurden, und er kündigte an, entsprechende Schritte unternehmen zu wollen, […] damit das Lager Auschwitz im jetzigen Zustand für die Welt bewahrt werden könne – als Aufschrei, der von den grauenhaften Verbrechen des Hitlerregimes zeuge, sowie als Ort eines Gedenkens, dessen Pflege der Ehre der ermordeten Opfer aus ganz Europa gebühre«.[19] Das Museum auf einem Teilgebiet des ehemaligen Lagers kann 1947 eröffnet werden.

Mitte 1945 setzt Sehn alles daran, den Wettlauf mit der Zeit zu gewinnen. »Im Einklang mit den Prinzipien der Kriminalistik vier- und fünfteilt er sich, um in aller Eile die größtmögliche Menge an Beweismaterial sicherzustellen«,[20] sagt später Jan Markiewicz, sein langjähriger Mitarbeiter am Institut für Gerichtsexpertisen.

Die Krakauer Gruppe fährt nicht nur nach Auschwitz, sondern auch in die sogenannten »Wiedergewonnenen Gebiete«, in denen noch viele Deutsche wohnen. »In dieser Zeit hatten viele Straßen schon andere Namen bekommen, und da sie voller Trümmerschutt waren, irrte man, wenn man eine Stadt verlassen wollte, oft eine ganze Weile umher, bis man den richtigen Weg gefunden hatte. Wenn die Einheimischen – Deutsche – den weißen Adler auf der Kühlerhaube sahen, sagten sie immer, eine solche Straße gebe es hier nicht, und wenn sie überhaupt weitere Auskunft gaben, verwiesen sie stets auf den deutschen Straßennamen«, schreibt Jarosiński. Als der Fahrer in Mysłowice einmal den Soldaten nicht bemerkt, der den Verkehr regelt, wird es heikel: »[Er] nahm das Gewehr von der Schulter und richtete den Lauf in unsere Richtung, in der Absicht, einen Schuss abzufeuern, und erst als der Fahrer auf unseren Aufschrei hin den Wagen zum Stehen brachte, hängte er das Gewehr wieder über die Schulter und widmete sich seiner Aufgabe. Derlei Vorfälle hatten wir öfter, einmal steuerte der Fahrer […] den Wagen so, dass wir um ein Haar von einer Brücke in einen Fluss gestürzt wären.«[21]

Als besonders ergiebig erweist sich eine Fahrt nach Katowice und Wrocław im Juli 1945. Sehn durchkämmt mit seinen Mitarbeitern die Firmensitze der Hoch- und Tiefbau AG. »Meine Begleiter und ich mussten ein Gebäude betreten, das jeden Augenblick vollends einstürzen konnte«, berichtet er Marschak in kühl beherrschtem Ton. »Wir irrten zwischen Trümmerschutt herum, doch wurde unsere Mühe belohnt. Auf dem Boden bemerkte ich einen gerollten Bogen Papier. Ich hob ihn auf, entrollte ihn: Ich hatte einen genauen Plan der vier Krematorien vor mir.«

Im späten Frühjahr 1945 ist die juristische Unterkommission bereits zur Krakauer Wojewodschaftsabteilung der Hauptkommission zur Untersuchung der deutschen Verbrechen in Polen geworden. Drei Räume nimmt die Abteilung ein – im ersten Stock des Gerichtsgebäudes in der Grodzka-Straße. Sehn und Pęchalski haben jetzt nicht nur die Unterstützung von Staatsanwalt Jarosiński, auch der Richter Stanisław Żmuda ist zu der Gruppe hinzugekommen. Die vier Juristen sichern Akten des Generalgouvernements, der NSDAP, Häftlingslisten aus dem KZ Mauthausen, Listen von Zwangsarbeitern und Ähnliches mehr. Opfer des deutschen Terrors werden exhumiert, unter anderem im Fort Krzesławice an der Peripherie Krakaus.

Den tiefsten Eindruck hinterlässt bei Sehn aber Auschwitz. »Der Wind und die Flüsse«, so Sehn in einem emotional aufgeladenen Vortrag im August 1945, »verteilten die Asche der Märtyrer von Auschwitz über ganz Polen, befruchteten dessen Erde damit, und sie brachte den Geist der Rache hervor, auf dass der Sturm der Kreuzritter ein für allemal in Staub und Asche verwandelt werde.«[22] Das sagt ein Mann, der deutsche Wurzeln hat. Fünfzehn Jahre später wird er bei einer Befragung im Landgericht Münster sagen: »Die Schuld im Maßstab des Konzentrationslagers Auschwitz-Birkenau sprengt alle in den menschlichen Beziehungen angenommenen Kriterien für Gutes und Böses, Wahres und Falsches, Recht und Unrecht, Richtiges und Unrichtiges – und deshalb überschreitet sie die Grenzen der Beurteilungsmöglichkeit durch einen einzelnen Untersuchungsrichter.«[23]

Als Leopold Marschak sich im Oktober 1965 mit Sehn trifft, hat er nicht die Gelegenheit, all seine Fragen zu stellen. Er hofft auf ein weiteres Gespräch, »um noch andere Aspekte zur Sprache bringen zu können, die das Vorgehen der Hitlerschergen in Auschwitz betreffen«. Zu dieser Begegnung sollte es nicht mehr kommen. Wenige Wochen später stirbt Jan Sehn – viel zu früh – in Frankfurt am Main. Auch sein Besuch dort hatte mit Auschwitz zu tun, jenem Ort, dem der Krakauer Jurist nach dem Krieg einen großen Teil seines Lebens gewidmet hatte.

Bolesław Drobner

In dem legendären Krakauer Restaurant *Pod Wierzynkiem*, gleich am Ring gelegen, ist der Abschiedsabend für Alfred Fiderkiewicz im Gange. Es ist das Jahr 1946. Fiderkiewicz scheidet als Direktor der Hauptkommission zur Untersuchung der deutschen Verbrechen in Polen und wechselt in die Diplomatie, die Abreise zu seinem neuen Posten im Ausland steht kurz bevor. Unter den Gästen auf dem Bankett sind auch Sehn, jetzt Chef der Krakauer Bezirkskommission, und der sozialistische Politiker Bolesław Drobner.

Bereits zehn Jahre zuvor, 1936, waren sich die beiden unter gänzlich anderen Umständen begegnet. Drobner war damals verhaftet worden – wegen kommunistischer Tätigkeit – und hatte auf seinen Prozess gewartet. Der junge Referendar Sehn, später Assessor, half bei den Ermittlungen gegen Drobner, die der Untersuchungsrichter Marian Restorff leitete.

Nach dem Krieg wird kommunistische Tätigkeit zu einem Bonus, wer aber früher gegen die Arbeiterbewegung vorgegangen war, dem kann jetzt dadurch die Karriere verbaut sein. Im Restaurant *Pod Wierzynkiem* tut Sehn nicht so, als würde er Drobner nicht kennen. »Er kam zu mir«, schreibt Drobner später, »und stellte sich vor. Er fragte, ob ich etwas gegen seine Anwesenheit einzuwenden hätte. Nein, erwiderte ich, das hätte ich nicht, da ihm die entsprechenden Verantwortlichen eine so hohe und bedeutsame Aufgabe übertragen hätten wie die Untersuchung der Hitler-Verbrechen.«[1] Doch trotz dieser Versicherung wird Drobner zu der Vorkriegsgeschichte zurückkehren.

*

Im Juli 1933 ist Jan Sehn frisch gebackener Absolvent eines Jurastudiums an der Jagiellonen-Universität. Er engagiert sich in der Piłsudski-Organisation Legion der Jungen.[2] Zusammen mit seinem Bruder Jakub – der gerade einen Kurs an der Industrieschule abschließt – wohnt er in der Salinarna-Straße (heute Lwowska) im Krakauer Stadtteil Podgórze. »Ich bitte um meine gnädige Ernennung zum Gerichtsreferendar am Bezirksgericht in Krakau«,[3] wendet er sich an den Vorsitzenden des Appellationsgerichts. Dem

Der Abgeordnete Bolesław Drobner bei einem Redeauftritt im Sejm, Herbst 1956.

Antrag fügt er unter anderem ein »moralisches Zeugnis« bei, unterschrieben vom Gemeindevorsteher seines Heimatortes Bobrowa und dem örtlichen Pfarrer. Zusätzlich holt das Gericht eine Einschätzung der Sicherheitsabteilung des Wojewodschaftsamtes ein. Von dort wird bestätigt, dass »das Verhalten des Herrn Magister Sehn in moralischer wie politischer Hinsicht tadellos« sei und keine Gründe vorlägen, die gegen eine Beschäftigung im Staatsdienst sprächen.[4]

Nach derart gründlicher Prüfung wird der junge Jurist zum Referendar ernannt, eine Stelle erhält er jedoch erst nach zwei Jahren. Bis dahin ist seine finanzielle Situation angespannt. Am 4. April 1935 bittet er den Vorsitzenden des Appellationsgerichts »inständig«, dass ihm »gnädigerweise eine größere, nicht zurückzuzahlende Unterstützung gewährt werde«. Er sei Halbwaise, schreibt er in der Begründung, vom Vater erhalte er keinerlei Zuwendungen, von der ferneren Verwandtschaft, die für seinen Unterhalt aufkomme, 50 Złoty, wovon er seine Wohnung, sein Essen und die Kleidung bezahlen müsse. »Meine materielle Situation ist überaus kritisch.«[5]

Der Antrag wird zwar angenommen, doch die gewährten 50 Złoty Unterstützung stellen keine langfristige Lösung dar.

Wenig später bittet Sehn – »angesichts der schwierigen materiellen Situation« – um seine Ernennung zum Gerichtsvollzieher am Krakauer Amtsgericht.[6] Am 1. Juli 1935 tritt er den Posten an, doch bittet er bereits am 19. September, ihn von den Aufgaben wieder zu entbinden. Er gibt »gesundheitliche Gründe« an,[7] doch ist nicht ausgeschlossen, dass man ihm zu diesem Zeitpunkt bereits die Stelle am Bezirksgericht versprochen hatte. Ab dem 1. Oktober ist er dort Referendar. Jetzt verdient er 160 Złoty im Monat.

Marian Restorff nimmt ihn unter seine Fittiche, und bald auch kann er dessen Anerkennung gewinnen. »Mein Vater sagte über Sehn, dass er auf hervorragende Weise die Pedanterie – ein Erbe seiner deutschen Vorfahren – mit polnischem Esprit verbinde«, erinnert sich Hanna Restorff-Libiszowska, die Tochter des Richters. »Sie waren einander freundschaftlich verbunden, hatten auch außerhalb der Arbeit Kontakt.«[8]

In diesem Kreis beruflich-privater Verbindungen taucht auch der bereits erwähnte Staatsanwalt Edward Pęchalski auf. »Pęchalskis Frau war sehr eng mit meiner Mama befreundet«, erinnert sich Hanna Restorff-Libiszowska.

Marian Restorff ist nur sechs Jahre älter als Sehn, doch hat er bereits den Ruf, der beste Untersuchungsrichter am Bezirksgericht Krakau zu sein. Seine Arbeit verfolgt er mit größtem Eifer (wie er auch in seiner Freizeit mit Eifer Rugby spielt), und er fürchtet auch keine Ermittlungen, die politische Komplikationen nach sich ziehen. »In der Krakauer Region führte ich alle Kommunisten-Prozesse, die in jener Zeit anstanden«,[9] berichtet er später. Die Kommunistische Partei Polens (Komunistyczna Partia Polski, KPP), die den Machthabern der Sowjetunion untergeordnet war und für die Schaffung einer Räterepublik in Polen plädierte, war in den Jahren der Zweiten Polnischen Republik in der Illegalität tätig. Darüber hinaus hat Restorff persönliche Gründe, Kommunisten zu verfolgen. 1920 nahm er am Krieg gegen die Bolschewiki teil. Ein Jahr zuvor war sein Bruder an der Front in Wolhynien gefallen.

Der Fall Drobner ist einer von jenen, die in diesen Jahren in Restorffs Ressort landen. Drobner, 1883 geboren, Doktor der Chemie, Krakauer Stadtrat und Veteran der Arbeiterbewegung, hatte sich zuvor schon mehrfach vor Gericht verantworten müssen für seine scharfen Angriffe auf die polnische Regierung. Er ist Mitglied der Polnischen Sozialistischen Partei (Polska Partia Socjalistyczna, PPS), die zwar in Opposition zum Sanacja-Regime unter Józef Piłsudski und seinen Nachfolgern steht, sich aber gleichfalls die Unabhängigkeit Polens auf die Fahnen geschrieben hat. Allerdings gilt Drobner als Vertreter des linken Flügels der PPS, der offen ist für eine Zusammenarbeit mit den Kommunisten.

Nach seiner Rückkehr aus Moskau – zur Beerdigung seiner Tochter hatte er sich im Januar 1936 dort aufgehalten – hält er in Krakau, Warschau und anderen Städten Vorträge, in denen er die sowjetische Wirklichkeit glorifiziert. Auf der Grundlage dieser Auftritte entsteht die Broschüre *Co widziałem w Rosji Sowieckiej?* (Was habe ich in Sowjetrussland gesehen?). Obwohl Drobner die strittigsten Passagen gestrichen hatte, wurde die Auflage von der Regierung konfisziert. Etwas mehr als hundert Exemplare – ohne die Streichungen – kann er noch aus der Druckerei holen und an Bekannte verteilen.

Die Sowjetunion ist ein Polizeistaat, der Krakauer Sozialist aber versichert, er habe sich in Moskau nach Belieben frei bewegen können, habe gesprochen, mit wem er wollte, und nie sei er bespitzelt worden. Und was er gesehen hatte, weckte seine Bewunderung: »Es gibt keine Krise, im Gegenteil – stetige Verbesserung und Fortschritt, keine Arbeitslosigkeit, keine Lebensmittelkarten mehr, was immer man kaufen möchte, kann man kaufen.«[10] Angeblich herrsche eine »parlamentarische Demokratie«, die Frauen seien gleichberechtigt, die Arbeiter »verdienen sehr gut«, und sowohl Gesundheits- als auch Bildungswesen – unter anderem hinsichtlich der polnischen Sprache – stünden auf hohem Niveau.

Drobners Besuch in Moskau liegt noch vor dem Höhepunkt des stalinistischen Terrors 1937/1938, doch der große Hunger der Jahre 1932/1933 – gezielt hervorgerufen, um den Widerstand gegen die Kollektivierung zu brechen – hat in der Ukraine und in anderen Sowjetrepubliken bereits Millionen von Opfern gefordert. »Die Lage der Bauern in den Kolchosen und Sowchosen ist nicht nur erträglich, sondern durchaus gut. Auch zeigt sich die Dorfbevölkerung mit der Sowjetregierung ganz zufrieden«, behauptet dagegen Drobner. Aus seiner Broschüre ist nicht zu erfahren, dass Tausende

»Kulaken« und andere politische Häftlinge beim Bau des Weißmeer-Ostsee-Kanals ums Leben kamen. Drobner lobt das imposante Tempo, mit dem das Bauprojekt durchgeführt wurde – »ohne eine Spur von Zwang«.

Drobner macht keinen Hehl daraus, dass er von einem »neuen, sozialistischen Polen« träumt. In einem »großen Befreiungskampf der Arbeiter und Bauern« soll es entstehen. Untersuchungsrichter Restorff deutet das als Aufruf zu einem gewaltsamen Umsturz.

Doch nicht nur der Broschüre wegen ziehen über Drobner dunkle Wolken auf, auch seine öffentlichen Auftritte, mit denen er Stimmung macht für Streiks und gegen die polnische Regierung polemisiert, bringen ihn in Bedrängnis. Einem Polizeibericht zufolge schließt er am 16. März 1936 eine Rede mit dem Ausruf: »Es lebe die Diktatur des Proletariats!«[11] Ein anderes Mal appelliert er: »Erheben wir uns, meine Genossen, zum Kampf, und dieser Kampf wird entsetzlich und blutig werden, denn es wird der letzte sein.«[12] Selbst für manche seiner Mitstreiter in der PPS ist das nicht mehr akzeptabel.

*

Am Nachmittag des 16. September 1936 stattet die Polizei Drobner und seiner Frau einen Besuch ab. Bei der Wohnungsdurchsuchung finden die Beamten unter anderem kommunistische Schriften. Der Politiker wird verhaftet, zwei Tage später, am 18. September, sitzt er bei Restorff zum Verhör.

Referendar Sehn führt handschriftlich Protokoll. »Ich bekenne mich nicht schuldig,« – so die Worte Drobners, die Sehn notiert – »dass ich mit der Kommunistischen Partei Polens im Einvernehmen gestanden habe mit dem Wissen, dass diese Partei einen gewaltsamen Umsturz in Polen anstrebe«.[13] Lediglich in einem Punkt stimmt der Verdächtige zu – dass »unter bestimmten Umständen« eine »gemeinsame Aktion« der Sozialisten und Kommunisten wünschenswert wäre. »Auch die Sozialisten bekämpfen das Gesellschaftssystem in den kapitalistischen Ländern«, bringt er zu seiner Verteidigung vor. Das Protokoll umfasst gerade drei Seiten. »Restorff [...] wusste überhaupt nicht, was er mich fragen und was er mir zur Last legen sollte«,[14] so Drobner später in seinen Erinnerungen.

Der Untersuchungsrichter ordnet einstweilige Haft an. Drobner wird in das Krakauer Gefängnis St. Michael überstellt. Zwei Monate später wird er entlassen. Die Ermittlungen werden eingestellt – jedoch nicht für lange Zeit.

Am 3. März 1937 taucht erneut die Polizei bei den Drobners auf. Nach der Hausdurchsuchung, bei der abermals kommunistische Schriften gefunden werden, verhaften die Beamten die Eheleute. Drobners Frau Luba wird drei Wochen später wieder auf freien Fuß gesetzt – bei ihm dauert es erheblich länger. Zu den bereits erhobenen Vorwürfen kommt nun noch der *Dziennik Popularny* hinzu, ein Tagblatt, das vom Herbst des vorherigen Jahres an für einige Monate erschienen ist. An dieser Schrift, die von der KPP finanziert wird, sind sowohl Kommunisten als auch Sozialisten vom linken Flügel der PPS beteiligt. Drobner und seine Frau haben die Krakauer Ausgabe des Blattes auf den Weg gebracht.

Am 5. März werden die Ermittlungen wieder aufgenommen, Drobner wird erneut verhört. »Restorff stellte Fragen, die er gleich für mich beantwortete«, so Drobner später. »Und während des ganzen Verhörs hatte ich einen ständigen Kampf zu bestehen.«[15] Das bezog sich auf verschiedene Formulierungen im Protokoll: »Protokollführer Sehn verriet große Nervosität, während ich sowohl den Richter als auch ihn mit meinem ruhigen Widerstand aus der Fassung brachte.« Die erhaltenen Dokumente bestätigen, dass der Verdächtige an einigen Stellen korrigierte, was Restorff diktierte. Als Protokollantin wird jedoch »M. Kordaszewska«[16] angegeben, nicht der junge Referendar. Aus den Akten geht auch nicht hervor, dass Sehn die Schriftprobe von Drobner nahm, die jener später als kleine Schikane bezeichnen wollte. Nicht ausgeschlossen, dass das Gedächtnis den Krakauer Politiker hier im Stich gelassen hat und er die Rolle Sehns vielleicht größer darstellte, als sie es tatsächlich gewesen war.

Ein Jahr lang wartet Drobner in der Gefängniszelle auf seinen Prozess. Er geht sogar für einige Tage in Hungerstreik, um die Ermittlungen zu beschleunigen. Weder Restorff noch das Gericht wollen, dass Drobner bis Prozessbeginn auf freien Fuß gesetzt wird. In kleineren Belangen jedoch kommt der Untersuchungsrichter dem Angeklagten entgegen: Drobner darf eigene Verpflegung beziehen, eigene Bettwäsche und Bücher sind gestattet, er darf Zeitungen bekommen. Und er darf sich – auf eigene Kosten – von einem Arzt privat untersuchen lassen. Sehn sieht, wie Restorff vorgeht, und er wird nach dem Krieg in ganz ähnlicher Weise mit den deutschen Verbrechern verfahren, wird ihnen Lektüren und Korrespondenz erlauben, wird ihnen eine Doppelzelle statt der Einzelzelle gestatten. Dahinter verbirgt sich möglicherweise eine menschliche Regung, vielleicht aber auch der Gedanke, dass ein Häftling, der gut behandelt wird, eher bereit ist, umfangreicher auszusagen.

Während des letzten Verhörs am 28. Juni 1937 bekennt Drobner Restorff gegenüber, dass er ein Befürworter der »Diktatur des Proletariats« sei – auf dem Weg zu einer »neuen Gesellschaftsordnung«. Er legt dar, dies sei auch die offizielle Position der PPS,[17] doch nutzt diese Erklärung nichts – am 24. September liegt die Anklageschrift vor. Vizestaatsanwalt Bogdan Szypuła wirft Drobner vor, er habe »Vorbereitungen getroffen, auf dem Wege der Revolution [...] die Diktatur des Proletariats und eine Räterepublik einzuführen«.[18] Nach Paragraf 96 des Strafgesetzbuches stehen darauf bis zu zehn Jahre Haft.

»Doktor Drobner der Vorbereitung eines Staatsstreichs angeklagt«[19] – heißt es auf der ersten Seite des *Ilustrowany Kurier Codzienny*. Es ist der 23. März 1938. Zwei Tage zuvor hatte vor dem Bezirksgericht der Prozess begonnen. Bekannte Funktionäre der PPS treten als Zeugen auf, unter anderem der spätere Ministerpräsident der Volksrepublik Polen, Józef Cyrankiewicz. Vizestaatsanwalt Kazimierz Ojrzanowski fordert sechs Jahre Haft. Drobner beteuert seine Unschuld, die Geschworenen erklären ihn – mit einem Stimmenverhältnis von zehn zu zwei – für schuldig. Am 1. April wird er zu drei Jahren Gefängnis verurteilt. »Zum Schluss rief der Verurteilte: ›Es lebe der Sozialismus!‹«, berichtet die Presse.[20]

Für Sehn sind diese letzten Jahre bis Kriegsbeginn eine gute Phase. Im Juni 1937 besteht er das Richterexamen mit der Note *gut*. »Dieser Referendar«, so lobt ihn der Vorsitzende des Appellationsgerichts in Krakau, »hat den Ruf eines begabten, intelligenten, juristisch auf allen Gebieten vielseitig beschlagenen Mannes, er ist sehr fleißig und gewissenhaft, besitzt einen aufrechten, ausgeglichenen Charakter, sowohl gegenüber den Vorgesetzten als auch gegenüber den Gerichtsparteien verhält er sich höflich und taktvoll. Er eignet sich bestens zum Beruf des Richters.«[21] In Kürze wird Sehn zum

Gerichtsassessor ernannt, er soll am Bezirksgericht in Chrzanów arbeiten. Da Restorff jedoch nach Warschau versetzt wird, bleibt sein Zögling in Krakau und übernimmt dort sogar die Aufgaben eines Untersuchungsrichters.

Am 16. Dezember 1938 verwirft das Oberste Gericht den Kassationsantrag Drobners. Der Verurteilte wendet sich daraufhin an den Präsidenten der Republik Polen, Ignacy Mościcki, mit der Bitte um Erlassung der Reststrafe und Wiederzuerkennung der Bürgerrechte. Jedoch gelangt das Gesuch bis Kriegsbeginn nicht auf den Schreibtisch des Staatsoberhaupts. Im Sommer 1939 erhält Drobner Gesundheitsurlaub und kann das Gefängnis verlassen. Kurz darauf fällt Polen dem Hitler-Stalin-Pakt zum Opfer. Drobner versucht, im sowjetisch besetzten Teil des Landes ein neues Leben aufzubauen, wird aber nach Sibirien deportiert. Mit Hitlers Angriff auf die Sowjetunion wendet sich sein Schicksal wieder. Bei den Sowjets in Gnade aufgenommen, schließt er sich dem Verband der Polnischen Patrioten an (Związek Patriotów Polskich), der auf Initiative Stalins entstand. Das eröffnet Drobner den Weg für eine politische Karriere im neuen, kommunistischen Nachkriegspolen.

Restorff kämpft im September 1939 gegen die Deutschen. Nach mehreren Jahren in Kriegsgefangenenlagern sieht er 1945 seine Familie wieder. Als Untersuchungsrichter, der vor dem Krieg Prozesse gegen Kommunisten vorbereitet hat, bekommt er nun im Nachkriegspolen Schwierigkeiten. So bemüht er sich vergeblich um einen Posten am Bezirksgericht in Kielce. Er lässt sich in Pińczów nieder, doch auch dort ist es alles andere als leicht für ihn. »Zwei Mal hat man ihn von der Anwaltsliste gestrichen«, berichtet Hanna Restorff-Libiszowska.

Sehn lässt Restorff in dieser schwierigen Zeit nicht allein. 1947 oder 1948 besucht er ihn in Pińczów. »Aus Nürnberg brachte er meinem Vater – das heißt, eigentlich mir – eine Schweizer Armbanduhr mit«, erinnert sich Restorff-Libiszowska.

1950 wird Restorff vom Amt für Öffentliche Sicherheit verhört (Urząd Bezpieczeństwa, UB); es geht um die Ermittlungen der Vorkriegsjahre. Restorff erwähnt unter anderem den Fall Drobner, geht aber nicht auf Einzelheiten ein. Die Beamten nehmen vor allem andere Aspekte in den Blick, insbesondere sind sie an Prozessen gegen Kommunisten aus Chrzanów interessiert. Sie suchen nach Material, das den Richter belasten könnte, belassen es dann bei seiner Beobachtung. »Gegenwärtig zeigt er keine offen feindselige Haltung, im Stillen aber ist er der gegenwärtigen Wirklichkeit gegenüber feindselig eingestellt«,[22] hält der Chef der Kreisbehörde des UB in seinem Bericht fest. Indem sie sich mit Restorff befassen, versuchen die Leute des UB auch die Namen von weiteren »Richtern, Staatsanwälten und Beamten« zu erfahren, die an »Verfahren gegen Kommunisten« beteiligt waren.[23] Das kann ernsthafte Konsequenzen haben. Wie etwa im Fall Mieczysław Siewierskis, in der Zweiten Polnischen Republik Staatsanwalt am Obersten Gericht und Direktor des Personalbüros im Justizministerium. Nach dem Krieg klagt Siewierski vor dem Obersten Nationalen Tribunal Amon Göth, Rudolf Höß, Albert Forster und weitere NS-Funktionäre an. Später jedoch wird er »für die Tätigkeit in den Jahren 1926-1939«[24] festgenommen und 1953 zu drei Jahren Haft verurteilt. Und selbst wenn Sehn vor dem Krieg – verglichen mit Siewierski – ein kleiner Fisch war, kann auch er nicht gänzlich ruhig schlafen. Zu seinem Glück taucht sein Name nicht in den Akten zum Fall Restorff auf, der UB wird dennoch auf ihn aufmerksam. »Staatsanwalt der Sanacja« notiert – im Übrigen nicht korrekt – einer der Beamten des Krakauer UB.[25] Aber auch unmittelbar von Drobner droht Gefahr.

Die zufällige Begegnung im Restaurant *Pod Wierzynkiem* wird keine Konsequenzen haben, doch auf Bitte von Zdzisław Łopatka, dem Leiter der Personalabteilung der Jagiellonen-Universität, an der Sehn ab 1949 als Hochschullehrer tätig ist, beschreibt Drobner seine Kontakte zu Sehn vor und nach dem Krieg. Die einseitige Notiz – undatiert, aller Wahrscheinlichkeit nach aus den 1950er Jahren – wird Sehns Personalakte beigefügt. Weiter geschieht nichts, auch 1962 nicht, als Drobner mit seinem Buch *Moje cztery procesy* (Meine vier Prozesse) öffentlich an Sehns Anteil an den damaligen Ermittlungen von Restorff erinnert. Die einfachste Erklärung ist wohl die, dass die Vorwürfe zu dünn und zu wenig konkret gewesen sind. Doch dürfte auch niemand Interesse daran gehabt haben, weiter in der Sache zu bohren.

Drobner ist bereits seit 1944 (und bis zu seinem Tod im Jahr 1968) Abgeordneter, doch zählt er auch im kommunistischen Lager zu den Außenseitern. Beim UB sieht man ihn als »führenden Ideologen und Aktivisten der rechten Fraktion der Sozialdemokratie«[26]

Jan Sehn (rechts) mit dem Ministerpräsidenten Józef Cyrankiewicz und dessen zukünftiger Frau Krystyna Tempska, Krakau, 1960er Jahre.

an und hat ein Auge auf ihn. Bedeutender war seine Rolle in den Phasen des Übergangs. Von 1944 bis 1945, als die neuen Machthaber eben erst dabei waren, sich zu etablieren, leitete er das Ressort für Arbeit, soziale Fürsorge und Gesundheit, außerdem war er Stadtpräsident von Wrocław. Während des kurzen Tauwetters 1956 bekleidete er das Amt des Ersten Sekretärs des Wojewodschaftskomitees der Polnischen Vereinigten Arbeiterpartei (Polska Zjednoczona Partia Robotnicza, PZPR) in Krakau.

Sehn wiederum hat gute Beziehungen zu den Machthabern der Nachkriegszeit. Sein Schwager Tadeusz Puskarczyk ist in den Jahren von 1957 bis 1961 Abgeordneter der PZPR im Sejm der Volksrepublik. Bedeutender noch sind die Kontakte zu Cyrankiewicz, dem »ewigen Ministerpräsidenten«.

»Sie kannten sich seit der Studienzeit«,[27] so Maria Kozłowska, langjährige Untergebene Sehns am Institut für Gerichtsexpertisen.

Cyrankiewicz, zwei Jahre jünger als Sehn, hatte ebenfalls an der Jagiellonen-Universität Jura studiert. Nach dem Krieg, er ist bereits im Amt des Ministerpräsidenten, ruft er im Institut für Gerichtsexpertisen an: »Hier ist Józek. Ist Jasiek da?«[28] Kazimierz Rusinek, ein weiterer einflussreicher kommunistischer Funktionär mit einer PPS-Vorgeschichte, verwendet in einem Brief an Sehn die Anrede »Lieber, geschätzter Herr Professor!«[29]

Ohne diese Beziehungen hätte Sehn es nach 1945 schwerer gehabt, Karriere zu machen. Vor allem jedoch verdankte er seinen Erfolg seinem Talent und seinem ungeheuren Fleiß.

Der Krieg

Juni 1946. Bei der Staatsanwaltschaft des Krakauer Sonderstrafgerichts melden sich die sechsundvierzigjährige Julia Bielowa und der elf Jahre jüngere Adam Wojtaszek. Während der deutschen Besatzung waren sie ein Paar und führten gemeinsam ein Restaurant im Krakauer Stadtteil Podgórze. 1942 wurde das Lokal geschlossen, Wojtaszeks Name stand auf einer Liste von Personen, die zur Zwangsarbeit ins Deutsche Reich gebracht werden sollten. Die Geschädigten bringen jetzt vor, dass hinter diesem Vorgehen »ein gewisser Zeniek« [gesprochen: Senjek] gestanden habe. Die Staatsanwaltschaft kann rasch ermitteln, dass es um den Juristen Jan Sehn geht, der während des Krieges in einem Gastwirteverband beschäftigt war.

Die Vorwürfe wiegen schwer, sie entsprechen dem drakonischen Dekret vom August 1944, in dem das »Strafmaß für faschistische Hitler-Verbrecher« und »Verräter am Polnischen Volk«[1] festgesetzt ist. Sollten sie sich bewahrheiten, könnte Sehn der Beihilfe zur Deportation von »Verfolgten der Besatzungsmacht« angeklagt werden. Ja, er müsste gar mit der Todesstrafe rechnen, ganz zu schweigen vom Verlust der bürgerlichen Ehrenrechte und der Konfiszierung seines Eigentums.

Am 6. September 1939 – nach knapp einer Woche Krieg – nimmt die Wehrmacht Krakau ein. Die Stadt wird bald zur Hauptstadt des Generalgouvernements, das die Deutschen aus einem Teil der besetzten polnischen Gebiete bilden.

Wer gedacht hatte, die neuen Machthaber würden auf ähnliche Weise herrschen wie zuvor die Österreicher, sah sich bitter getäuscht. Verhaftungen sind an der Tagesordnung, zudem Hinrichtungen – öffentlich und im Verborgenen –, Razzien und Hetzjagden, Deportationen zur Zwangsarbeit und in Konzentrationslager. Die Repressionen treffen die Vertreter der Eliten, die Angehörigen von Untergrundorganisationen, aber ebenso »viele zufällige Menschen, denen jeder Gedanke an Widerstand gegen den Besatzer fremd ist«.[2] Und dennoch scheint Krakau – verglichen mit Warschau etwa – weniger von diesem Terror betroffen zu sein. »Das Leben in Krakau wirkt auf den ersten Blick normal«, notiert die Künstlerin Zofia Stryjeńska 1941. »Man kann ins Kino gehen, ins Café, die Straßen sind belebt, in den Friseurläden herrscht Gedränge, die

Jugend geht zur Schule.«[3] Die Mittel- und Oberschulen aber sind bereits geschlossen. Die ordentlichen Gerichte sind noch tätig, sie verhandeln jetzt vor allem Zivilsachen. Zusätzlich entstehen deutsche zivile Sondergerichte, die der Historiker Andrzej Chwalba als »Organe des Terrors«[4] bezeichnet, ebenso Militär- und Polizeistandgerichte, die gleichfalls einen üblen Ruf haben.

In den ersten Monaten der Besatzung ist Sehn nicht in Krakau. Im September 1939 wird er »auf Befehl der polnischen Regierung«[5] – wie sein Bruder Józef einem deutschen Beamten gegenüber erklären wird – nach Ungarn evakuiert und gelangt nach Budapest. Es ist zu dieser Zeit das Schicksal Tausender Zivilisten und Soldaten der Zweiten Polnischen Republik. Viele von ihnen erreichen dann Frankreich, wo sich eine polnische Armee formiert und eine Exilregierung entsteht. Sehn aber entscheidet sich anders: Er kehrt in sein besetztes Land zurück. Es ist anzunehmen, dass es die Heiratspläne waren, die ihn dazu bewogen haben.

Am 17. August 1940 – genau an dem Tag, an dem die Deutschen das Mickiewicz-Denkmal auf dem Hauptmarkt in Krakau niederreißen – heiratet Jan Sehn die drei Jahre jüngere Zofia Puskarczyk, von Beruf Buchhalterin.[6] In einem Formular wird er später angeben, Zofia sei vor dem Krieg von ihrer Mutter unterstützt worden – »der Witwe eines pensionierten Rates im Wojewodschaftsamt«, während der Besatzung habe sie als »private Beamtin« gearbeitet.[7] In einem anderen Formular, das ihr Bruder ausgefüllt hat, ist wiederum vermerkt: »Sie hat in einem privaten Restaurant in Krakau gearbeitet.«[8]

Das klingt alles recht bescheiden, bei näherer Betrachtung ist jedoch zu sehen, dass Sehn in eine recht gut situierte Familie eingeheiratet hat. Zofias älterer Bruder Tadeusz ist Arzt in Olkusz. Die jüngere Schwester Janina wird Juristin und heiratet den Arzt Jan Talewski. Der verstorbene Vater, Karol Puskarczyk, war für die Polnische Volkspartei »Piast« (Polskie Stronnictwo Ludowe »Piast«) tätig. Zofias Mutter Ludwika ist die »Tochter eines kleinen Kaufmanns«, aber auch eine Cousine Józef Lubelskis, der das legendäre Restaurant *Hawełka* am Ring führt.

»Dieser etwas korpulente Herr, stets die Selbstsicherheit in Person […], wurde von den Krakauern ›Bigos-König‹ genannt«, schreibt der Krakau-Kenner Zbigniew Leśnicki. »Recht bald zählte das Restaurant zu den beliebtesten Treffpunkten in ganz Krakau, und wenn jemand von den bekannten Restaurantgängern nicht bei Poller oder Wentzl zu finden war, wusste man, dass man ihn sicher im ›Hort des Krakauer Nachtlebens‹ antreffen konnte – bei Hawełka. Auch die Touristen entwickelten diesem Lokal gegenüber eine gewisse Ehrfurcht: ›In Krakau sein und nicht zu Hawełka gehen, das ist so, als wäre man in Rom und würde den Papst nicht sehen.‹«[9]

Lubelski ist in der Leitung der Industrievereinigung der Gastwirte und Verwandter Berufe in Krakau tätig. Eben dort findet Sehn am 23. November 1940 eine Anstellung als Sekretär und Büroleiter. Zur Arbeit am Krakauer Bezirksgericht kehrt er also nicht zurück. Er will »vermeiden« – so seine Witwe Jahre später –, »dass er in einem den Deutschen unterstellten Justizapparat in Dienst genommen und wiederholt unter Druck gesetzt wird, die Deutsche Volksliste zu unterschreiben«.[10]

Eine Stelle im Gastwirteverband mochte als idealer Unterschlupf erscheinen. Nach dem Krieg wird Sehn erklären: »Es war eine polnische Organisation, der die Deutschen in jener Zeit noch die Verteilung bestimmter Waren überlassen hatten, vor allem Zucker und Eier.«[11] Mitglieder der Vereinigung können die Waren zu günstigen Preisen und in großen Mengen kaufen, was rasch zu Missbrauch führt. Sehn erklärt, dass »Menschen verschiedenen Standes und aller möglichen Berufe, die mit der Arbeit in einem Restaurantbetrieb nie auch nur das Geringste zu tun gehabt hatten, Schank- und Imbisstuben eröffneten, Restaurants und Pastetenbäckereien, kleine Esslokale, Cafés, Teestuben und Ähnliches« – nur um diese Waren über die Zuteilung zu erhalten und sie dann auf dem freien Markt zu verkaufen. Fast jeder in Krakau versuchte, sich etwas dazuzuverdienen, denn »selbst die Gehälter gut verdienender Beamter waren zu schmal, um über die Runden zu kommen.«[12]

Adam Wojtaszek, von Beruf Kellner, eröffnet im Herbst 1940 mit Julia Bielowa ein Restaurant in der Kalwaryjska-Straße 24. Gerade einmal 150 Meter weiter, in der Zamoyska 28, wohnen schon seit Jahren die Puskarczyks. Dort zieht auch Jan Sehn ein – entweder gleich nach der Hochzeit oder aber im März 1941, als die Deutschen im östlichen Teil von Podgórze das Ghetto errichten und die verbliebenen Einwohner dieses Areals ihre Häuser verlassen müssen.

In den Grenzen des Ghettos befindet sich auch ein Abschnitt der Lwowska-Straße, in der Sehn vor dem Krieg gewohnt hatte.

Die Wege von Wojtaszek und Sehn sollten sich bald schon kreuzen. Die Deutschen sehen, dass in der Stadt zu viele Gastronomiebetriebe entstanden sind. Die Polizeidirektion fordert von der Vereinigung eine Liste mit Restaurants, die aus sanitären Gründen oder aufgrund nicht fachgerechten Personals geschlossen werden sollen. Für die dort beschäftigten Personen bedeutet das nicht nur, dass sie ihren Arbeitsplatz verlieren, sondern dass ihnen auch die Verschickung zur Zwangsarbeit nach Deutschland droht. Sehn: »Wir beschlossen, eine solche Liste nicht anzufertigen [...] und antworteten mit mehreren Schreiben, die ausweichend formuliert waren. Wir wollten Zeit gewinnen.« Bei seinem Verhör nach dem Krieg erklärt er, dass die Deutschen – ungeduldig geworden – Lubelski gedroht hätten, er werde wegen Sabotage ihrer Anordnungen zur Verantwortung gezogen. Sehn unterbreitet damals den Vorschlag, die Polizeidirektion zu überzeugen, die Gastronomiebetriebe erneut zu registrieren, und er entwirft auch ein entsprechendes Formular dafür. Der Vorschlag wird angenommen, und obwohl die Besatzer auf kurzfristige Durchführung drängen, wird die Prozedur absichtlich über mehrere Monate hin ausgedehnt. Sehns Abschlussbericht soll die Machthaber beruhigen. Er führt aus, dass nur etwas mehr als hundert Restaurants in der Stadt existieren, nicht mehr als zu k. u. k.-Zeiten, weitere vierhundert Lokale hingegen seien nicht als Restaurants registriert, von einer »Überfülle an Restaurants in Krakau« könne also »nicht die Rede sein«. Der Bericht wird angenommen, doch der Erfolg hält nicht lange vor – Ende August 1941 lösen die Deutschen unerwartet die Vereinigung der Gastwirte auf. An ihre Stelle tritt der Verband der Gaststätten und Speisewirtschaftsbetriebe, mit einem deutschen Kommissar an der Spitze. Die neu geschaffene Organisation übernimmt die Mitarbeiter der Vereinigung – Sehn ist nun »einer der polnischen Kanzleibeschäftigten«[13] –, stellt aber auch zahlreich deutsches Personal ein. Der Kommissar verkündet, es gebe »zu viele Restaurants in der Stadt«, vor allem »eine Menge an schmutzigen Spelunken, die verschwinden müssten«. An diese Worte erinnert sich jedenfalls Sehn, der später behauptet, er habe die Besatzer abermals überreden können, ein neues Formular an die Besitzer der Lokale zu verteilen, womit man für die Branche ein paar weitere ruhige Monate gewonnen hätte.

Will man dem glauben, was die Staatsanwaltschaft in den Nachkriegsjahren zusammengetragen hat, informiert der junge Jurist die Krakauer Gastwirte über verbandsinterne Dinge, und er spricht mit ihnen auch über die Absichten der Deutschen.

Er nutzt Kompetenzstreitigkeiten unter den Beamten, ja, er facht sie noch an, um ungünstige Entscheidungen der Besatzungsmacht sabotieren zu können. Da Schmidt, der Direktor des Verbands, bereit ist, die ihm persönlich bekannten Gastwirte vor den Schikanen zu schützen, bemühen sich Sehn und andere darum, dass er so viele Gastronomiebetriebe wie möglich besucht und sich dabei vielleicht auch in materielle Abhängigkeit von den Lokalbesitzern begibt, indem er etwa anschreiben lässt. Ein anderer Deutscher aber, ein gewisser Lautenbacher, nutzt Schmidts Abwesenheit im Urlaub und lässt im Frühjahr 1942 »innerhalb von einem oder zwei Tagen [...] über 100 kleinere Schankstuben schließen«. Die Lokale werden versiegelt, ihre Besitzer dem Arbeitsamt überstellt. Sie wenden sich ratsuchend an Sehn.

Auch Wojtaszek und Bielowa sind unter ihnen. »Zeniek sagte mir, dass nicht nur mein Lokal geschlossen wurde, sondern auch viele andere«, gibt Wojtaszek am 15. Juni 1946 zu Protokoll. »[I]ch soll mich in einer Woche wieder melden [...]. Eine Woche später hat Zeniek dann gesagt, dass mein Lokal geschlossen bleibt, weil es für ein Restaurant nicht geeignet ist.«[14] Auf Wojtaszeks Bitte hin geht Sehn darauf ein, dass eine vom Verband ernannte Kommission das Restaurant prüfen solle. Doch hält er dieses Versprechen nicht. Beim nächsten Mal sprechen Wojtaszek und Bielowa direkt bei Schmidt vor. Und dieser – so Wojtaszek – erklärte sich bereit, das Lokal wieder öffnen zu lassen, die entsprechenden Papiere »gab er dem neben ihm sitzenden Zeniek, der diese Papiere aber beiseitelegte [...] und auf Deutsch gesagt hat ›nein‹«. Einige Zeit später sucht Wojtaszek Sehn erneut auf und bittet um eine positive Entscheidung, abermals vergeblich: »[Er] sagte, dass nichts zu machen sei, weil meine Papiere schon beim Arbeitsamt wären, und dass ich zur Arbeit nach Deutschland fahren müsste«, so weiter Wojtaszeks Aussagen von 1946. Von dieser Arbeit ist er geflohen, er wurde gefasst und kam ins Lager Groß-Rosen.[15]

Bielowa zufolge hatte Sehn »das Restaurant ohne jeden Grund schließen lassen« – einzig und allein, um ihr und ihrem Freund die Existenzgrundlage zu nehmen. Angeblich habe er gesagt, sie sollten sich »keine Hoffnungen machen, dass das Lokal wieder geöffnet werde«, Wojtaszek habe er schon »auf die Liste gesetzt für die Arbeit im Reich«.[16]

Als Zeugin tritt die fünfundvierzigjährige Aniela Witek auf, die zur Zeit der Besatzung ein Restaurant in der Kalwaryjska-Straße 38 führte. 1942 wird auch ihr Lokal geschlossen. »Ich war in dieser Angelegenheit in der Privatwohnung des Verbandssekretärs«, gibt sie zu Protokoll. Sehn habe ihr gesagt, »diese Dinge hingen nicht von ihm ab, sondern allein von dem Deutschen Schmidt«.[17]

Der Vorstand der nach dem Krieg wieder hergestellten Vereinigung der Krakauer Gastwirte tritt zu Sehns Verteidigung auf. »In seiner Arbeit war er gründlich und gewissenhaft«, heißt es in einer Erklärung dieses Gremiums, »und er war ein guter Pole, der sich seiner Absichten stets bewusst gewesen ist [...], wenn er bei jeder Gelegenheit die Interessen der polnischen Unternehmer schützte. Er informierte uns über die Vorhaben der Deutschen, und indem er die persönlichen Ambitionen einzelner damaliger Funktionäre gegeneinander ausspielte, bewahrte er unseren Beruf vor der Auslöschung, die der Besatzer sich zum Ziel gesetzt hatte. Mit seinen Maßnahmen ist es ihm gelungen, einen beträchtlichen Besitz für die Vereinigung zu retten, den wir nach der Befreiung wieder in unsere Hände nehmen konnten.«[18] Das Dokument wird der Akte beigefügt. Für die Ermittlungen stellt es den Wendepunkt dar.

Im Juli 1946 wird Sehn als Verdächtiger verhört. »Ich sehe mich nicht als schuldig an«, erklärt er gegenüber dem Vizestaatsanwalt Adam Jagielski. Und weiter: »Der Vorwurf, ich hätte dazu beigetragen, dass auch nur irgendein Betrieb geschlossen und der Besitzer desselben zur Zwangsarbeit verschleppt wurde, ist fehl am Platz und unbegründet. Vielmehr habe ich mich nach Kräften bemüht, sowohl in der einen als auch in der anderen Hinsicht vorbeugend zu wirken, und in den Fällen, in denen die Möglichkeiten gegeben waren, [...] ist mir das auch gelungen.« Dies betraf, wie er erklärt, vor allem professionelle Gastwirte. An Wojtaszek und Bielowa kann er sich nicht erinnern.

Noch einmal zurück in das Jahr 1942: Als Schmidt nach seinem Urlaub wieder zur Arbeit kam, versuchte Sehn – so seine spätere Aussage – ihn dazu zu bewegen, Lautenbachers Entscheidung rückgängig zu machen. Er appelliert an den Ehrgeiz des Direktors. Die Schließungsaktion sei ein Angriff auf ihn als Chef des Verbands. Sehn warnt ihn, dass er – sollte er jetzt den Gastronomen nicht helfen – seine ganze Autorität verlieren könne, um deren Wahrung er sich so bemüht habe. Schmidt lässt einen Teil der Lokale wieder öffnen, kurz darauf jedoch wird er – »wegen Amtsmissbrauchs und einer zu wohlwollenden Haltung den Polen gegenüber« – nach Warschau versetzt. Sein Nachfolger zeigt sich in allen Belangen Lautenbacher gegenüber nachgiebig.

Bald nach Schmidts Weggang wird Sehn in ein Amt versetzt, das der Abteilung Ernährung und Landwirtschaft in der sogenannten Regierung des Generalgouvernements untersteht. Dort wird er bis zum Ende der deutschen Besatzung in Krakau arbeiten, also bis zur zweiten Januarhälfte 1945. »Nach der Befreiung Krakaus wollten wir Jan Sehn unbedingt in unserer Vereinigung halten, er aber nahm unser Angebot nicht an und wechselte ins Gerichtswesen«, so Lubelski. »Sehn erachte ich als hundertprozentigen Polen, der auf seinem Tätigkeitsfeld – unter einigem Risiko für sich selbst – sehr viel für die polnische Bevölkerung getan hat«,[19] sagt er gegenüber Jagielski. Ähnlich fällt die Einschätzung Franciszek Międziks aus, eines weiteren Vertreters aus der Führungsriege der Vereinigung. »Den Bürger Jan Sehn halten sowohl ich als auch die gesamte Berufsvereinigung der Gastwirte für einen überaus redlichen Menschen und einen guten Polen, der im Untergrundkampf gegen die Deutschen, auf dem Gebiet der Belange des Verbands der Gastwirte, große Arbeit geleistet und große Verdienste errungen hat. Ich schließe es aus, dass der Bürger Jan Sehn in jener Zeit Dinge getan hat, die sich nicht mit der Ehre eines Polen vereinbaren ließen.«[20] Den Vorwurf, Wojtaszek auf die Liste der Zwangsarbeiter gebracht zu haben, bezeichnet Międzik als »völlig absurd, da dies überhaupt nicht in die Kompetenzen des Verbands fiel und damit auch nicht in die Kompetenzen Sehns, um diese Dinge kümmerte sich das Arbeitsamt, auf der Grundlage der Listen, die es von Schmidt erhielt«.

Am 19. August 1946 werden Wojtaszek und Bielowa erneut befragt. Vom Vizestaatsanwalt Jagielski unter Druck gesetzt, geben sie sich jetzt nicht mehr so sicher wie beim ersten Mal. »Ich behaupte nicht, dass Herr Sehn mich auf die Liste für die Arbeit im Reich gebracht hat«, sagt Wojtaszek, doch hält er daran fest, dass Sehn die Schließung des Lokals veranlasst habe. Allerdings beruft er sich dabei einzig auf den Umstand, dass sich alle, deren Lokale geschlossen worden waren, an Sehn gewandt hätten mit dem Anliegen, sie wieder öffnen zu dürfen.[21] Bielowa distanziert sich noch deutlicher von ihrer ursprünglichen Aussage: »Ich habe keinen Beweis, dass der Verdächtige Sehn die Schließung des Restaurants veranlasst hat, das ich mit Wojtaszek geführt habe, und ich habe auch keinen konkreten Beweis dafür, dass der Verdächtige Sehn der Grund dafür war, dass Wojtaszek Adam zur Arbeit ins Reich geschickt wurde.« Ihre frühere Anschuldigung, Sehn hätte es darauf angelegt, einigen Gastwirten die Existenzgrundlage zu entziehen, kommentiert sie jetzt so: »Da habe ich mich falsch ausgedrückt, ich war vielleicht aufgeregt.« Auch jetzt ist sie aufgeregt und bittet darum, von der weiteren Befragung entbunden zu werden.[22]

Michał Trembałowicz, Staatsanwalt am Sonderstrafgericht, beschließt, die Ermittlungen einzustellen, da er »keinerlei Schuld des Verdächtigen« erkennen könne.[23] Die Akten übersendet er für alle Fälle an die entsprechende Aufsichtsbehörde beim Justizministerium, versehen mit der Notiz, dass die Entscheidung rückgängig gemacht werden könne, wenn »der Bürger Minister Einwände vorbringen« wollte.[24] Minister Henryk Świątkowski, der bereits um Sehns Verdienste bei der Untersuchung der deutschen Verbrechen wusste, hatte offenkundig keine Einwände.

Für die Justiz ist die Sache damit abgeschlossen. Zwei Jahre später jedoch interessiert sich das Wojewodschaftsamt für Öffentliche Sicherheit für die Vergangenheit des Juristen. »Verdächtig der Zusammenarbeit mit den Deutschen« – so eine Notiz vom 5. November 1948. Rasch jedoch verliert sich diese Spur wieder. »Das Material, das keine operative Bedeutung besaß, wurde vernichtet« – verkündet ein handschriftlicher Vermerk, der nach Sehns Tod notiert wurde. Die Archivsignatur – 15667/II – verweist auf eine Observation im Rahmen eines operativen Vorgangs.[25] Im Nachlass des Innenministeriums findet sich ein Hinweis, dass sich 1954 auch die

Zentrale des Sicherheitsressorts mit Sehn beschäftigt hat. In einer anderen Rubrik ist wiederum zu lesen: »Die Materialien wurden [im] VIII 1986 vernichtet.«[26]

Die wesentliche Quelle über das Verhalten des Krakauer Juristen während der Besatzung sind heute also die Akten der staatsanwaltlichen Ermittlungen von 1946. Auf die eine Waagschale können die Aussagen von Wojtaszek und Bielowa gelegt werden – auf die andere die Erklärungen Sehns sowie die Zeugenaussagen der ihm wohl gesonnenen Personen aus dem Kreis der Vereinigung der Gastwirte, unter ihnen auch der mit Zofia Sehn verwandte Józef Lubelski. Auch die Staatsanwaltschaft scheint dem Verdächtigen gegenüber damals wohlgesonnen gewesen zu sein. Solidarität von Berufs wegen? Die leitenden Ermittler haben Sehn sicher zumindest auch vom Sehen gekannt, denn seine Bezirkskommission zur Untersuchung der deutschen Verbrechen hatte ihren Sitz unter derselben Adresse wie die Staatsanwaltschaft des Sonderstrafgerichts. Beide Institutionen hatten übrigens Kontakt miteinander in den Strafsachen gegen die Kriegsverbrecher. Das soll natürlich nicht heißen, dass die Ermittlungen zu Unrecht eingestellt wurden. Es gibt keine Beweise, die gegen die Version sprächen, dass Sehn während der Besatzung die Schließung einiger Krakauer Gastronomiebetriebe verhindert hat. Wojtaszek und Bielowa waren keine professionellen Restaurantbesitzer. Möglicherweise hatte der junge Jurist keine Chance gesehen, die Sache zugunsten der beiden durchzubringen. Nicht ausgeschlossen auch, dass er sie kühl behandelt hat. Doch wäre das am Ende zu wenig, um Vorwürfe gegen ihn zu erheben. Selbst wohlhabende Gastronomen mussten 1942 bangen – aus dem Formular, das Tadeusz Puskarczyk nach dem Krieg ausgefüllt hat, geht hervor, dass sogar das *Hawełka* in dieser Zeit von Deutschen übernommen wurde, und die Lubelskis »lebten von da an vom Verkauf ihrer Habe«. Józef, der zwei Mal verhaftet wurde, kam mit Glück bis zum Ende der Besatzung über die Runden, er lebte vom Handel.[27]

Wenn in den Dokumenten der Nachkriegszeit Fragen zu seinen Geschwistern auftauchen, hält sich Jan Sehn bedeckt. Über seine Schwester Katarzyna, die Frau eines Versicherungsbeamten, schreibt er, dass sie während der Besatzung »gehandelt« habe. Zu seinem Bruder Jakub – Bautechniker von Beruf – gibt er an, er sei als Landarbeiter tätig gewesen. Über seinen älteren Bruder Józef sagt er, er habe von der Landwirtschaft gelebt und sei spurlos verschwunden.[28] Das entspricht nicht ganz der Wahrheit.

Von Anfang an hatte die Besatzungsmacht dazu aufgerufen, dass Personen mit deutschen Wurzeln sich als »Volksdeutsche« deklarieren sollten, also als »ethnisch Deutsche«. Im Herbst 1940 erhalten Jan Sehns Bruder Józef und der Vater – ebenfalls Jan mit Vornamen – eine Kennkarte für »Deutsche Volkszugehörige«, ausgestellt vom Kreishauptmann in Dębica. Der Vater figuriert dort als Johann, der Bruder als Josef.[29]

Jan senior stirbt im November 1941, er wird in Nagoszyn bei Dębica beerdigt. Józef ist eine Zeit lang Dorfschulze im benachbarten Bobrowa.[30] Der Journalist Andrew Nagorski vermutet, dass er sich zu diesem Schritt entschlossen hatte, um sich und seine Familie zu schützen.[31]

»Dass er auf der Volksliste stand, hat mein Urgroßvater im Dienst der guten Sache genutzt – um die Bevölkerung von Bobrowa zu retten und sie gegen Repressionen zu schützen«,[32] sagt heute Michał Sehn unter Berufung auf Familienerzählungen und nicht mehr lebende Einwohner des Dorfes.

Die Deutschen haben den Verdacht, dass sich in Bobrowa Juden, geflüchtete sowjetische Kriegsgefangene und polnische Partisanen verstecken. Am Morgen des 9. Juli 1943 – es ist ein Freitag – vollziehen sie die »Pazifizierung« des Ortes. Sie zerstören etliche Häuser, ermorden fast zwanzig Einwohner. »Alle übrigen Leute aus dem Dorf«, so erinnert sich der Bobrower Bronisław Harla, »trieben sie an einer Stelle zusammen. Man glaubte, sie würden sie alle erschießen. Das taten sie aber nicht. Sie prüften nur alle Kennkarten, und dann haben sie viele junge Leute, Mädchen und Jungs, nach Deutschland zur Arbeit gebracht.«[33]

Hat Józef Sehn – wie sein Urenkel Michał behauptet – während dieser Aktion dafür gebürgt, dass »die Einwohner des Dorfes sich nicht gegen den Besatzer wenden«, und hat er später zwei Frauen aus dem Ort in Dienst genommen, um sie auf diese Weise »davor zu bewahren, dass sie zur Arbeit ins Reich gebracht werden«? In den ersten Jahren nach Kriegsende wurden im Rahmen verschiedener Ermittlungen einige Bewohner aus der Umgebung von Bobrowa vernommen. Die Protokolle liegen heute im Archiv des Instituts für

Nationales Gedenken (Instytut Pamięci Narodowej, IPN). Dort ist nichts zu finden, was diese Angaben bestätigen könnte. Aber auch nichts, was Józef Sehn belasten würde.

Im Sommer 1944 ist im Grunde sicher, dass die Deutschen den Krieg verlieren werden. Die Front rückt auf Bobrowa vor. Die Sehns stehen nun vor einem Dilemma. Sollen sie bleiben – und womöglich eine Anklage wegen Kollaboration riskieren? Oder fliehen? Späteren Berichten aus dem Kreis der Familie zufolge stellte Graf Konstanty Łubieński, Kommandant der Heimatarmee (Armia Krajowa, AK) im Bezirk Mielec, den Sehns einen Schutzbrief aus.[34] Doch nicht die AK verteilt im neuen Polen die Karten. Und die Kommunisten kündigen harte Strafen für »Volksverräter« an. Per Dekret vom November 1944 zählen zu dieser Kategorie – ohne nähere Differenzierung – alle Personen, die im Generalgouvernement »ihre Zugehörigkeit zur deutschen Nationalität [...] oder ihre deutsche Abstammung erklärt haben« – sofern sie nicht in der Lage sind nachzuweisen, »dass sie dies auf Befehl einer der freiheitlichen Organisationen des Untergrundes getan haben«. Diese Personen sollen, »unabhängig von der strafrechtlichen Verantwortlichkeit«, in Lagern festgesetzt werden und Zwangsarbeit leisten. Weitere Punkte regeln die Konfiszierung ihres Vermögens, ja sogar den Verlust der elterlichen Sorgerechte »für unbestimmte Zeit«.[35]

Die Sehns entscheiden sich für die Ausreise.

»Es war schon alles vorbereitet«, sagt Arthur Sehn, Józefs Enkel. »Im letzten Moment hat sich Klara [Józefs Frau] dagegen entschieden. Die Nachbarn haben das Haus geplündert und sie davongejagt.«[36]

Klara kommt bei ihrer Schwester im nahegelegenen Żyrardów unter. Sie hat Tuberkulose und stirbt kurz nach dem Krieg. Der Besitz der Sehns in Bobrowa wird verstaatlicht, es entstehen dort eine Schule und ein Landwirtschaftsbetrieb. Klaras Anteil kann die Familie zurückerlangen. Den brachliegenden Anteil Józefs kann sie später zurückkaufen.

Józef verlässt Bobrowa Anfang 1945. Pfarrer Władysław Grohs, ein Verwandter der Familie, möchte, dass er ihm den Haushalt in seinem Pfarrhaus führt, in Osiek bei Oświęcim. Die Geschwister sollen ihm jedoch davon abgeraten haben. Schlussendlich begibt er sich bis nach Pommern, lässt sich in dem Dorf Uciąż bei Wąbrzeźno nieder. Im Dezember 1949 beantragt dort ein Józef Sehn die erneute Ausstellung einer Geburtsurkunde. Er gibt seinen tatsächlichen Geburtsort an, macht allerdings falsche Angaben zu seinen Eltern, auch das Geburtsdatum stimmt nicht mit dem tatsächlichen überein.[37] Arthur berichtet, sein Großvater habe nach dem Krieg unter dem Namen Rychlicki gelebt und als Holzfäller in einer abgelegenen Gegend gearbeitet.[38] Mit der übrigen Familie habe er – sporadisch – über die Schwester Kontakt gehabt. Er stirbt 1958. Etliche Jahre später werden seine sterblichen Überreste nach Straszęcin bei Żyrardów überführt – zur letzten Ruhestätte seiner Frau.

Jan Sehn, selbst kinderlos, nimmt gegen Ende des Krieges die Söhne des »verschollenen« Bruders bei sich auf – zuerst, für kurze Zeit, Józef und Leon, dann – für länger – den mittleren, ebenfalls Jan mit Namen, bis dieser die Volljährigkeit erreicht hat. »Er war ziemlich streng«, wird sich später sein Neffe Józef erinnern. Aus den Familienerzählungen geht hervor, dass vor allem Sehns Schwiegermutter Ludwika Puskarczyk etwas gegen die Jungen gehabt hatte. Sie wohnte bei Zofia und Jan, und wenn Letzterer von der Arbeit kam, beklagte sie sich bei ihm über dessen Schützlinge. »Sie erzählte alles mögliche Zeug zusammen, und dann gab es Senge«, erinnert sich Franciszka Sehn, die Frau von Józef junior. Und Józef, von Nagorski dazu befragt, gibt an, dass auch der Gürtel zum Einsatz kam.

Die Erwachsenen verlieren kein Wort über den Vater der Jungs. Besser, wenn die Kinder es nicht wissen; so ist es sicherer. Aus demselben Grund vermutlich hat Jan Sehn zu seinem Bruder immer die Angabe gemacht: »Vermisst«.

Wiesbaden

30. März 1946, nachmittags um Viertel nach drei. Eine Sondermaschine des Militärs landet auf dem Warschauer Flughafen Okęcie. Dort steht schon ein Lkw mit einer »zahlreichen, schwer bewaffneten Eskorte« bereit.[1] Die Vorsicht ist verständlich. An jenem Samstag kommen mit dieser Maschine aus Frankfurt am Main die beiden ersten deutschen Verbrecher, die die Amerikaner an Polen ausliefern. Arthur Greiser, Reichsstatthalter und Gauleiter im sogenannten Warthegau, und Ludwig Fischer, Gouverneur des Distrikts Warschau im Generalgouvernement. Beide erscheinen in Zivil. Der neunundvierzigjährige Greiser trägt einen Kopfverband. »Doch ist er nicht, wie es scheinen könnte, geschlagen worden. Er wurde in Frankfurt am Ohr operiert«,[2] erklärt der Sprecher der *Polnischen Filmchronik*. Ein Korrespondent des *Dziennik Polski* teilt eilfertig mit, dass die Deutschen im Flugzeug »sogar ein Frühstück erhalten« hätten. Und er fügt hinzu: »Greiser und Fischer befanden sich anfangs in einem Zustand völliger Depression. Erst als sie erfuhren, dass sie in Polen nicht auf der Stelle hingerichtet werden, sondern vor Gericht stehen sollen, fanden sie die Fassung wieder.«

Als sie in Frankfurt an Bord gehen, begleitet sie der Staatsanwalt Jerzy Sawicki mit einer Gruppe von Offizieren des UB. Vor Ort, in der amerikanischen Besatzungszone, verbleibt eine kleinere Gruppe der Polnischen Militärmission zur Untersuchung der deutschen Kriegsverbrechen. Ihr gehört auch Jan Sehn an. In den kommenden Wochen wird er darauf hinarbeiten, weitere Nationalsozialisten, die im Verdacht stehen, Verbrechen begangen zu haben, nach Polen zu bringen.

Schon während des Krieges hatte die Exilregierung der Republik Polen Beweise für deutsche Verbrechen im besetzten Polen gesammelt, um in der Zukunft eine Bestrafung der Täter zu ermöglichen. Die Exilregierung beteiligte sich auch an den Arbeiten der United Nations War Crimes Commission (UNWCC). Bei den amerikanischen und britischen Truppen, die Mitte 1945 einen beträchtlichen Teil Deutschlands kontrollieren, werden polnische Verbindungsoffiziere eingesetzt, deren Aufgabe es ist, das Geschehen während der deutschen Besatzung zu dokumentieren. Unter anderem befragen sie ehemalige Häftlinge, die das Kriegsende in Konzentrationslagern in Deutschland erlebt haben.

Die Zukunft dieser Verbindungsoffiziere ist allerdings ungewiss. Im Juli 1945 entziehen die USA und Großbritannien der polnischen Exilregierung die diplomatische Anerkennung und erkennen die Vorläufige Regierung der Nationalen Einheit in Warschau an, die von Kommunisten dominiert wird. Im Dezember desselben Jahres schlagen die Briten der Warschauer Regierung vor, dass diese bei der Rheinarmee eine polnische Mission einrichten solle, deren Aufgabe es wäre, Kriegsverbrecher dingfest zu machen. Im Januar 1946 treten die Amerikaner mit demselben Anliegen an die Vorläufige Regierung der Nationalen Einheit heran.

Der Vorschlag wird angenommen. Am 15. Februar 1946 erlässt Marschall Michał Żymierski, Verteidigungsminister und Oberbefehlshaber der Polnischen Armee, den Befehl Nummer 57 – über die Berufung einer »Mission zur Untersuchung von Kriegsverbrechen«.[3] Ihr Chef wird Oberstleutnant Marian Muszkat, ein promovierter Jurist, Vizevorsitzender des Obersten Militärgerichts. Die Mission besteht vor allem aus Offizieren, doch Zivilpersonen finden ebenso darin Platz. Und einer von ihnen ist der Chef der Krakauer Bezirkskommission zur Untersuchung der deutschen Verbrechen.

Auf Bildern aus jener Zeit trägt Sehn die Uniform eines Hauptmanns mit dem Aufnäher »Min[isterstwo] Sprawiedl[iwości]« – »Justizministerium« – am Ärmel. Wie ist das möglich, da er doch nie in der Armee gedient hatte und bei der Musterung in Kategorie »C«, also nur bedingt diensttauglich, eingestuft worden war?[4] Sehn wird titularisch in den Offiziersrang erhoben, weil man ihm – wie es in einem wenig später erlassenen Dekret heißt – »die Ausführung einer besonderer Dienstaufgabe ermöglichen« beziehungsweise »erleichtern« möchte.[5] Unter anderem soll es darum gehen, der »Mission Gewicht zu verleihen«,[6] da sie als Partner amerikanische und britische Offiziere habe. Zudem bestehe ohne militärischen Rang keine Aussicht auf »Approvisierung, Quartier und die Möglichkeit, sich im jeweiligen Gelände frei zu bewegen«.[7] Noch im Februar 1946 werden Sehn und sein Stellvertreter Pęchalski in die Hauptstadt beordert, wo sie von der Armeeführung ihre Uniformen sowie weitere Ausrüstung in Empfang nehmen sollen.[8]

Stefan Wierbłowski, Gesandter in Prag, lässt sich von den Uniformen allerdings nicht beeindrucken. Auf dem Weg nach Deutschland macht die Mission dort Station. »Zwei Nächte schliefen wir

Jan Sehn in der Uniform der Polnischen Militärmission zur Untersuchung der deutschen Kriegsverbrechen, 1946.

im Flur der Botschaft auf dem Fußboden, wir bekamen kein Mittagessen, und überhaupt hat sich niemand um uns gekümmert«,[9] beschwert sich Hauptmann Ignacy Wójcik, einer der Teilnehmer dieser Reise. In Pilsen werden sie von ihren Landsleuten empfangen und bewirtet – von Angehörigen der Polnischen Repatriierungsmission. Weiter führt der Weg dann über Nürnberg und Frankfurt am Main.

Dort teilt sich am 26. März die Polnische Militärmission zur Untersuchung der deutschen Kriegsverbrechen in zwei Gruppen. Die eine, die der britischen Rheinarmee zugewiesen wird, fährt nach Norden weiter, nach Bad Oeynhausen. Die zweite, der amerikanischen Armee zugeteilt, hat einen kürzeren Weg – es geht nach Wiesbaden. In dieser Abordnung befinden sich Sehn und Pęchalski, die die Hauptkommission zur Untersuchung der deutschen Verbrechen in Polen repräsentieren. Anfangs zählt die Gruppe acht Personen – nicht viel, wenn man berücksichtigt, dass gerade in der amerikanischen Besatzungszone die meisten Kriegsverbrecher Unterschlupf suchen.

Doch nicht genug damit – die Mitglieder der Mission sind des Englischen nicht in ausreichendem Maße mächtig, um Auslieferungsanträge stellen zu können. Vor Ort erst können zwei polnische Juristen angeworben werden – ehemalige Häftlinge deutscher Konzentrationslager –, die bereits in der War Crimes Branch für die Amerikaner gearbeitet hatten.

Dennoch ist das Personal in Wiesbaden immer noch nicht ausreichend. Es mangelt an Transportmöglichkeiten, es fehlt an Geräten, mit denen sich die Dokumente vervielfältigen ließen, und es gibt keine klaren Richtlinien aus der Zentrale. Der Historiker Bogdan Musiał bewertet die Tätigkeiten als »keineswegs durchdacht und gut organisiert. […] Es war vielmehr eine Improvisation.«[10]

Ein Bericht Sehns aus Wiesbaden bestätigt das. »Unsere Arbeit […] stößt auf große Schwierigkeiten, weil es mit den Bürokräften hapert«, schreibt er alarmierend an die Hauptkommission. »Zurzeit bin ich dabei, umfangreiche Akten zur Zerstörung des Warschauer Ghettos von Hand abzuschreiben, ebenso weitere Dokumente zu Belangen, die in Hinsicht auf die dokumentarischen Aufgaben der Kommission sehr interessant sind.« Und Sehn unterstreicht, dass dieses Material – wenn es nicht rasch gesichert werde – »entweder unwiederbringlich verloren [gehe] oder auf lange Zeit für uns nicht mehr zugänglich« sei.[11]

Die Presse möchte natürlich nicht von Schwierigkeiten schreiben. »Ausgehend von der schlüssigen Annahme, dass die Täter am Ort ihres Verbrechens verurteilt werden sollten«, so schreibt im März 1946 vollmundig die Zeitung *Dziennik Polski*, »wird die Mission sich damit befassen, Hitler-Verbrecher aufzuspüren, die sich in Lagern verstecken beziehungsweise dort inhaftiert sind – Verbrecher, die ihre Taten in unserem Land begangen haben und die die Mission nach Polen bringen wird, damit die Gerichte sie ihrer strengen, aber gerechten Strafe zuführen.«[12] In Wirklichkeit geht es vor allem darum, Personen nach Polen zu bringen, die die Amerikaner und Briten bereits gefasst haben.

Als hilfreich erweisen sich die Verbindungsoffiziere der polnischen Exilregierung in London. Ihre Anwesenheit vor Ort weckte anfangs gewisse Befürchtungen auf Seiten der Mission. Sehn schreibt später, dass die Angelegenheit schlussendlich von Oberstleutnant Muszkat »auf zivile Weise und zu beiderseitigem Nutzen geregelt« werden konnte – »ohne unangenehmes Aufsehen«.[13] Die »Londoner« sollen ihre begonnenen Verfahren abschließen und dann ihre Akten übergeben. Die neue Korrespondenz leiten die Amerikaner an die Mission weiter, die aus Warschau eingetroffen ist. »Uns gegenüber ist die Stimmung eher unfreundlich«, berichtet Muszkat in den ersten Tagen. »Das Vertrauen vor Ort zu gewinnen, ist schwierig, doch über persönliche Kontakte lässt es sich bewerkstelligen.«[14] Auch wenn der Hauptmannsrang von Sehn und Pęchalski eigentlich zu niedrig ist, als dass sie sich »in der Offiziersmesse ihrer alliierten Kollegen aufhalten könnten – diese Richter und Staatsanwälte haben mindestens den Rang eines Majors«,[15] gelingt es ihnen recht bald, die Sympathie der Amerikaner zu gewinnen.

Sowohl sie als auch die Briten stellen der Mission bereitwillig ihr Material zur Verfügung, nun muss es nur noch entsprechend genutzt werden. Unter anderem geht es darum – wie Pęchalski später erklären wird –, »Zehntausende Berichte und [Lager-]Karteien in englischer Sprache durchzusehen, um auf dieser Basis entsprechend begründete Auslieferungsanträge zu formulieren. Ich kann nicht aufzählen, wie viele [Kriegsgefangenen-]Lager und Gefängnisse die

Wiesbadener Kommission durchsucht hat. Sehn und ich waren auf jeden Fall in einem guten Dutzend [...].«[16] Darunter befanden sich Dachau bei München und Zuffenhausen bei Stuttgart.

Es sind nicht die einzigen Reisen. In den ersten Apriltagen fliegen Muszkat und Sehn nach London, um zusammen mit den polnischen Delegierten der UN-Mission ein Programm für die Arbeit der Militärmission zu erstellen. Vor allem muss entschieden werden, »ob nur Verbrecher in Führungspositionen ausgeliefert werden sollen oder alle, denen ein Verbrechen zum Schaden Polens und der Polen nachgewiesen werden kann«.[17] Sehn zufolge sprechen sich die Teilnehmer der Beratungen für eine breit angelegte Vorgehensweise aus, die alle Verbrecher umfassen solle, gegen die in ausreichendem Maße Beweismaterial gesammelt werden könne. Die wichtigsten sollen vor das Oberste Nationale Tribunal gestellt werden, die kleineren vor gewöhnliche Gerichte oder Sonderstrafgerichte. Muszkat vor allem wird für eine massenhafte Auslieferung plädieren, denn er befürchtet, dass andernfalls zahlreiche Täter von den Amerikanern freigelassen würden und sich mit ihnen verbünden könnten, um sich dann, im Falle eines erneuten Konflikts von globaler Tragweite, an Polen zu rächen. In der Zeit, in der Sehn für die Mission tätig ist, kann diese Frage nicht endgültig geklärt werden.

Auf dem Rückweg von Großbritannien macht Sehn in Paris Station, wo das CROWCASS (Central Registry of War Criminals and Security Suspects) seinen Sitz hat. Großen Eindruck machen auf ihn die »komplizierten elektrischen Maschinen«, mit denen die Amerikaner arbeiten. »Die Suche nach einem Schulz, von dem man weiß, dass er Rottenführer war und rote Haare hat, dauert wenige Minuten.«[18]

Hauptmann Wójcik schreibt mit einer Spur von Neid über diese Reisen. Als Offizier des Ministeriums für Öffentliche Sicherheit, der für die Zeit der Expedition dem Militärischen Informationsdienst »ausgeliehen« wird – dem unrühmlichen Geheimdienst der kommunistischen Armee –, besitzt er bei der Leitung der Mission kein hohes Ansehen und bleibt im Abseits. »In den ersten Tagen schon«, so klagt er gegenüber seinen Vorgesetzten, »ja fast in den ersten Stunden der Fahrt erklärte Oberstleutnant [Jerzy] Chrempiński meinen Mitreisenden und zukünftigen Kollegen, dass sie sich vor mir hüten sollten, da ich von der Information sei.

[...] Ich durfte mich nicht aus Wiesbaden fortbewegen, auch dann nicht, wenn die anderen Gruppenausflüge machten.«[19]

Das Misstrauen ist gerechtfertigt – Wójcik tippt nicht nur die Auslieferungsanträge ab, er fertigt auch Bewertungen der einzelnen Mitglieder der Mission an. Mitunter lobend, mitunter aber auch vernichtend kritisch. Sehn stellt er eines der besten Zeugnisse aus: »Sehr fleißig und überaus verantwortungsvoll [...], verbringt er die meiste Zeit im Büro. Was seine Fachkenntnis betrifft, so könnte er ohne Weiteres die ganze Mission leiten. Politisch ist er wenig aktiv, hat aber demokratische Überzeugungen.«[20]

Die letzte Bemerkung soll besagen, dass Sehn die politische Wirklichkeit in Polen akzeptiert beziehungsweise zumindest diesen Eindruck erweckt. Solidarisch verpflichtet er sich – wie die anderen Kollegen auch –, seine Tagegelder sowie die monatlichen Bezüge als Anleihe dem Aufbau Polens zukommen zu lassen.[21]

Muszkat, ein Altersgenosse Sehns, schätzt seinen Untergebenen sehr, sieht ihn gar in der Rolle seines Vertreters. Dazu kommt es aber nicht mehr. Sehn verlässt Wiesbaden am 12. Mai[22] und kommt erst nach fast eineinhalb Jahren wieder nach Deutschland.

Unterdessen trägt die Arbeit der Mission konkrete Früchte. Am 25. Mai bringt eine amerikanische Maschine neun Deutsche nach Warschau, die im Verdacht stehen, im besetzten Polen Verbrechen begangen zu haben. Als die Maschine auf dem Flughafen Mokotów landet, wartet bereits ein Team der *Polnischen Filmchronik*. Vor der Kamera stehen unter anderen Josef Bühler, der Chef der sogenannten Regierung im Generalgouvernement, Curt von Burgsdorff, der Gouverneur des Distrikts Krakau, und der Kommandant von Auschwitz, Rudolf Höß. »Vor kurzem noch blickten diese Herren unbefangen und selbstsicher in die Objektive von Fotoapparaten. Heute würden sie am liebsten unbemerkt bleiben«,[23] so der Sprecher der *Polnischen Filmchronik,* Andrzej Łapicki. Alle drei werden von Sehn verhört werden.

Nur drei Tage später, am 28. Mai, kommt aus Deutschland – an Bord eines polnischen Flugzeuges – der Kommandant des Lagers Plaszow, Amon Göth. Auch er wird sich vor Sehn zu verantworten haben.

Amon Göth

Eine besonders einprägsame Szene aus Steven Spielbergs Film SCHINDLERS LISTE: Amon Göth, Kommandant des Lagers Plaszow, gespielt von Ralph Fiennes, beobachtet vom Balkon seiner Villa die arbeitenden Häftlinge. Sein Blick bleibt an einer Frau hängen, die einen Moment neben der Schubkarre kniet, vielleicht, um sich den Schuh zu binden. Göth, mit nacktem Oberkörper und einer Zigarette im Mundwinkel, nimmt Ziel, legt die angerauchte Zigarette beiseite und drückt ab. Die Frau fällt tot zu Boden. Der Kommandant nimmt noch einen Zug an der Zigarette, dehnt die Schultern, legt wieder das Gewehr an und schießt auf eine andere Frau, die am Eingang einer Baracke auf der Treppe sitzt. Ehe der gelangweilte Scharfschütze wieder zu seiner Geliebten ins Zimmer zurückkehrt, macht er mit trägen Bewegungen noch ein wenig Gymnastik.

Spielberg musste nicht seine Phantasie als Regisseur bemühen. Die Szene entspricht sowohl erhalten gebliebenen Fotos als auch den Berichten von Zeugen.

Zum ersten Mal verhaftet wird Amon Göth im September 1944 – von der Gestapo. Vorgeworfen wird ihm unter anderem, dass er Geld und Schmuck – von Juden geraubt – nicht an die zuständigen Stellen weitergeleitet, sondern für sich behalten habe. Außerdem geht es um den Handel mit Lebensmitteln, die für das Lager bestimmt gewesen waren. Den Kommandanten des Konzentrationslagers Buchenwald, Karl Otto Koch, dem später Ähnliches vorgeworfen wurde, verurteilte ein SS- und Polizeigericht zum Tode. Er wurde erschossen – etwas mehr als einen Monat vor der deutschen Kapitulation.

Göth hat mehr Glück. Die Ermittlungen gehen nur schleppend voran, gegen Ende des Krieges wird er für kurze Zeit einer Flak-Abteilung zugewiesen.

Am 4. Mai 1945 fällt er im bayerischen Bad Tölz den Amerikanern in die Hände. Diese halten ihn anfangs für einen SS-Mann aus Dachau. Schließlich gibt Göth zu, dass er in Plaszow Dienst geleistet hat, bemüht sich jedoch zugleich, diese Tätigkeit in günstigem Licht darzustellen. Am 20. Februar 1946 übergibt er dem Ermittlungsoffizier eine mehrseitige handschriftliche Erklärung – dies geschieht, wie er versichert, gänzlich freiwillig. Er stellt sich als Verleger und Landwirt vor. Ab 1943, so schreibt er, sei er Kommandant des Arbeitslagers Plaszow gewesen, in dem sich zwischen 3.000 und 12.000 Häftlinge befunden hätten. Sie alle hätten, so seine Versicherung, ausreichende Verpflegung erhalten, auch die sanitären Bedingungen seien gut gewesen. Wenn es im Lager »in einigen wenigen Fällen« zu Exekutionen gekommen sei, dann wegen Sabotage oder des Kontakts zu Partisanen. Seine Verhaftung im September 1944 bringt er mit Devisenvergehen in Verbindung. »Ich schwöre bei Gott dem Allmächtigen, dass ich nichts als die lautere Wahrheit sagen, nichts verschweigen und nichts hinzufügen werde«,[1] beteuert er.

Die Amerikaner setzen seinen Namen auf eine Liste von SS-Männern, die in der deutschen Presse publiziert wird. Nun melden sich zahlreiche Zeugen der Verbrechen Göths. Einige machen ihre Aussage in Deutschland, dann fällt die Entscheidung, dass der ehemalige Kommandant nach Warschau gebracht wird. Als Göth in Polen eintrifft, übergeben die Amerikaner den Polen auch das Material, das zu seiner Person zusammengetragen wurde.

Am 29. Mai 1946 nehmen Sehn und Stanisław Żmuda das Gelände des ehemaligen Lagers Plaszow in Augenschein. Das Terrain liegt am südöstlichen Stadtrand Krakaus, hier berühren sich Podgórze, Płaszów und Wola Duchacka. »Die Grundstücke wurden den Besitzern ohne Entschädigung weggenommen und als Hypothek dem Generalgouvernement überschrieben«,[2] diktieren die Juristen fürs Protokoll. Die Besatzer verlegten in diesem Gelände Schienen und bauten Wege, die sie mit Grabsteinen von zwei dem Erdboden gleichgemachten jüdischen Friedhöfen befestigten. Das deutsche Zwangsarbeitslager Plaszow, das Anfang 1944 zum Konzentrationslager wurde, vergrößerte sich rasch. Es hatte eigene Werkstätten und Steinbrüche. Die Baracken waren von einem elektrisch geladenen Zaun umgeben, Wachtürme wurden errichtet, riesige Scheinwerfer aufgestellt. Als Sehn und Żmuda vor Ort sind, halten sie fest, dass »nur einige Verwaltungs- und Wirtschaftsgebäude erhalten geblieben sind. Die Umzäunung wurde entfernt, von der Existenz des Lagers zeugen nur mehr die Fundamentruinen der abgerissenen Gebäude.« Die Bezirkskommission zur Untersuchung der deutschen Verbrechen in Krakau hat nicht viel Zeit bis zum Prozessbeginn – und eine Menge Arbeit zu bewältigen. Die Fotos, die beim

Amon Göth während des Prozesses vor dem Obersten Nationalen Tribunal, Krakau, August/September 1946.

Ortstermin aufgenommen wurden, vermitteln keinen Eindruck von dem, was sich noch zwei, drei Jahre zuvor hinter dem Zaun abgespielt hat. Das Protokoll sagt schon mehr. »Es wurden Gaskammern gebaut für die massenhafte Ermordung von Häftlingen, und um die Spuren der Morde zu verwischen, wurde ein Krematorium geplant [...]. Die Gaskammern konnten nicht mehr in Gebrauch genommen werden«, schreiben Sehn und Żmuda. Doch auch ohne diese Einrichtungen wird Plaszow zu einem Synonym für die Hölle auf Erden. »Für die Arier war das Lager [...] eine Maßnahme, die eine Gefängnisstrafe für kleinere Verwaltungsvergehen ersetzte. Für die Juden war es als Vernichtungslager gedacht, und so sah es in der Praxis auch aus, denn sie waren der Willkür der Lagerleitung ausgeliefert, die über unbeschränkte Befugnisse verfügte, die jüdischen Häftlinge zu quälen und straflos massenhaft zu ermorden«, ist in dem Dokument zu lesen.

Zahlreiche Aussagen von Zeugen, die in Krakau und in anderen Städten befragt wurden, bestätigen dies. Der in Gliwice befragte Jakub Kornhauser – der Großvater von Agata Kornhauser-Duda, der Frau des polnischen Staatspräsidenten – charakterisiert Göth als »einen Sadisten und Perversen, der erst Befriedigung empfand, wenn er Blut sah«.[3] Ähnlich äußern sich weitere ehemalige Häftlinge. Häufig erwähnen sie – mit dem Nachnamen – zahlreiche Menschen, die Göth erschossen oder deren Ermordung er angeordnet hatte – im Lager oder bei der Liquidierung des Ghettos.

Im Kontrast zu den Leiden der Opfer stand der Überfluss, in dem der Kommandant lebte. Schmeiser Fischel kam im März 1943 aus dem Krakauer Ghetto nach Plaszow. Als Schaftmacher fand er Beschäftigung in einer der Lagerwerkstätten. »Wir haben für Göth Halbschuhe gemacht, knöchelhohe Schuhe, Lederstiefel, Filzstiefel, Lackschuhe […], das alles waren Luxusprodukte. Nicht anders war es bei den Bestellungen für seine Geliebten und seine Bekannten«, berichtet er Sehn. Das Leder für diese Bestellungen, so Fischel, stammte aus dem Raub während der Liquidierung des Ghettos. In ähnlicher Weise war für die Bedürfnisse Göths und seiner Bekannten eine Schneiderwerkstatt im Lager tätig. »Seine [Göths] Bestellungen führten wir mit besonderer Sorgfalt aus, denn für die kleinste Ungenauigkeit schlug und quälte er uns auf das Unmenschlichste«,[4] sagt Fischel.

Göth selbst, ab dem 30. Juli 1946 im Gefängnis in der Montelupich-Straße in Haft, wird deutlich milder behandelt. So wie andere NS-Funktionsträger, die in Krakau auf ihren Prozess warten – Rudolf Höß, Josef Bühler und Curt von Burgsdorff –, erhält er die Gelegenheit, »alle beliebigen Bücher in deutscher Sprache zu lesen, Tageszeitungen sind allerdings nicht erlaubt, auch darf er seine Memoiren schreiben oder seine Verteidigung aufsetzen«. Zudem wird der Gefängnisleiter angewiesen, Sorge zu tragen, »dass die oben Genannten die Hygiene nicht vernachlässigen (saubere Unterwäsche, Spaziergang)«.[5] Auf derart gute Haftbedingungen können die in kommunistischen Gefängnissen festgehaltenen Angehörigen des Untergrunds, die für ein unabhängiges Polen kämpfen, sowie Angehörige der oppositionellen Parteien nicht hoffen. Zahlreich auch sind die Berichte über Beamte des kommunistischen Sicherheitsapparates, die Regimegegner in bestialischer Weise gefoltert haben.

Von den deutschen Verbrechern müssen keine Erklärungen erzwungen werden, Beweise ihrer Schuld gibt es genug. Doch hat die milde Behandlung dieser Männer noch einen anderen Grund. Tadeusz Cyprian, Staatsanwalt des Obersten Nationalen Tribunals, erklärt seinem Krakauer Kollegen Michał Trembałowicz, dass bei den Prozessen gegen Göth und die anderen »ohne Frage ausländische Beobachter anwesend« sein werden. Deshalb halte er es für angebracht, dass »die Inhaftierten sowohl in physischer wie in moralischer Hinsicht in bester Verfassung« seien.[6]

Göth ist 1946 zwar deutlich schlanker als während seiner Zeit als Kommandant in Plaszow, doch hatte er bereits in der amerikanischen Gefangenschaft über die schlechte Verpflegung geklagt. Seine Selbstsicherheit aber behält er bei oder gibt sich jedenfalls diesen Anschein. »Im Laufe des Verhörs sagte ich ihm, dass ich es äußerst bedauerlich fände, dass er Wiener sei, denn meine Mutter sei auch Wienerin, und bis jetzt hätte ich nicht gedacht, dass in Wien ein solcher Verbrecher geboren werden könne«, erinnert sich 1990 die Protokollantin Krystyna Szymańska. »Worauf er in ruhigem Ton erwiderte: ›Meine Dame, in jeder Gesellschaft wird Abschaum geboren.‹«[7]

Wenn diese Worte tatsächlich fielen, dann außerhalb des Protokolls. Denn Göth hat nicht die Absicht, irgendeine Schuld auf sich zu nehmen. Zu sehen ist dies bereits an dem Verhör am 12. August 1946, das Sehn mit ihm auf Deutsch geführt hat. Neben Szymańska sind noch die Staatsanwälte Jan Jasiński und Wincenty Jarosiński anwesend.

Der ehemalige Kommandant stellt sich als österreichischen Bürger vor, zwei Mal verheiratet und geschieden, Vater zweier Kinder.[8] Das dritte Kind, seine uneheliche Tochter Monika, wenige Monate nach dem Krieg geboren, übergeht er. Wahrheitsgemäß nennt er seinen Rang: Hauptsturmführer der SS, das entspricht dem Hauptmann. Kurz spricht er über die Arbeit im Verlag der Eltern. Dann berichtet er, wie er Anfang der 1930er Jahre in die NSDAP eingetreten sei, in der Überzeugung, dass diese Partei »eine wahrhaft sozialistische Ordnung einführen und auf diese Weise die Arbeitslosigkeit beseitigen und die schwierige Wirtschaftssituation in Österreich verbessern« werde. Als Mitglied der NSDAP zahlte er nach eigenen Aussagen nur die Beiträge, er beteiligte sich aber »an der Arbeit und den Auftritten« der SS, jedoch nur, solange die Organisation in Österreich legal gewesen war. »1932 oder 1933 legte ich den Eid auf den Führer ab«, räumt er ein.

Weiterhin spricht er darüber, dass er in den ersten Kriegsjahren dafür verantwortlich gewesen sei, Pferde und andere Nutztiere von Deutschen zu registrieren, die in die dem Reich angeschlossenen Gebiete gekommen waren. 1942 gelangte er unter die Fittiche Odilo Globocniks, des berüchtigten Polizei- und SS-Führers im Distrikt Lublin. Angeblich habe sich Göth in jener Zeit »nur mit dem Kauf von kontingentiertem Baumaterial und anderen Gerätschaften« befasst. In Poniatowa prüfte er, ob die dort vorhandenen Gebäude, die man ausgewählt hatte, geeignet seien, ein Arbeitslager für Juden einzurichten. Ähnliche Aufgaben nahm er im großpolnischen Budzyń wahr. Für die Zwangsarbeit in den dortigen Heinkel-Werken ließ er Juden aus dem Ghetto in Bełżyce deportieren. Er nahm diesen Menschen Pelze und Schmucksachen ab, bestreitet aber, sich persönlich bereichert zu haben.

Die Lager Treblinka, Sobibor und Belzec will er dem Namen nach gekannt haben, beteuert er im Verhör, er habe aber nur Werkzeug und Baumaterial dorthin geliefert. Später erst will er erfahren haben, dass es sich um Vernichtungslager gehandelt habe. »Mit dem Lager Majdanek bei Lublin hatte ich nichts zu tun«, versichert er. »An der Aussiedlungsaktion [der Polen] aus dem Bezirk Zamość war ich nicht beteiligt.«

Anfang 1943 wurde Göth nach Krakau versetzt. Er befasste sich mit dem Ausbau des Zwangsarbeitslagers Plaszow, das anfangs nur für Juden vorgesehen war, später auch für Polen. Im März 1943 ließ Göth einen Teil der Juden aus dem aufgelösten Ghetto nach Plaszow bringen. »Während der Liquidierung des Ghettos [...] spielten sich entsetzliche Szenen ab. Die Menschen wurden mit Gewalt aus ihren Häusern geschleppt, wurden geschlagen, totgeprügelt, auf den Straßen wurde auf Kinder geschossen, Alte und Kranke wurden aus den Fenstern geworfen, alle Patienten des Spitals ermordet, Wertgegenstände und jegliche andere Habe wurden geraubt, Mütter von ihren Kindern getrennt, mit einem Wort, die Liquidierung des Ghettos war ein barbarischer Akt, wie man ihn kaum je zuvor gesehen hatte«,[9] schreiben später die Staatsanwälte Tadeusz Cyprian und Jerzy Sawicki. »Mein Anteil an der Liquidierung des Ghettos bestand lediglich darin, dass ich diejenigen nach Plaszow brachte, die die Gestapo für dieses Lager vorgesehen hatte«, beteuert Göth. Für den Tod derjenigen, die erschossen wurden, macht er denn auch die Gestapo verantwortlich. »Ich selbst«, so seine Aussage, »hatte wie üblich eine Handfeuerwaffe dabei, doch habe ich sie während der ganzen Aktion kein einziges Mal benutzt und niemanden erschossen. Auch habe ich während der Liquidierung keinen einzigen Juden geschlagen.«[10] Diese Version steht im Widerspruch zu den Aussagen der Zeugen.

Im weiteren Verlauf des Verhörs einen Tag später fragt Sehn noch einmal nach den Ereignissen im März 1943. Die Juden, die nach Plaszow kommen sollten, erhielten entsprechende Ausweise. Doch versuchten auch andere, sich in der Kolonne zu verbergen, die ins Lager geführt wurde – in der Hoffnung auf bessere Überlebenschancen. Mit Hilfe von Angehörigen des OD – des jüdischen Ordnungsdienstes – fischte Göth die Menschen ohne Ausweise heraus. Einige von ihnen wurden erschossen. »Bei der Erschießung, die ukrainische Polizisten vornahmen, war ich nicht anwesend«,[11] verteidigt er sich. Entgegen den Aussagen von Zeugen behauptet er auch, dass er persönlich nichts mit der Ermordung der Kinder aus dem Waisenhaus und der Patienten aus dem Ghettospital zu tun gehabt habe.

In derselben Weise redet er seine Beteiligung an der Liquidierung des Ghettos in Tarnów klein. Er erwähnt zwar die Zerstörung der Bunker, in denen sich ein Teil der Juden versteckt hatte, doch streitet er wiederum jede persönliche Verantwortung für den Tod dieser Menschen ab. »Ich habe keinen Gebrauch von der Waffe gemacht. Ich habe niemanden getötet.«

Auch die Vorwürfe finanzieller Art weist er zurück. In Plaszow habe er den Juden zwar Geld, Schmuck und andere Gegenstände abgenommen, doch versteckt er sich – in einer diesbezüglichen Erklärung Sehn gegenüber – hinter dem Befehl. »Niemals habe ich Dinge, die ich den Juden abgenommen habe, für mich behalten«, beteuert er. Und für alles, was auf seine Bestellung hin in den Lagerwerkstätten angefertigt wurde, habe er angeblich bezahlt.

Die Verpflegung im Lager hält er für »ausreichend«, auch habe er – wie er behauptet – viel getan, dass sie noch besser werde. Sehn gegenüber spricht er von seinen Bemühungen, zusätzliche Rationen für die Schwerarbeiter zu beschaffen. Angeblich habe er deren Zahl höher angegeben, als sie wirklich war, damit alle größere Portionen erhielten. Und den Mist aus dem Pferdestall im Lager habe er bei Bauern gegen zusätzliche Lebensmittel getauscht, die ebenfalls den Häftlingen zugutegekommen seien.

Beharrlich weist er die Vorwürfe zurück, er habe die Häftlinge gequält. »Ich betone, dass ich bei den Verhören, die ich durchgeführt habe, nie jemanden gequält oder geschlagen habe. Und es ist nicht wahr, dass ich jemals Hunde auf Häftlinge gehetzt hätte.« Nur wenn sich jemand den Hunden in unvorsichtiger Weise genähert habe, hätten sie gebissen. Göth präsentiert sich als »Tierfreund«.

Er will nicht eingestehen, dass er vielfach gegen die Lagerordnung verstoßen hat. Er leugnet, dass er polnischen Häftlingen eigenmächtig die Haft verlängert und Strafen angeordnet hat, die das erlaubte Maß überschritten. Wenn einem Häftling das Essen entzogen worden war – dann seiner Aussage nach »höchstens für einen Tag«; wenn es Arrest im Stehbunker gegeben hatte – dann »nur bis zu 12 Stunden«; wenn jemand ausgepeitscht worden war – dann »höchstens 25 Hiebe«. Und wenn eine Todesstrafe vollstreckt worden war, dann aufgrund eines Gerichtsurteils oder durch die Gestapo, womit Göth nichts zu tun gehabt haben will. Den Befehl, einen Häftling zu erschießen, hatte er – nach eigenen Angaben – nur dann erteilt, wenn man bei jemandem eine Waffe gefunden hatte. »Ich erinnere mich an die Erschießung von vierzig Häftlingen, […] bei denen bei der Rückkehr von der Arbeit Handgranaten und Sprengstoff gefunden wurden. […] Ich kann mich nicht erinnern, bei dieser Aktion selbst geschossen zu haben«, erklärt er. Nur einmal habe er »aus Mitleid« auf einen Häftling geschossen, als dieser erhängt werden sollte und der Strick gerissen war.

Entschieden widerspricht er der Anschuldigung, dass im Lager Plaszow Häftlinge durch Benzininjektionen getötet worden seien: »Einen solchen Befehl habe ich nie erteilt und auch nie erhalten.« Und er fügt hinzu: »Eine Selektion [der Kranken] habe ich im Lager nie durchgeführt.« An einer Stelle gesteht er allerdings ein, dass er 1944 auf einen ausdrücklichen Befehl einige Hundert Juden, die als nicht mehr arbeitsfähig galten, nach Auschwitz geschickt habe. Angeblich habe er die Versicherung erhalten, dass man für sie dort Spitäler einrichte. Er beruft sich dabei auf ein 1944 erteiltes Verbot, Menschen in diesem Lager massenhaft zu ermorden. Die Gaskammern waren aber erst im Herbst außer Betrieb, und die besagte Selektion hatte im Mai stattgefunden, was Göth übergeht. Allerdings schließt er nicht aus, dass auch 1943 »irgendein Transport« aus Plaszow nach Auschwitz gegangen sei. »Ich wusste es, denn das war uns bekannt, dass Auschwitz in den Jahren 1940-1943 ein Vernichtungslager war.«

Als er dies sagt, liegt bereits seit gut zwei Wochen die Anklageschrift vor. Staatsanwalt Tadeusz Cyprian, der das von Sehn und dessen Gruppe bereitgestellte Material zur Verfügung hat, wirft Göth Verbrechen gegen die Menschlichkeit vor. Er rechnet nach, dass Göth als Kommandant des Lagers Plaszow den Tod von etwa 8.000 Menschen verursacht hat, und in seiner führenden Rolle bei der Liquidierung des Ghettos von weiteren 2.000 Menschen. Viele habe er eigenhändig ermordet und sie zudem »in ausnehmend grausamer Weise gequält«. Die Anklageschrift weist ihm außerdem eine Verantwortung für die Liquidierung des Ghettos in Tarnów und des Lagers in Szebnie zu, was weitere Tausende an Opfern zur Folge hatte – sie wurden an Ort und Stelle getötet oder starben auf dem Transport im Zug oder nach ihrer Ankunft in anderen Lagern. Ein eigener Anklagepunkt betrifft die Aneignung von Gold, Geld, Kleidungsstücken, Möbeln und anderer Habe »der ausgesiedelten oder internierten Personen«.[12]

Als Sehn am 16. August – nun bereits ohne Staatsanwalt Jasiński – den ehemaligen Kommandanten erneut verhört, kennt dieser noch nicht den Inhalt der Dokumente. Sehn gibt getreu die einzelnen Punkte der Anklage wieder und bittet den Verdächtigen, Stellung zu nehmen. Göth bekennt sich noch immer nicht schuldig. »Ich bin ein gewöhnlicher Mensch und völlig zurechnungsfähig. Wenn all das, was mir hier vorgeworfen wird, wahr wäre, müsste ich ein kranker Mensch sein […]. Ich bekenne, dass ich den Häftlingen gegenüber streng gewesen bin, ich habe viel von ihnen verlangt, doch war ich dabei immer gerecht«.[13]

Die Unabwendbarkeit der Strafe aber scheint ihm bewusst zu sein. »Ich bin mir darüber im Klaren, dass ich mich in einer Situation befinde«, so seine nüchterne Einschätzung, »die als verloren betrachtet werden muss.« Dennoch will er es den Ermittlungsorganen nicht allzu leicht machen. Er kündigt an, dass er nach der Aushändigung der Anklageschrift Zeugen bringen wird, die die Vorwürfe entkräften. »Ich sage es noch einmal – was mir vorgeworfen wird, habe ich mir nicht zuschulden kommen lassen.«

Unter anderem will Göth den jungen Mieczysław Pemper als Zeugen sprechen lassen. Im Lager Plaszow war er in der Kommandantur als Stenotypist und Bürokraft beschäftigt. Er hatte Einblick in zahlreiche wichtige Dokumente. Göth rechnet offenbar mit Pempers Loyalität. Er weiß nicht, dass Pemper sich zuvor schon mit der Bezirkskommission zur Untersuchung der deutschen Verbrechen in Krakau in Verbindung gesetzt hat und gewiss nicht die Absicht verfolgt, den ehemaligen Kommandanten zu decken. Laut Pemper hatte die Auschwitz-Kommission ihn bereits vor einem Jahr angehört. »Sehn schrieb mir daraufhin im Sommer 1945 und bat mich, meine Erinnerungen aufzuzeichnen. Er war mit den Vorbereitungen des Verfahrens gegen Amon Göth beschäftigt und suchte nach Zeugen und Unterlagen«,[14] so hält er später fest. Im Juli 1946 gibt Pemper vor Richter Żmuda eine umfangreiche Aussage zu Protokoll, die den ehemaligen Kommandanten schwer belastet.[15] Am 9. August beschreibt er dessen Tätigkeit in der Lubliner Gegend.[16] Am 19. August kann er sich – von Sehn befragt – unmittelbar zu Göths Stellungnahmen äußern. Und Schritt für Schritt entkräftet er dessen Version. Er erklärt, dass Göth sich sehr wohl jüdisches Vermögen angeeignet habe. »Geld und Wertgegenstände, die aus den späteren Selektionen stammten, aus den Transporten, die ins Lager kamen usw., wurden nicht beziehungsweise nur zu einem geringen Teil an die entsprechenden höheren Stellen weitergeleitet.«[17] Die Mär von der guten Verpflegung durch die Lagerküche löst Pemper in Luft auf: »Der Zucker wurde säckeweise in der Stadt verkauft, und die Einnahmen dienten der Deckung der Kosten für Göths Lebenshaltung, dem Kauf von Delikatessen für die Offizierskantine. […] Oberstes Prinzip war die freie Verfügbarkeit der Lebensmittel, die für die Häftlinge gedacht waren. Was nicht in der Stadt verkauft wurde, ging in die Offizierskantine, dann in die Küche der SS […], und erst die Reste gelangten in die Lagerküche, wobei auch noch ständig die zahlreichen Gäste Göths versorgt wurden, und jeder, der ins Deutsche Reich fuhr, Geschenke erhielt.«

Der Zeuge Pemper erhebt noch weit schwerer wiegende Vorwürfe. So beharrt er zum Beispiel entschieden darauf, Dokumente gesehen zu haben, die Göth den Zugang zu den Vernichtungslagern Belzec, Sobibor und Treblinka gewährten. »Die Selektion vom 7. Mai 1944 und die darauffolgende Deportation von etwa 1.400 Häftlingen – darunter 400 Kinder – in die Gaskammern von Auschwitz fanden auf Initiative von Göth statt, seinen Antrag hatte die Amtsgruppe D bestätigt«, berichtet Pemper an Sehn. »Göth wusste, dass diese Menschen in die Gaskammer gehen und nicht in ein Ferienlager.« Laut Pemper habe Göth noch ausdrücklich darum gebeten, »dass ihm die Häftlingskleidung zurückgesandt wird, wenn der Transport vernichtet ist«. Zu einem der Häftlinge, der ihn anflehte, in Plaszow bleiben zu dürfen, sagte er: »Du hast lange genug gelebt.«

Weiterhin widerspricht Pemper Göths Darstellung, er habe nur in Ausnahmefällen mit dem Tode bestraft – etwa, wenn Waffen entdeckt worden seien. »Das Erschießen des Häftlings an Ort und Stelle hielt er für die angemessene Form der Todesstrafe, denn er ging davon aus, dies sei der beste Anreiz für die noch Lebenden, sich mehr anzustrengen. Und geschossen hat er bei jeder Gelegenheit. [...] Beim Straßenbau hat er eine Frau erschossen, die seiner Ansicht nach nicht genug Steine auf die Schubkarre geladen hatte. Jeder Häftling, der in Plaszow war, kennt Dutzende, wenn nicht Hunderte solcher Vorfälle.« Pemper berichtet auch von der Prügelstrafe, die nicht selten zum Tod des Häftlings führte, berichtet davon, wie Hunde auf Häftlinge gehetzt wurden, was ihm auch selbst widerfahren war. Einen Häftling riss »die Dogge Rolf« – auf Befehl Göths – »buchstäblich in Fetzen«.

Zu diesem Zeitpunkt liegen der Krakauer Kommission bereits zahlreiche ähnliche Aussagen vor. »Professor Sehn«, so erinnert sich Pemper etliche Jahre später, »erzählte mir später von Göths Reaktion auf diese Anklageschrift. Er sah sie sich gar nicht genau an, sondern blätterte gleich bis zu den letzten Seiten, auf denen die Belastungszeugen aufgelistet waren. Als er die vielen Namen sah, habe er, so Sehn, wörtlich ausgerufen: ›Was? So viele Juden? Und uns hat man immer gesagt, da wird kein Schwanz übrigbleiben.‹«[18]

Ehe Göth auf der Anklagebank sitzen wird, soll er noch einmal von Sehn verhört werden – dieses Mal auf Antrag und in Anwesenheit der Staatsanwältin Helena Turowiczowa. Sehn fragt, wem das Lager Plaszow unterstanden hatte, auf welchen Beschluss hin es errichtet und wie es finanziert worden war. Zur Sprache kommt auch der Fall des Lagerältesten Wilhelm Chilowicz, der zusammen mit seiner Frau und einer Gruppe von Mithäftlingen im Sommer 1944 erschossen wurde. Göth behauptet Sehn gegenüber, diese Menschen seien umgekommen, weil sie Waffen gehortet und eine Flucht geplant hätten.[19] Pemper aber hatte bereits ausgesagt, dass Göth einen unbequemen Zeugen seiner finanziellen Machenschaften hatte loswerden wollen.[20]

»Der Henker von Plaszow vor Gericht«, verkündet am 26. August 1946 die Zeitung *Dziennik Polski*.[21] Einen Tag später beginnt im Krakauer Bezirksgericht in der Senacka-Straße der Prozess. Bei der Verhandlung vor dem Obersten Nationalen Tribunal ist auch Justizminister Henryk Świątkowski anwesend. Der Saal bietet Platz für mehrere Hundert Personen, doch die Zahl der Interessierten, die die Verhandlung verfolgen möchten, ist weitaus größer. Für diejenigen, die keinen Platz mehr bekommen, wird der Prozess über Lautsprecher übertragen. Sehn erhält zwei Platzkarten für die Galerie, die für alle Prozesstage gültig sind.[22]

Vorsitzender Richter ist Dr. Alfred Eimer, ein Jurist, der schon vor dem Krieg als Richter tätig war. Göth, dem von Amts wegen zwei polnische Anwälte zur Verfügung stehen, versucht, einige Zeugenaussagen sowie Zuständigkeit und Kompetenz des Gerichts in Zweifel zu ziehen. Der Sachverständige Ludwik Ehrlich, Professor für Völkerrecht, führt den Beweis, dass eine Verurteilung des Angeklagten in Polen möglich ist.

Die Anklage gegen den ehemaligen Kommandanten erheben erfahrene Staatsanwälte: Mieczysław Siewierski und Tadeusz Cyprian. »Dieser Prozess ist der weltweit erste Prozess in der Sache des Völkermords«, sagt Cyprian, der nicht nur die Schuld des Angeklagten nachweist, sondern zugleich auch bemüht ist, deutlich zu machen, »wohin das totale System des Hitlerismus führte«. Er stellt die Frage, »in welchem Maße das gesamte deutsche Volk für diese unfasslichen Verbrechen vor der Menschheit in der Verantwortung stehen muss.«[23]

Von den Verbrechen, an denen Göth beteiligt war, berichten die Zeugen. Auch Pemper macht seine Aussage. Viele Jahre später wird er sich erinnern: »Nach dem Prozeß warf ich dem Untersuchungsrichter Sehn halb im Scherz vor: ›Sie haben mich in eine Schlacht geschickt, die eventuell schlimm für mich hätte enden können. Wenn Göth versucht hätte, mich öffentlich zu diskreditieren oder irgendeiner Form von Kollaboration zu beschuldigen, würden mich jetzt sämtliche Furien verfolgen.‹ ›Nein, nein‹, versuchte Sehn mich zu beruhigen, ›wir haben schon damit gerechnet, daß Göth versuchen könnte, Ihnen etwas Unehrenhaftes anzuhängen. Wir haben vorher umfangreiche Recherchen angestellt und wussten, daß Sie sich ehrenhaft verhalten haben. Hätte Göth irgendwie versucht, Ihnen etwas vorzuwerfen, wären wir sofort eingeschritten.‹«[24]

Pemper wird auch dem Vorwurf widersprechen, der Prozess sei überstürzt durchgeführt worden. Tatsächlich dauert er nur kurze Zeit, denn am 5. September 1946 wird der ehemalige Kommandant des Lagers Plaszow zum Tode verurteilt. Und obwohl das Beweismaterial in großer Eile zusammengetragen worden war, geht es nach Ansicht des Gerichts weit über den »Rahmen dessen hinaus, was die Anklage formuliert«.[25] Dies darf man als Kompliment an die Adresse Cyprians und Siewierskis verstehen, ebenso ist es ein Kompliment für Sehn und weitere Mitarbeiter, die in der Phase der Prozessvorbereitung eine gewaltige Arbeit geleistet haben – wie etwa Richter Żmuda und Staatsanwalt Jasiński.

Göth verfasst noch ein Gnadengesuch an Bolesław Bierut, den Präsidenten des Landesnationalrats. Es wird abgelehnt. Staatsanwalt Jasiński ordnet an, dass die Hinrichtung »innerhalb des Gerichtsgebäudes in der Kamienna-Straße« stattfinde.[26] In dieser Situation erklärt sich Göth bereit, im Fall Leon Gross auszusagen – der jüdische Lagerarzt in Plaszow ist ebenfalls zum Tode verurteilt worden. Wäre dieses Verfahren erneut aufgenommen worden und hätte man Göth als Zeugen befragt, hätte die Vollstreckung des Urteils ausgesetzt werden müssen. Dazu kam es aber nicht.

In den frühen Abendstunden des 13. September wird der ehemalige Kommandant gehenkt. Zwei Mal muss der Strick gekürzt werden – offenbar hatte man nicht berücksichtigt, dass der Verurteilte 1,92 Meter groß war. »Bevor einer der Henker zum Hebel greift und den Fallmechanismus auslöst, hat Mony [Göth] nur noch Zeit für zwei Wörter, zwei Wörter, mit denen er gelebt hat und mit denen er auch sterben will: »Heil Hitler!«[27]

Auch die Hinrichtungsszene fand, wenn auch ohne besondere Rücksicht auf historische Details, Eingang in SCHINDLERS LISTE. Wer aber Jan Sehn gewesen ist – davon erzählt Spielbergs Film nichts.

Rudolf Höß

Das einstöckige Backsteingebäude hat seine Geschichte. Während des Krieges hatte hier die SS-Verwaltung ihren Sitz. Heute befinden sich in der ersten Etage Gästezimmer des Staatlichen Museums Auschwitz-Birkenau in Oświęcim. Gleich in der Nähe liegen weitere charakteristische Orte – das Krematorium I, die Kommandantur, die Villa des Kommandanten. Schaut man in einem der Gästezimmer aus dem Fenster, fällt etwas anderes ins Auge – der gezimmerte Galgen. Am sonnigen Vormittag des 16. April 1947 hing an diesem Galgen der berüchtigte Kommandant von Auschwitz – Rudolf Höß. In der SS brachte er es zum Obersturmbannführer, was dem Armeerang eines Oberstleutnants entspricht. In der Hierarchie der Kriegsverbrecher aber steht er sehr weit oben. Er leitete das größte Vernichtungslager in Europa: »Weder Attila noch Dschingis Khan haben so viele Opfer zu verantworten, wie sie durch die Hände dieses durchschnittlichen Hitler-Anhängers ums Leben gekommen sind, der dabei weder ein Sadist noch ein Perverser, ja in keinerlei Hinsicht ein abnormaler Mensch gewesen ist.«[1] Über die besondere Rolle, die Jan Sehn bei der Vorbereitung des Prozesses gegen Höß gespielt hatte, sagt Piotr Setkiewicz vom Staatlichen Museum Auschwitz-Birkenau: »Die von ihm zusammengetragenen Aussagen vermitteln auch nach so vielen Jahren den Eindruck einer hervorragenden Arbeit.«[2]

*

Als Jan Sehn im April 1945 vor der Auschwitz-Kommission in Krakau bereits die ersten Zeugen befragt, arbeitet Höß im SS Hauptwirtschafts- und Verwaltungsamt. Er leitet dort die Gruppe D I, die die Aufsicht über die Konzentrationslager führt. Im Angesicht der deutschen Niederlage verlässt er gegen Ende des Monats mit einigen Mitarbeitern das Berliner Umland. Er begibt sich nach Norden, zuerst zum Lager Ravensbrück, dann weiter nach Flensburg, das sich nach der Kapitulation in der britischen Besatzungszone befindet.

Höß denkt an Selbstmord, besorgt sogar Gift für seine Frau, doch nimmt er dann – wie er später sagen wird – der Kinder wegen

Abstand von dem Plan. Seine Frau Hedwig, die beiden Söhne und die drei Töchter bringt er bei seinem Schwager in Sankt Michaelisdonn unter. Selbst versteckt er sich unter dem Namen Franz Lang. Er findet Arbeit auf einem Bauernhof in Gottrupel bei Flensburg, erwägt aber eine Flucht nach Südamerika.

Ab Mai 1945 fährt Sehn mehrfach nach Auschwitz, nimmt das Gelände des ehemaligen Lagers in Augenschein, sammelt und ordnet die Dokumente, die dort gefunden werden. Unter anderem stößt er auf die Pläne für das Krematorium I. In den Räumen der Firma Hoch- und Tiefbau AG in Katowice findet er die Pläne für die Krematorien II und III. Vom Justizministerium erhält er im Februar 1946 den Plan des Krematoriums II, den eine inhaftierte Frau heimlich kopiert hatte.[3] Es gibt noch weitere aussagekräftige Funde. Etwa Dosen, die Zyklon B enthalten hatten, sowie einen Kostenplan der Erfurter Firma Topf & Söhne, die in Auschwitz die Öfen für die Krematorien baute. Die Euphemismen, die in den Dokumenten verwendet wurden – »Sonderbehandlung«, »Sondertransport«, »Desinfektionsraum«, »Bad« –, sind zentrale Begriffe aus dem Wörterbuch der Vernichtung. Weitere Zeugen, die zum Teil aus nächster Nähe gesehen haben, wie Tausende Menschen getötet wurden, helfen mit, sie zu entschlüsseln.

Szlama Dragon stammt aus Żuromin. Nach dem Ghetto in Warschau und dem Ghetto in Mława gelangt er im Dezember 1942 nach Auschwitz, wo er dem Sonderkommando zugeteilt wird, das bei den Gaskammern helfen muss. »Es spielte sich folgendermaßen ab: Die Menschen wurden mit Lastwagen zu den Baracken gebracht. Wir mussten ihnen helfen abzusteigen und sich in einer der Baracken auszuziehen. […]. Dann gingen sie nackt zur Kammer. SS-Männer am Eingang haben sie mit Knüppeln zur Eile angetrieben. Wenn die Kammer voll war, haben die SS-Männer die Tür geschlossen«,[4] erklärt er Sehn.

Henryk Tauber, Häftling Nr. 90124, kommt – einen Monat später als Dragon – aus dem Krakauer Ghetto nach Auschwitz. Bald wird er für die Arbeit beim Krematorium I eingeteilt, er muss Leichen verbrennen. »Es waren die Leichen von abgemagerten Menschen, regelrechte Skelette, die nur sehr langsam gebrannt haben. Von der späteren Praxis und aus Beobachtungen bei den Krematorien II und III weiß ich, dass die Leichen von dicken Menschen viel schneller brennen«,[5] so seine Aussage. Abgemagert waren Häftlinge, die sich schon eine Weile im Lager befunden hatten. Die »Leichen dicker Menschen« – das waren die Körper derjenigen, die direkt von der Bahnrampe in die Gaskammern in Birkenau gingen. Auch dorthin gelangt Tauber – zum Krematorium II, und später auch zum Krematorium IV. Er schleppt die Ermordeten aus der Gaskammer. Dann kommen die Friseure, die den toten Frauen die Haare abschneiden. Und bestimmte Angehörige des Sonderkommandos, die von der SS kontrolliert werden, müssen den Toten die Goldzähne herausbrechen. Auf einen übersehenen Zahn steht die Strafe, bei lebendigem Leib verbrannt zu werden.

Im Herbst 1944 beteiligen sich Dragon und Tauber am Aufstand des Sonderkommandos. Wie durch ein Wunder gelingt es ihnen, zu überleben. Im Januar 1945 fliehen sie aus einer Häftlingskolonne, die westwärts getrieben wird. Ehe sie mit Sehn in Kontakt kommen, werden sie in Auschwitz von der sowjetischen Kommission befragt.

Diese sowie weitere Berichte anderer Zeugen fügt Sehn mit Gutachten von Experten zusammen. Das Krakauer Institut für Gerichtsexpertisen untersucht Frauenhaar, das in Magazinräumen gefunden wurde, und stellt fest, dass Cyanwasserstoff darin enthalten ist. »Im Zuge der Ermittlungen konnte bewiesen werden, dass das Haar abgeschnitten wurde, nachdem die Frauenleichen aus der Gaskammer geholt worden, also nachdem sie vergast worden waren«,[6] diktiert Sehn fürs Protokoll.

Professor Eugeniusz Romer, ein Kartograf von Weltruf, erstellt im Dezember 1945 ein Gutachten, aus dem hervorgeht, dass das Lager auf einem Terrain errichtet wurde, das gänzlich ungeeignet ist für eine Besiedlung. »Die Ansammlung von Hunderttausenden von Menschen auf einem Areal mit stagnierendem Grundwasser wurde zur zusätzlichen Qual in der Hölle von Auschwitz«,[7] so seine Einschätzung. Den Ermittlungsakten wird auch ein Gutachten von Professor Ferdinand Zunker aus Breslau hinzugefügt. Zunker hatte 1941 festgestellt, dass das Wasser im Lager nicht einmal dafür genutzt werden könne, sich den Mund auszuspülen.

Als Sehn mit diesem umfangreichen Material befasst ist, weiß er allerdings noch nicht, gegen wen es verwendet werden soll.

Auf die Spur von Rudolf Höß kommen die Briten durch einen abgefangenen Brief an dessen Frau. Im März 1946 verrät Hedwig

Höß, die zu diesem Zeitpunkt mit dem ältesten Sohn Klaus in Lunden im Gefängnis sitzt, – wahrscheinlich durch eine Erpressung unter Druck gesetzt – den falschen Namen und den Aufenthaltsort ihres Mannes. Am 11. März, kurz vor Mitternacht, wird der ehemalige Kommandant von Auschwitz von britischen Feldjägern verhaftet. Den Ehering nimmt er erst ab, als einer der Offiziere damit droht, ihm den Finger abzuschneiden. Die Namen, die auf der Innenseite eingraviert sind, bestätigen zweifelsfrei die Identität des Verhafteten.

Höß, der an diesem Abend und im Verlauf des ersten Verhörs geschlagen wird, bekennt recht bald, dass er in Auschwitz die Vernichtung beaufsichtigt hat. Im April berichtet er detailliert vor dem Internationalen Militärgerichtshof in Nürnberg darüber. Dort bestätigt er, dass er persönlich mit der massenhaften Ermordung von Menschen – vor allem Jüdinnen und Juden – befasst war und beschreibt den Ablauf der Vergasung. Er spricht auch davon, dass Häftlinge mit Benzininjektionen ermordet wurden, spricht von medizinischen Experimenten, die zum Tod führten, und von den Urteilen der Standgerichte.

Im Mai 1946 wird er nach Polen ausgeliefert. Nachdem er in Warschau gelandet ist, wird er der Staatsanwaltschaft des Obersten Nationalen Tribunals überstellt. Der Erste Staatsanwalt des Tribunals übergibt Sehn die vorbereitenden Ermittlungen. Am 30. Juli gelangt Höß in das Gefängnis in der Krakauer Montelupich-Straße.

Wenig später erhält Professor Stanisław Batawia, ein bekannter Psychiater und Kriminologe, die Genehmigung, ihn zu untersuchen. Sehn wiederum wird ermächtigt, die an Polen ausgelieferten deutschen Verbrecher zu verhören und deren Korrespondenz zu zensieren.

Noch vor seiner ersten Begegnung mit Höß bittet Sehn darum, dass Höß die Briefe seiner Frau sowie Adelbert von Chamissos *Peter Schlemihls wundersame Geschichte* übergeben werden – die Erzählung von einem, der seinen Schatten verkaufte.[8] Später schickt er ihm noch das Bordbuch des Christoph Kolumbus und Heinrich Zerkaulens *Komm mit nach Madeira.*[9] Die Gunst des ehemaligen Kommandanten gewinnt er zusätzlich, indem er ihm an den Tagen der Verhöre ein Mittagessen spendiert. »Er wusste, dass Häftlinge, die gut behandelt werden, eher zu einer Zusammenarbeit bereit sind und folglich mehr von ihren fürchterlichen Taten sprechen«, schreibt Andrew Nagorski, der Sehn in seinem Buch *The Nazi Hunters* ein Kapitel gewidmet hat.[10]

Mitte 1946 verfügt Sehn bereits über umfangreiches Beweismaterial zu den Verbrechen in Auschwitz, zusätzlich erhält er englischsprachiges Material aus den Verhören von Höß in Deutschland. Über Höß selbst weiß er jedoch nach wie vor wenig. Am 26. Juni wendet er sich an die Wiesbadener Polnische Militärmission zur Untersuchung der deutschen Kriegsverbrechen mit der Bitte, ihm die dort vorliegenden Informationen zukommen zu lassen: »Nach dem, was ich in Erfahrung bringen konnte, hatte Höß die SS-Nummer 193616, geboren wurde er 1900, er ist verheiratet und hat vier Kinder. Die Sache ist dringend, ich bitte um schnellstmögliche Antwort.«[11] Das Geburtsjahr stimmt mit Höß' eigener Angabe überein, auf der Geburtsurkunde steht allerdings 1901. Die Zahl der Kinder ist nicht korrekt, möglich, dass die jüngste Tochter nicht berücksichtigt wurde, die während des Krieges zur Welt kam.

Doch täuscht sich Sehn auch in einer Sache, die weit mehr Gewicht besitzt. Für das Protokoll diktiert er, dass in Auschwitz »nicht weniger als 4 Millionen Menschen« mit Gas getötet und verbrannt worden seien. Er beruft sich unter anderem auf die Berechnungen eines der Experten, die Schätzungen von Zeugen und die Angaben der sowjetischen Kommission, die im Februar und März 1945 in Auschwitz gearbeitet hatte.[12] Höß wird während des Prozesses behaupten – und heute ist bekannt, dass es der Wahrheit entspricht[13] –, dass die Zahl der Ermordeten nicht höher gelegen habe als eineinhalb Millionen. Zuvor hatte er andere Zahlen genannt. Als Sehn ihn verhört, spricht er von »Millionen Menschen« – genauer könne er es nicht sagen.[14] Vermutlich wird ihm bewusst gewesen sein, dass sich am Urteil ohnehin nichts ändern würde.

Im Herbst 1946 und im darauffolgenden Winter wird Sehn den ehemaligen Kommandanten mehr als ein Dutzend Mal verhören. Er stellt ihm Fragen, liest ihm die Aussagen von Zeugen vor, zeigt ihm Fotografien, Pläne des Lagers und andere Dokumente. Jahre später wird er erzählen, dass Höß – der über sein Recht, die Aussage zu verweigern, belehrt worden war – ebenso bereitwillig wie umfangreich seine Antworten gab. Die Verhöre fanden »im Arbeitszimmer des Richters statt, in den Vormittagsstunden der dortigen Bürozeiten«,[15] also nicht im Gefängnis Montelupich, sondern im Sitz der Bezirkskommission zur Untersuchung der deutschen Verbrechen in der Grodzka-Straße. Die Erinnerungen Mieczysław Pempers bestätigen es: »Ich bekam Rudolf Höß nur ein einziges Mal im Krakauer Büro von Dr. Sehn zu Gesicht.«[16]

Es muss ein eigentümliches Bild gewesen sein. Auf der einen Seite der siebenunddreißigjährige Jurist, in einem »feinen Maßanzug und [...] mit einer Zigarettenspitze aus Jade«,[17] – auf der anderen Seite der unscheinbare Fünfundvierzigjährige, der sich vor kurzem noch stolz in der SS-Uniform präsentierte, jetzt im Gefängnisdrillich. »Man hatte sich ihn als entarteten Menschen vorgestellt, dessen Äußeres den Taten entsprechen müsse, die er begangen hatte. In Wirklichkeit aber sah Höß völlig durchschnittlich aus. Sein Gesicht verriet keine Züge von Grausamkeit oder Bosheit. Seine Stimme war leise und recht hoch, seine Bewegungen waren eher träge«,[18] schreibt Janusz Gumkowski, der langjährige Direktor der Hauptkommission zur Untersuchung der Hitler-Verbrechen in Polen. Batawia erinnert sich an die Augen von Höß, die »sein Gegenüber durchdringend ansahen«, mit einem Ausdruck, in dem sich »neben Trauer auch eine Spur von Angst zeigte, von Scham und Verlegenheit«, ebenso an seine »kleinen Hände mit den feingliedrig schmalen Fingern«, die »niemals irgendwelche Gesten vollzogen«. Diese Schüchternheit, ja eine gewisse Sensibilität – »das alles passte nicht zum Bild vom Kommandanten eines Hitler-Konzentrationslagers, wie unsere Vorstellung es anhand des Wortes ›Auschwitz‹ ausmalen wollte«.[19]

Höß gibt seine Erklärungen auf Deutsch. Sehn spricht die Sprache fließend, ein Dolmetscher ist also nicht nötig. Die Protokolle werden auf Polnisch verfasst, anschließend ins Deutsche übersetzt. Der ehemalige Kommandant von Auschwitz bestätigt mit seiner Unterschrift, dass die Übersetzungen dem Inhalt seiner Aussagen entsprechen. Daneben unterschreiben Sehn, der Staatsanwalt Edward Pęchalski und die Protokollantin Krystyna Szymańska, die Jahre später sagen wird, dass diese Verhöre ein »unglaubliches Erlebnis« für sie gewesen seien.[20] Beim ersten Verhör, am 28. September 1946, ist auch Staatsanwalt Mieczysław Siewierski anwesend. Er wird Höß wenige Monate später vor dem Obersten Nationalen Tribunal anklagen. »Am ersten Tag sagte Sehn, [...] er [Höß] solle über sich und das Lager nur die Wahrheit sagen. Und er erwiderte, dass er nur die Wahrheit sagen werde«, erinnert sich Szymańska.

Der Verdächtige, von Beruf Verwalter in Landwirtschaftsbetrieben, stellt sich als Vater von fünf Kindern vor, »ehemaliger Katholik«, gegenwärtig »gottgläubig« – wie sich viele Angehörige der NSDAP und der SS bezeichneten –, »reiner arischer Abstammung«, »deutscher Staatsangehörigkeit«.[21] Ausführlich spricht er über sein Elternhaus, über die strenge religiöse Erziehung und die Enttäuschung seiner nächsten Angehörigen, dass er kein Missionar geworden sei. Er erzählt, wie er sich mit knapp sechzehn Jahren – anstatt in den Ferien zu Verwandten aufs Land zu fahren – zur kaiserlichen Armee gemeldet habe. Er erinnert an die Verwundungen, die er im Ersten Weltkrieg erlitten habe, an seine freiwillige Teilnahme an den folgenden Kämpfen, unter anderem gegen polnische Aufständische in Oberschlesien. Er erklärt, wie er sich 1922 an Adolf Hitler gebunden und dass er für die Beteiligung an einem politischen Mord einige Jahre Haft verbüßt habe. Nach der Entlassung sei er dann Heinrich Himmler begegnet, dem Chef der SS, und 1934 schon, nach der Machtübernahme der Nationalsozialisten in Deutschland, vor ihm in Stettin defiliert. Dann folgte der Dienst in Konzentrationslagern – zuerst in Dachau, später in Sachsenhausen bei Berlin, ab Mai 1940 schließlich in Auschwitz, das in den dem Deutschen Reich angegliederten Gebieten lag.

Nach dem ersten Verhör wartet Höß länger als einen Monat auf das nächste. Anscheinend geht es darum, weiteres Material zu sammeln – nicht nur gegen ihn, sondern auch gegen andere Angehörige des Lagerpersonals. Im Herbst 1946 erwägt man einen großen Prozess, bei dem der ehemalige Kommandant nur einer der Angeklagten gewesen wäre. Der Erste Staatsanwalt des Obersten Nationalen Tribunals schreibt an den Staatsanwalt des Sonderstrafgerichts in Krakau: »Angesichts der Entscheidung, in den Prozess gegen Höß etwa 100 (hundert) Aufseher und SS-Männer des Lagerpersonals in Auschwitz einzubeziehen, die derzeit in Gruppen nach Polen überstellt und nach Krakau gebracht werden, bitte ich den Bürger Staatsanwalt höflich, dem die Ermittlungen leitenden Richter am Bezirksgericht, Jan Sehn, die Arbeit in der Hinsicht zu erleichtern, dass die Staatsanwälte des Sonderstrafgerichts nach Bedarf die Verhöre der Beschuldigten führen sowie bei anderen Aufgaben unterstützend tätig werden, die sich im Zuge der Ermittlungen als nötig erweisen sollten.«[22]

Fürs Erste befragt Sehn fleißig die nächsten Zeugen. Einige von ihnen erwähnen Höß namentlich und belasten ihn schwer. Władysław Fejkiel, Auschwitz-Häftling mit der Nummer 5647, spricht von den fürchterlichen sanitären Bedingungen, vom Hunger, den Erschießungen, den verbrecherischen medizinischen Experimenten, der Selektion der Kranken und der Liquidierung derjenigen, die eine längere ärztliche Behandlung gebraucht hätten. »1942«, so Fejkiel, »hat die Lagerleitung unter dem Vorwand, den Typhus zu bekämpfen, beschlossen [...], die Läuse zusammen mit den Kranken zu vernichten. Der Kommandant Höß hat dann durch seine Politische Abteilung und einen SS-Arzt die allgemeine Berechtigung erteilt, alle Kranken im Spital sowie das dortige Personal zu töten. Aus dem Infektionsblock wurden damals etwa 800 Kranke geholt und vergast.« Fejkiel berichtet auch vom »Abspritzen« der Häftlinge, das heißt von der Tötung mit Phenolinjektionen. »Ich erinnere mich an eine solche Aktion, die Lagerkommandantur führte sie in den ersten Monaten des Jahres 1943 durch. Wenn ich mich richtig erinnere, wurden damals einige Dutzend Jungen getötet, um die 80 aus der Lubliner Gegend und aus anderen polnischen Orten.«[23]

Eine eigene Frage betrifft die Verantwortung des Kommandanten für den Massenmord in Birkenau. »Höß hat, zuerst als Kommandant des Lagers, später als spezieller Beauftragter zur Durchführung der Judenaktion, alle dafür nötigen technischen Einrichtungen vorbereitet«, so die Aussage Fejkiels. »Unter seiner Leitung wurden in Auschwitz alle Krematorien und Gaskammern gebaut [...]. Höß selbst assistierte an der Rampe, wenn solche Transporte kamen [mit Menschen, die direkt ins Gas gehen sollten], vor allem, wenn reiche Juden ins Lager kamen, holländische Juden, belgische Juden. Als ich einmal von Birkenau ins Stammlager ging, sah ich, wie Höß im Kreis seiner Getreuen einen solchen Transport an der Rampe von Birkenau empfing.«

Eine aussagekräftige Ergänzung liefert das Tagebuch Johann Paul Kremers, der im Sommer und Herbst 1942 Lagerarzt in Auschwitz war. Er schreibt abwechselnd von »Sonderaktionen« (Ermordung durch Gas) oder anderen Verbrechen, an denen er beteiligt war, und von den erlesenen Speisen für die Oberen der SS. Auch wenn er sparsam ist mit Worten, so weiß er doch genau, woran er partizipiert hat. »Im Vergleich hierzu erscheint mir das Dantesche Inferno fast wie eine Komödie.« An anderer Stelle führt er die Worte eines Kollegen vom »anus mundi« an. Im Herbst 1946 erhält Sehn vom Justizministerium in Warschau eine deutschsprachige Abschrift des Tagebuchs und unterzieht es einer eingehenden Prüfung.[24]

Bereits beim zweiten Verhör – es findet am 7. November statt – berichtet Höß dem Untersuchungsrichter ausführlicher über Auschwitz. Höß schildert die Situation Ende 1939, als in den eroberten polnischen Gebieten der Widerstand zunimmt, massenhafte Verhaftungen durchgeführt werden und die Gefängnisse aus allen Nähten platzen.

Im Sicherheitsapparat des Deutschen Reiches wird der Plan gefasst, ein neues Konzentrationslager zu errichten. Die Wahl fällt auf Auschwitz. »Dort gibt es eine alte polnische Kavalleriekaserne, in der man sofort Häftlinge unterbringen konnte, außerdem liegt Auschwitz an zentraler Stelle für Schlesien, das Generalgouvernement, die Tschechoslowakei und Österreich, vor allem im Hinblick auf die Eisenbahnverbindungen«,[25] erklärt Höß. Dieser Aspekt wird später wesentlich werden, als man Juden aus ganz Europa nach Auschwitz bringt. Anfangs jedoch sollten dort – nach Aussage von Höß – zehntausend Menschen inhaftiert werden. Auf dem weitläufigen Gelände zwischen Weichsel und Sola kann bei Bedarf das KZ ausgebaut werden, zugleich ist das Gelände weitgehend isoliert – zumal nach der Zwangsaussiedlung der polnischen und jüdischen Bevölkerung.

Am 14. Juni 1940 trifft der erste Transport mit politischen Häftlingen in Auschwitz ein. Vor allem sind es Polen, doch ist auch eine kleinere Gruppe polnischer Juden dabei. Es sind die typischen Proportionen in der Anfangsphase des Lagers. 1941 kommen sowjetische Kriegsgefangene hinzu. Ab dem Frühjahr 1942 überwiegen eindeutig Juden. Das Lager wird systematisch erweitert, mehrere Nebenlager entstehen bei den Industriebetrieben, in denen die Sklavenarbeit der Häftlinge ausgenutzt wird. Höß nennt die Namen der Nebenlager, ebenso – soweit er sich erinnert – die Namen der Kommandoführer.

Nach und nach erzählt er Sehn auch von den Kategorien der Häftlinge, der schweren Arbeit, den skandalös niedrigen Essensrationen, den entsetzlichen Bedingungen in den Baracken, den drakonischen Strafen – wie etwa zwei Stunden lang mit nach hinten verdrehten Armen aufgehängt zu werden – und den Exekutionen. Er spricht von den grausamen hygienischen Verhältnissen, dem Fehlen einer medizinischen Versorgung, den grassierenden Epidemien. Schließlich auch von den medizinischen Experimenten und – während der letzten Verhöre – von der Vernichtung der Juden.

Er gesteht, dass Himmler ihm im Sommer 1941 aufgetragen habe, »in Auschwitz Vernichtungseinrichtungen vorzubereiten«. »Ich war mit der Ausführung dieses Befehls befasst«,[26] bestätigt er in seiner üblichen, emotionslosen Art. »Die Pläne der Gaskammern, in denen in Auschwitz die Menschen mit Zyklon B vergiftet wurden, wurden von Karl Bischoff, dem Chef der Zentralbauleitung […], und mir erstellt.«[27] »Diese zweite Funktion, also die Vernichtung der Juden im Lager Auschwitz zu leiten, übernahm ich […] auf mündlichen Befehl Himmlers, wobei ich offiziell weiterhin Befehlshaber der SS-Garnison und Kommandant des Lagers war«,[28] führt er weiter aus. Er berichtet, wie er im Herbst 1943 in die Zentrale versetzt wurde, im Juni des kommenden Jahres jedoch wurde er wieder nach Auschwitz beordert, wo er den Prozess der Vernichtung der Juden maximieren sollte.

»All das erzählte er ganz ruhig«, erinnert sich Szymańska. »Nur einmal regte er sich furchtbar auf, als er verstand, dass wir eine große Menge […] an Lagerdokumenten sichergestellt hatten, mit deren Hilfe es möglich war, grundlegende Fakten zur Realität von Auschwitz zu rekonstruieren. Er empörte sich, dass er doch seinen Untergebenen in der SS den Befehl gegeben habe, alle Lagerdokumente zu vernichten, und sie hatten seinen Befehl nicht befolgt. Und ein Befehl war bekanntlich für die Anhänger Hitlers etwas Heiliges.«[29]

Eben mit diesem Mechanismus – Befehle und blinder Gehorsam gegenüber den Vorgesetzten – erklärt Höß seine Verbrechen. »Mehr als einmal habe ich mich bei einer Massenvernichtungsaktion der Juden gefragt, ob es so etwas wie eine Vorsehung gibt, und wenn ja, wie ist es dann möglich, dass solche Dinge geschehen können. Trotzdem war ich überall dabei – wenn die Transporte ankamen, bei der Vergasung in den Gaskammern, bei der Verbrennung der Leichen –, denn ich wollte meinen Untergebenen als Vorbild dienen, um nicht dem Vorwurf ausgesetzt zu sein, ich würde von ihnen etwas verlangen, wovor ich mich selbst drücke.«[30]

Im Lager sieht er, wie die Häftlinge physisch verfallen und psychisch zusammenbrechen. »Bei russischen Kriegsgefangenen habe ich gesehen, wie sie umgekippt und buchstäblich mit der Rübe oder dem Teller Suppe am Mund gestorben sind.«[31] Zugleich beobachtet er bei einigen auch eine erstaunliche Widerstandsfähigkeit und einen ungemein starken Überlebenswillen, »selbst bei den Juden, die im Sonderkommando gearbeitet haben, und die schließlich nach Beendigung der Arbeit, für die sie gebraucht wurden, der Tod erwartete, was sie auch wussten. Ich habe persönlich gesehen, wie ein Jude, der beim Sonderkommando tätig war, beim Verbrennen der Leichen in den Gruben in Birkenau in dem Haufen der Toten die Leiche seiner Frau entdeckte. Er hielt einen Moment inne, man konnte sehen, dass er erschüttert war, doch dann arbeitete er weiter, wie er es davor getan hatte.«

Die schwierigeren Themen stellt Sehn sinnvollerweise an den Schluss.

»Die Hemmungen, die bei Höß anfangs zu bemerken waren, schwanden mit der Zeit«, hält Batawia in seinen Beobachtungen fest. Man darf annehmen, dass die Verhöre in Sehns Arbeitszimmer ähnlich verlaufen sind. Nach und nach entwickelt der Häftling Vertrauen zu dem Untersuchungsrichter. Er sagt zwar nicht viel, äußert sich kurz, dafür aber mit aussagekräftigem Inhalt. Nach Batawias Einschätzung war Höß »außergewöhnlich sachlich und genau in der Beschreibung einzelner Abläufe; er bemühte sich, alle wesentlichen Einzelheiten wiederzugeben, die Fakten in eine Reihenfolge zu bringen; manchmal kehrte er in einem späteren Gespräch zu früheren Aspekten zurück, weil er seine Äußerung ergänzen wollte, er sagte dann, er habe darüber nachgedacht und sei zu dem Schluss gekommen, dass sie nicht genau genug gewesen sei, beziehungsweise er habe Zweifel, ob seine erste Darstellung das damals Erlebte korrekt wiedergebe.« Sehn macht sich das zunutze, und wenn eine mehrtägige Verhörpause ansteht, setzt er das Thema für die nächste Begegnung fest. In den freien Stunden und Tagen bereitet Höß dann schriftlich eine Ausarbeitung vor, die er dem Untersuchungsrichter beim nächsten Verhör aushändigt. »Er schrieb auch aus eigenem Antrieb, wenn er bemerkte, dass eine bestimmte Frage, die am Rande eines Verhörs auftauchte, den Verhörenden besonders interessierte«,[32] fügt Sehn hinzu.

1946/47 gibt Höß unter anderem eine Charakteristik der wesentlichen Architekten der »Endlösung«, so etwa Heinrich Himmlers und Adolf Eichmanns, sowie zahlreicher SS-Männer, die in Auschwitz gewesen waren. Er gibt die Organisationsstruktur der deutschen Polizei- und Verwaltungseinheiten wieder. Er rekonstruiert aus dem Gedächtnis die Lagerordnung in Auschwitz. Der »Endlösung der Judenfrage« in dem von ihm geleiteten Lager widmet er eine eigene, breit angelegte Darstellung. Kurz stellt er auch die verbrecherische Tätigkeit der SS-Ärzte in Auschwitz vor. Dieses Material wird den Verhörprotokollen hinzugefügt. Außerdem verfasst Höß – bereits nachdem Sehn seine vorbereitenden Ermittlungen beendet hat – eine Art knapper Autobiografie, die in der polnischen Übersetzung den etwas prätentiösen Titel *Moja dusza* (Meine Seele) trägt und im Original *Meine Psyche* überschrieben ist. Was Höß im Gefängnis handschriftlich verfasst, zählt insgesamt etwa 240 doppelseitig beschriebene Blätter.

Zu diesen Notizen halten den ehemaligen Kommandanten sowohl Sehn als auch Batawia an. »Besonders schwierig war die Rolle Sehns«, so Jerzy Rawicz, Journalist und Literat, ehemaliger Auschwitz-Häftling. Rawiczs Einschätzung nach war es vor allem das Taktgefühl Sehns, der »als offizieller Vertreter des polnischen Justizwesens, formal also als gefährlichster Gegner des Angeklagten« dazu beitrug, »daß sich Höß entschloß, seine Erinnerungen aufzuzeichnen«.[33] So entsteht ein »maßgebendes Zeugnis eines unvorstellbaren Verbrechens«, verfasst von einem seiner Haupttäter. Historikerinnen und Historiker erhalten – am Beispiel von Auschwitz – eine überaus wichtige Quelle, der zu entnehmen ist, wie die Deutschen dachten und handelten. Die Juristen erhalten »ein umfassendes Beweismaterial bei Anklagen sowohl gegen die Anstifter der Verbrechen als auch gegen bestimmte Täter«. Für jeden Leser und jede Leserin wiederum ist diese Niederschrift von Höß – wie Sehn es ausdrückt – »eine Warnung, auf welches Niveau sich die Menschheit in ihrer Zukunft niemals mehr begeben darf«.[34]

Sehn weiß genau, welch einmaliges Dokument ihm in die Hände gefallen ist. Gemeinsam mit Eugenia Kocwa, ehemals Häftling in

Ravensbrück, und der geringfügigen Hilfe einer Gruppe unter der Leitung von Kazimierz Leszczyński übersetzt er das Manuskript von Höß ins Polnische. Der Bericht des ehemaligen Kommandanten erscheint – versehen mit einer Einführung von Prof. Batawia – erstmals 1951, im *Bulletin der Hauptkommission zur Untersuchung der Hitler-Verbrechen in Polen.* »Wir halten ein Buch in den Händen, das gewiss in die Geschichte eingehen wird als ein in seiner Form absolut einzigartiges Dokument«,[35] schreibt der Historiker Paweł Jasienica begeistert. 1956 erscheint die Buchausgabe *Wspomnienia Rudolfa Hoessa* (Die Erinnerungen von Rudolf Höß), mit einer Einführung von Sehn. Ende der 1950er Jahre findet die deutsche Ausgabe des Buches ihre Leser in der Bundesrepublik. Der Historiker Martin Broszat, der die deutsche Ausgabe betreut hat, richtet einen »besonderen Dank« für »Entgegenkommen und wertvolle Unterstützung« unter anderem an Sehn.[36] Der wiederum gratuliert Broszat: »Die Sachlichkeit und Gründlichkeit Ihres Kommentars haben mich besonders beeindruckt.«[37]

In seiner Einführung schreibt Sehn, dass der Verfasser »bestens Bescheid wusste über viele Dinge« und dass er »dank eines guten Gedächtnisses die Gegebenheiten verlässlich wiedergegeben« habe.[38] Auch Batawia gewinnt den Eindruck, dass die Schilderungen des ehemaligen Kommandanten »in den wesentlichen Punkten der Wahrheit entsprechen«. Und er gibt zu verstehen, dass das nicht nur sein Eindruck sei, »denn alle, die näher mit Höß zu tun hatten, kamen zu dem Schluss, dass seine Aussagen in der Regel verlässlich waren«. Auch Krystyna Szymańska sagt später: »Von verschiedenen Ereignissen und seinem Anteil daran berichtete er auf eine Art und Weise, die unserer Einschätzung nach der Wahrheit entsprach.«[39]

Tatsächlich sieht es so aus, dass er präzise und im Allgemeinen den Tatsachen entsprechend die Methodik des deutschen Völkermords wiedergibt. Unter den SS-Männern, die schwerster Verbrechen angeklagt werden, steht er damit als bemerkenswerte Ausnahme da. Ebenso offen spricht er auch über seine Vorgesetzten und seine Untergebenen.

Der bereits erwähnte Jerzy Rawicz befand jedoch, dass Sehn und Batawia zu Unrecht die Aussagen in der Niederschrift von Höß »für bare Münze«[40] nahmen, gebe doch das, was er dort über sich selbst berichte, Anlass zum Zweifel. So behauptet Höß etwa, er habe allein aus ideologischen Beweggründen gehandelt. Im Verhör mit Sehn erklärt er kategorisch: »Ich habe mir nichts angeeignet, in meiner gesamten Dienstzeit in der SS habe ich mich nicht bereichert, alles, womit ich meinen Haushalt vergrößert habe, stammt aus meinen offiziellen Einkünften.«[41] Allerdings gesteht er ein, dass er die fünf, später zehn Zimmer, die ihm in Auschwitz zur Verfügung standen, mit Möbeln eingerichtet habe, die in den Lagerwerkstätten gefertigt worden seien – zu Preisen, die »unter den Marktpreisen lagen«.[42] Aus der Aussage, die Stanisław Dubiel einige Monate zuvor gegenüber Sehn gemacht hatte, ergab sich ein gänzlich anderes Bild. Dubiel, Auschwitz-Häftling mit der Nummer 6059, arbeitete als Gärtner unter anderem auch beim privaten Wohnsitz von Höß. Er berichtet von dessen herzlichem Kontakt zu Heinrich Himmler und anderen hohen Funktionären der SS sowie von den üppigen Empfängen, die zum Anlass solcher Besuche gegeben wurden. Für den Kommandanten, dessen Familie und Gäste besorgte Dubiel Zigaretten aus der Kantine, »Schuhcreme und Schuhbürsten«, »Fleisch aus der Schlachterei«, Milch und Sahne aus der Lagermolkerei, ebenso »Zucker, Mehl, Margarine, verschiedenerlei Backpulver, Suppenwürze, Nudeln, Haferflocken, Kakao, Zimt, Grieß, Erbsen und andere Produkte«.[43] »Das Lebensmittelmagazin war zu jener Zeit gut versorgt, weil man dort Lebensmittel lagerte, die man den Juden abgenommen hatte, die mit den Massentransporten nach Auschwitz gekommen waren und meist von diesen Transporten aus direkt ins Gas geschickt wurden.« Nach seinen Reisen nach Ungarn, von wo die Juden in den Tod gebracht wurden, schickte Höß angeblich »ganze Kisten mit Wein«. Ein Teil der Lebensmittel gelangte zu Verwandten seiner Frau in Deutschland. »Im Hause Höß arbeiteten ungefähr anderthalb Jahre lang zwei jüdische Schneiderinnen. Sie nähten Kleidung für Frau Höß und ihre Tochter, aus Stoff, den [Erich] Grönke aus den den Juden geraubten Beständen lieferte«, so Dubiel weiter in seiner Aussage. Außerdem berichtet er, dass er für den Kommandanten einen Vorrat an Koks für den Winter »besorgen« musste. Und er fasst zusammen: »Indem Höß auf diese Weise Häftlingsarbeit und Lagergut für private Zwecke nutzte, richtete er sein Haus so prachtvoll ein, daß seine Frau erklärte: *Hier will ich leben und sterben.*« In den Verhören mit Sehn rückt die Frage nach den persönlichen Vorteilen weit in den Hintergrund. Den Verdächtigen belasten weit schwerer wiegende Vorwürfe.

Als Kommandant des Lagers übernimmt Höß die Verantwortung für alle Verbrechen, die dort begangen wurden. Zugleich versucht er, den Untersuchungsrichter davon zu überzeugen, dass er immer im Rahmen eines Befehls sowie im Einklang mit der Lagerordnung gehandelt habe. »Darauf, ob ein Häftling ins Lager kam, hatte ich als Kommandant, wie ebenso auf seine Freilassung, keinen Einfluss«,[44] führt er zu seiner Verteidigung an. Und er stellt sich geradezu so dar, als wäre er derjenige gewesen, der versucht habe, das Elend der Häftlinge zu lindern: Er habe über die Überfüllung des Lagers informiert, Bittgesuche an die Vorgesetzten gerichtet, man möge ihm Kleidung für die Häftlinge schicken, und in den Baracken habe er Öfen aufstellen lassen. »Aus freien Stücken habe ich an die Häftlinge Sachen verteilt, die von den vergasten Juden verblieben waren, zuerst Pullover und warme Unterwäsche, später noch weitere Kleidungsstücke.«[45] Auch habe er eine strengere Kontrolle der Lagerräume und der Gefängnisküche angeordnet, damit die SS-Männer keine Lebensmittel von dort entwendeten. Auch habe er dafür gesorgt, dass die Funktionshäftlinge die Suppe gerecht ausgaben. Und bei der Leitung der Industriebetriebe habe er interveniert, wenn ihm zu Ohren gekommen sei, dass Häftlinge geschlagen wurden oder wenn ihn Klagen erreichten, die Verpflegung sei schlecht.[46]

Doch ist dieser Versuch einer Verteidigung zum Scheitern verurteilt. Der von Jan Sehn als Sachverständiger befragte Jan Olbrycht – Medizinprofessor an der Jagiellonen-Universität und bis vor kurzem noch Häftling mit der Nummer 46688 – sagt, dass die »Bedingungen der Unterbringung [...] für die Häftlinge in der gesamten Zeit, in der das Lager existierte, katastrophal waren«, häufig erhielten sie verlauste Unterwäsche, die Mahlzeiten, die ausgegeben wurden, »genügten nicht einmal den primitivsten Maßstäben der Lebensmittelhygiene« und »die ärztliche Versorgung war völlig mangelhaft«. Er rechnet vor, dass die Sterblichkeit im Lager »mehrere Hundert Mal, ja mitunter deutlich mehr als Zehntausend Mal höher lag als der natürliche Durchschnitt in den Ländern, aus denen die Häftlinge stammten«.[47] Dagegen kann Höß kaum argumentieren, so vermittelt er das Bild eines Kommandanten, der ratlos vor der hohen Sterblichkeit gestanden habe – im Unwissen über die Verbrechen, die in Auschwitz begangen wurden beziehungsweise unfähig, diese zu unterbinden. »Ich weiß, dass es Fälle von Überanstrengung beim Sport gab, aber das geschah ohne mein Wissen«, versichert er. »Gegen meine Anordnungen, mit denen ich verhindern wollte, dass Häftlinge geschlagen werden, haben sowohl Kapos als auch SS-Männer in der ganzen Zeit, in der das Lager existierte, Häftlinge geschlagen«, gesteht er ein. »Ob unter den Toten auch Ermordete waren, die während der Arbeit erschlagen wurden, weiß ich nicht«,[48] behauptet er.

In gewissem Maße entspricht das dem Zuschnitt der Anklage, die die Staatsanwälte des Obersten Nationalen Tribunals später formulieren. Höß war »ein Beamter für die Zwecke der Vernichtung«, der seine Aufgabe ausführte wie der Direktor eines Schlachthofs: kalt und emotionslos, ohne jemanden persönlich zu quälen, ohne Akte persönlicher Grausamkeit. Die zur Vernichtung bestimmten Menschen waren Ziffern für ihn, die Gaskammern und Krematorien waren Elemente einer riesigen »Todesfabrik«.[49]

Die meisten Zeugen haben nicht gesehen, dass Höß persönlich Häftlinge gequält hätte (obwohl etwa der in Płock befragte Kazimierz Grabowski, Häftlingsnummer 109878, sich daran erinnert, dass Höß die Häftlinge »unmenschlich« behandelt hatte: »Wann immer er an arbeitenden Menschen vorbeiging, konnte er es nicht lassen, ihnen einen Tritt zu geben oder sie zu schlagen. [...] Wenn er sah, dass jemand vor Erschöpfung langsamer ging oder nicht in der nötigen Haltung, gab er oft einem der SS-Männer den Befehl, 25 Hiebe zu verabreichen«[50]). Aus den Aussagen geht auf jeden Fall das Bild eines Menschen hervor, dem Mitleid für die Gefangenen fremd war. Und wenn er Vorschriften umgeht, dann nicht, um die Bedingungen zu mildern, sondern um den Häftlingen zu schaden.

Der Schriftsteller Tadeusz Hołuj, Häftlingsnummer 62937, erzählt Sehn von willkürlichen Erschießungen in Auschwitz, das heißt, von Todesurteilen, die nicht durch das zuständige SS-Hauptamt bestätigt wurden.[51] In Jelenia Góra macht Kazimierz Frączek Sehn gegenüber die Aussage, dass »Höß viele Male persönlich an Erschießungen beteiligt« gewesen sei. Im Falle der Flucht eines Häftlings erfolgte kollektive Bestrafung – »zum Beispiel die Dezimierung eines Blocks für einen geflohenen Häftling«. Dann ordnete der Kommandant auch sogenannte Strafappelle an – unabhängig vom Wetter mussten alle zwölf Stunden und länger auf dem Appellplatz stehen. Oft ließ er auch die nächsten Verwandten des Geflohenen verhaften und ins Lager bringen.[52] Der bereits zitierte Kazimierz Grabowski berichtet: »Wenn ein Häftling während der Flucht erschossen wurde, musste die nackte Leiche auf seinen [Höß'] Befehl vor dem Eingangstor zur Schau gestellt werden – dort, wo alle Kommandos zur Arbeit gingen. Im Mai oder Juni 1944 war ich anwesend, als auf dem Appellplatz auf Befehl von Höß 12 Häftlinge des Messkommandos gehenkt wurden, weil zwei oder drei geflohen waren, als die SS-Wache eingeschlafen war. Bei dieser Hinrichtung war auch Höß anwesend.«[53]

Alle Vorwürfe kann der ehemalige Kommandant nicht zurückweisen. Er gesteht, dass er die Todesstrafe für diejenigen angeordnet habe, die von der Flucht ihrer Mithäftlinge wussten, ebenso, dass sie vor den Augen des gesamten Lagers gehenkt worden seien.[54] Was die Prügelstrafe betrifft, so widerspricht er dem Vorwurf nicht, versichert aber Sehn: »Eine nicht bestätigte Prügelstrafe habe ich als Kommandant nie auch nur für einen einzigen Häftling verhängt.«[55] Er bestätigt, dass er von verbrecherischen medizinischen Experimenten in Auschwitz wusste, auf Himmlers Befehl stellte er Frauen dafür zur Verfügung, ja, er war bei deren Sterilisierung auch persönlich zugegen gewesen.[56]

Während des Verhörs am 11. Januar 1947, das eine Schlüsselrolle einnimmt, lässt er so etwas wie Reue erkennen. »Wenn ich meine Tätigkeit heute bewerte [...], komme ich zu der Überzeugung, dass ich einen falschen Weg eingeschlagen habe, durch meine Teilnahme an den von mir beschriebenen Aktionen der Organisationen, denen ich angehörte, wurde ich mitschuldig an dem Bösen, das diese Organisationen belastet. Als Mitglied der SS, das erzogen wurde in der Disziplin dieser Organisation, glaubte ich daran, dass alles, was deren Chef und Hitler befehlen, rechtens sei, und ich dachte, es sei eine Schande und ein Zeichen von Schwäche, wenn ich in irgendeiner Weise von ihren Anordnungen und Befehlen abgewichen wäre. Mit dieser Einstellung verharrte ich bis zuletzt auf allen Positionen, die mir zugewiesen worden waren, und alle Anordnungen führte ich dienstfertig aus, auch wenn ich während meiner Arbeit in den Konzentrationslagern gesehen habe, dass dort unmenschliche Dinge geschehen.«[57]

Sehn führt diese Worte in seiner Einleitung zu den *Erinnerungen* des Kommandanten an, doch zweifelt er, ob sie einer ernsthaften Gewissensprüfung entspringen. Er schreibt: »Ein Eingeständnis von Verbrechen und Grausamkeiten liegt nur dann vor, wenn sie auch schlicht als Verbrechen und Grausamkeiten benannt werden [...]. In allen Äußerungen von Höß aber fehlt das Eingeständnis seiner persönlichen Schuld [...]. Fehler, die er zu erkennen bereit ist, betreffen ihn nur in persönlichen Belangen oder beziehen sich auf familiäre Angelegenheiten. [...] Der von ihm geschilderte faktische Zustand in Auschwitz trat zwar ein in der Zeit, in der er Kommandant des Lagers war, jedoch aus objektiven Gründen, die in der Natur der Sache lagen und angeblich mit ihm persönlich in keinem Zusammenhang standen.«[58]

Sehn erwähnt, dass das Verhör vom 11. Januar das letzte im Rahmen der vorbereitenden Ermittlungen gewesen sei.[59] Liest man das Protokoll, sieht man diesen Eindruck bestätigt. Der Krakauer Untersuchungsrichter aber hat Höß auch noch am 31. Januar verhört.[60]

*

Zu dieser Zeit ist bereits klar, dass Höß einzeln verurteilt wird. Am 10. Januar teilt der Erste Staatsanwalt des Obersten Nationalen Tribunals der Polnischen Militärmission in Berlin mit: »Vor dem Tribunal wird nur der Lagerkommandant Rudolf Höß stehen, der Prozess gegen etwa hundert Angehörige des Lagerpersonals wird zu einem späteren Termin vor dem Bezirksgericht in Krakau stattfinden.«[61] Für den Prozess gegen Höß kommen Krakau oder Katowice in Frage, schließlich fällt die Wahl auf Warschau. Im Stadtteil Powiśle wurde – im Gebäude des Lehrerverbandes in der Smulikowski-Straße – bereits ein entsprechender Saal vorbereitet. Ab Dezember 1946 stehen hier Ludwig Fischer und drei seiner Mitarbeiter vor Gericht.

Am 19. Februar 1947 wird Höß aus dem Gefängnis Montelupich ins Gefängnis in Warschau-Mokotów gebracht. Zwei Tage später informiert der Erste Staatsanwalt des Tribunals Sehn darüber, dass der Prozess am 11. März beginnt, und bittet um »rasche Übersendung des übrigen Materials«. Was Sehn zusammengetragen hat, ist jetzt schon imponierend, doch fügt er noch immer weitere Ergänzungen hinzu. Es sieht so aus, als wollte er auch den Ministerpräsidenten Józef Cyrankiewicz befragen, in Auschwitz Häftling mit der Nummer 62933. Aus einem Schreiben der Staatsanwaltschaft erfährt er jedoch, dass das nicht mehr vorgesehen sei.[62] Cyrankiewicz wird erst vor dem Obersten Nationalen Tribunal seine Aussage machen. Neben dem Ministerpräsidenten sitzen – in der ersten Reihe im Saal des Polnischen Lehrerverbands – der Justizminister Henryk Świątkowski sowie der Minister für Arbeit und Soziales, Kazimierz Rusinek, des Weiteren ehemalige Häftlinge der deutschen Lager. Auch zahlreiche Beobachter und Journalisten aus dem Ausland sind anwesend. Der Prozess wird ins Deutsche, Französische, Englische und Russische übersetzt.

Die Staatsanwälte Mieczysław Siewierski und Tadeusz Cyprian stützen sich im Wesentlichen auf das Material, das Sehn vorbereitet hat. Sie werfen Höß vor, als Kommandant von Auschwitz für die unmenschlichen Bedingungen verantwortlich gewesen zu sein. Ebenso habe er sich zu verantworten dafür, dass er Häftlinge gequält und wissentlich ermordet habe. Einen eigenen Punkt in der Anklageschrift nimmt sein Anteil an der Vernichtung der Juden in ganz Europa ein – sein Anteil am Massenmord in den Gaskammern von Birkenau. Hinzu kommen noch der Vorwurf der ökonomischen Ausbeutung der Häftlinge durch Sklavenarbeit, der Raub des Eigentums von Häftlingen sowie von Menschen, die unmittelbar in die Gaskammern gebracht wurden.[63] Der Angeklagte weiß um seine aussichtslose Lage, so bemüht er sich nur, einzelne Angaben und Äußerungen der Zeugen zu berichtigen, und sei es die Zahl der Opfer in Auschwitz.

Wie zuvor Sehn verfolgt die Staatsanwaltschaft das Ziel, mehr aufzudecken als nur die individuelle Schuld des Kommandanten. »Der Prozess gegen Rudolf Höß sollte ein Prozess gegen die Ideologie sein, die Konzentrations- und Vernichtungslager hervorgebracht hat«,[64] schreibt der bereits zitierte Janusz Gumkowski.

Am 2. April verkündet das Oberste Nationale Tribunal unter der Leitung von Alfred Eimer das Urteil. In der Begründung ist zu lesen, dass Höß »nicht nur ein blinder Befehlsempfänger Himmlers war. In seiner Position [...] ergriff er eine Eigeninitiative, die weit über die Lagerordnung und die Befehle hinausreichte beziehungsweise über die Anordnungen seiner unmittelbaren Vorgesetzten.« Zudem betont das Gericht, dass selbst ein Befehl »nicht von der Verantwortung entbindet, denn niemand kann sich auf den Befehl einer Regierung berufen, die selbst Verbrechen begeht«.[65]

Noch im Verlauf des Prozesses fällt bereits die Entscheidung, dass das eventuelle Todesurteil auf dem Gelände des ehemaligen Lagers vollzogen werden soll, dessen Kommandant er war. In den ersten Apriltagen 1947 wird der Verurteilte ins Gefängnis von Wadowice überstellt. Dort kehrt er zum Katholizismus zurück, legt die Beichte ab und empfängt die Kommunion. Sein Biograf Manfred Deselaers gewinnt jedoch den Eindruck, dass Höß »[t]rotz der eindrucksvollen Zeugnisse einer Bekehrung [...] noch nicht ihre ganze Bedeutung begriffen hatte« – es habe zwar ein Wandel eingesetzt, doch sei der Weg noch nicht bis zum Ende beschritten worden.[66] Noch immer sieht sich der ehemalige Kommandant als Opfer des Schicksals; die Opfer seines Handelns schiebt er in den Hintergrund.

Am frühen Morgen des 16. April erfährt er, dass Präsident Bolesław Bierut von seinem Recht einer Begnadigung keinen Gebrauch gemacht hat. Höß wird nach Auschwitz gebracht und wenige Minuten nach zehn Uhr an den Ort der Hinrichtung geführt. Das Protokoll vermerkt die Anwesenheit nur weniger Personen, unter ihnen ein katholischer Priester – auf den erhaltenen Fotos jedoch sieht man eine Menschenmenge.

»Mit Richter Sehn war ich im ehemaligen Lager Auschwitz, als Höß dort hingerichtet wurde«, erinnert sich Krystyna Szymańska. »Man hatte einen Galgen für ihn gebaut, der so aussah, wie die Galgen im Lager ausgesehen hatten. Man wollte ihn nicht an einem der Galgen aufhängen, an denen vorher die Häftlinge gehenkt worden waren.«[67] Die letzten Augenblicke im Leben des Verbrechers beschreibt sie mit folgenden Worten: »Ich habe gesehen, wie er zur Hinrichtungsstätte ging, ich lief dann ans andere Ende des Lagers, ich konnte das nicht sehen. Aus den Berichten von Augenzeugen weiß ich, dass der Verurteilte diesen Weg bis zum letzten Moment völlig ruhig zurückgelegt hat, ›wie bei einer Militärparade‹«. »Rudolf Höß verhielt sich gänzlich ruhig und äußerte keinen letzten Wunsch«,[68] bestätigte auch der Staatsanwalt Jan Mazurkiewicz, der die Vollstreckung des Urteils beaufsichtigte.

Im Abschiedsbrief von Höß an seine Frau ist zu lesen: »Was Menschlichkeit ist, habe ich erst hier, in den polnischen Gefängnissen, kennen gelernt. Mir, der ich als Kommandant von Auschwitz dem polnischen Volk soviel Schaden und Leid [...] zugefügt [habe], wurde ein menschliches Verständnis entgegengebracht, das mich oft und oft tief beschämte.«[69]

Es ist anzunehmen, dass diese Worte sich auch auf Sehn bezogen.

Arthur Liebehenschel und andere

Montag, 24. November 1947: Ehe es morgens neun Uhr schlägt, sind die Plätze für das Publikum schon besetzt. Es fehlt nicht an Prominenten, so ist etwa der Vize-Justizminister Leon Chajn zugegen, ebenso der Sehn wohl bekannte Abgeordnete Bolesław Drobner. Vor dem Obersten Nationalen Tribunal beginnt der Prozess gegen das Personal in Auschwitz, der »erste Auschwitz-Prozess«, wie diese Verhandlung heute in Polen genannt wird. Er findet im Nationalmuseum in Krakau statt. Während des Krieges hatten die Deutschen hier ein Kasino eingerichtet. Die Verhandlung wird simultan in vier Sprachen übersetzt.

»Im Saal flammten die Blitzlichter der Fotoreporter auf, und es klickten die Auslöser der Kameras«, schreibt später Janusz Gumkowski. »Mitarbeiter der Film Polski stellten Scheinwerfer auf. […] Die Angeklagten saßen in drei Reihen. […] In der ersten saß die ›Elite‹, mit Arthur Liebehenschel, dem Nachfolger von Höß in der Funktion des Lagerkommandanten. Er war um die 45 Jahre alt, mittelgroß, hatte ein blasses Gesicht und große, dunkle, tief liegende Augen. Die Nervosität war ihm anzusehen. Ganz offensichtlich hatte er Angst. Neben ihm Maria Mandl – eine ansehnliche Blondine mit regelmäßigem Profil und einem verbissenen Zug im Gesicht. Im Gegensatz zu dem eingeschüchterten Liebehenschel bemühte sie sich um einen unbefangenen, ja nonchalanten Eindruck. Alle Augenblicke flüsterte sie Liebehenschel oder ihrem Nachbarn zur Linken – Max Grabner, dem Chef der Politischen Abteilung – etwas zu.

Grabner war Anfang vierzig, bereits stark kahlköpfig, mit einem ausdruckslosen Gesicht. Neben ihm saß Hans Aumeier, der stellvertretende Lagerkommandant. Weiter in derselben Reihe: zwei Ärzte, Kremer und Münch.«[1]

Keiner der Angeklagten bekennt sich schuldig. Die Staatsanwälte verfügen jedoch über solides Material, das Sehn mit seinen Leuten vorbereitet hat.

Am 25. April 1947 überträgt die Staatsanwaltschaft des Obersten Nationalen Tribunals der Bezirkskommission zur Untersuchung der deutschen Verbrechen in Krakau die Ermittlungen gegen ehemalige Angehörige des SS-Personals im Lager Auschwitz. Die Zeit

Der Auschwitz-Prozess in Krakau, November/Dezember 1947. Vorne links Arthur Liebehenschel, hinter ihm Maria Mandl.

ist knapp – zunächst soll der Prozess im August beginnen, in Auschwitz. Hunderte von Personen müssen vernommen werden, die in Krakauer Gefängnissen sitzen. »In diesen Monaten arbeitete er [Sehn] Tag und Nacht bis zur Erschöpfung«,[2] wird sich Mieczysław Pemper erinnern, der während des Auschwitz-Prozesses als Dolmetscher tätig ist. Ein Mensch alleine kann diese Aufgabe auch nicht bewältigen. Weitere Krakauer Juristen stehen Sehn zur Seite: Stanisław Żmuda, Edward Pęchalski, Henryk Gawacki, Wincenty Jarosiński, Orest Czuczkiewicz, Helena Turowiczowa, Franciszek Wesely und Józef Stańko.

Rasch muss entschieden werden, welche der Verdächtigen vor dem Bezirksgericht stehen und wer im Hauptprozess vor dem Tribunal angeklagt werden soll. Anfangs ist vorgesehen, dass etwa hundert Personen zu dieser zweiten Gruppe gehören sollen, schließlich werden es vierzig sein, fünf davon sind Frauen. Für den Prozess vor dem Tribunal wurden höhere SS-Offiziere bestimmt, aber auch Blockwarte, Aufseherinnen und Aufseher, ebenso ein Chauffeur. Auf diese Weise möchte man ein Gesamtbild der Verhältnisse im Lager vermitteln.

Sehn übernimmt die Verhöre fast aller wichtigen Hauptverdächtigen. Zugleich setzt er alles daran, Zeugen ausfindig zu machen.

Am 2. Juli sendet er der Hauptkommission zur Untersuchung der deutschen Verbrechen in Polen Fotos von einer Reihe von Angehörigen des SS-Personals in Auschwitz. »Ich bitte höflich darum«, so schreibt er, »beiliegende Fotos an einem belebten Punkt in Warschau öffentlich zu präsentieren, damit möglichst viele Passanten sie sehen können.«[3] Und er fügt hinzu, dass er dieselben Fotos bereits in zwei Schaukästen auf dem Hauptmarkt in Krakau sowie in der Daszyński-Straße in Katowice ausgehängt habe. Über den Fotos stand in großen Buchstaben zu lesen: »Die erste Gruppe SS des Konzentrationslagers Auschwitz-Birkenau. Alle Personen, die Angaben zu diesen Verbrechern und ihren Taten machen können, werden gebeten, sich unverzüglich am Sitz der Kommission [Adresse] zu melden, damit sie als Zeugen aussagen können.«

Ein ähnlicher Appell geht durch die Medien. »Den Aufruf in Presse und Radio habe ich über die Polnische Presseagentur in Krakau und Katowice ermöglicht«, so Sehn in seinem Schreiben an die Hauptkommission. »Ich bitte die Kommission höflich, in ähnlicher Weise in Warschau vorzugehen.« Um die Sache zu erleichtern, fügt er einen Entwurf des Aufrufs bei.

Unter anderem dank solcher Initiativen wächst das Beweismaterial auf mehrere Tausend Seiten an.

Liebehenschel, der bei den Amerikanern festgehalten wurde, konnte lange glauben, dass es ihm gelänge, einem Prozess zu entgehen. Es melden sich ehemalige Häftlinge bei der Administration der Besatzer, die entlastend für ihn sprechen. So sagen etwa Jerzy Baran und Czesław Tanajewski, dass sich nach dem Wechsel des Kommandanten die Bedingungen deutlich gebessert hätten. Marian Białowieyski gibt sogar an, Liebehenschel habe »aus Auschwitz – dem Konzentrationslager Auschwitz – ein Sanatorium gemacht«.[4] Am 19. April 1946 wird der ehemalige Kommandant in Dachau von Major Romuald Klimowiecki von der Polnischen Militärmission zur Untersuchung der deutschen Kriegsverbrechen verhört. »Ich habe die Menschen sehr gut behandelt, so dass alle Polen sagten, einen so guten Kommandanten hätten sie noch nie gehabt«,[5] erklärt er selbstsicher. Klimowiecki fürchtet, ein Prozess gegen diesen Funktionsträger der SS könne in Polen damit enden, dass Liebehenschel für nicht schuldig erklärt würde, weshalb er nahelegt, auf eine Auslieferung zu verzichten. Doch kommt es anders – im November

1946 wird Liebehenschel nach Polen gebracht. Im April des darauffolgenden Jahres bringt man ihn von Katowice nach Krakau.

Als er am 7. Mai vor Sehn erscheint, weiß er nicht, dass er es jetzt mit einem Mann zu tun hat, der deutlich besser vorbereitet ist als Klimowiecki. Der Verdächtige, Jahrgang 1901, stellt sich als SS-Obersturmbannführer vor, »gottgläubig«, Vater von fünf Kindern, »weder gerichtlich noch amtlich bestraft«.[6] »In der Kindheit sprach ich gut Polnisch«, erklärt er, doch fügt er gleich hinzu, dass er fast dreißig Jahre lang die Sprache nicht mehr gesprochen habe, weshalb er seine Aussagen auf Deutsch macht.

Ganz offenkundig ist er bemüht, Sehns Sympathien zu gewinnen. Aufgewachsen in Posen, erinnert er sich an die religiöse Atmosphäre im Elternhaus, äußert sich in herzlichem Ton über die polnischen Nachbarn, die Głowińskis, zu denen er freundschaftliche Kontakte pflegte. Er erzählt, wie er sich kurz nach dem Ersten Weltkrieg, als Großpolen Teil des wiedererstandenen polnischen Staates geworden war, zur Übersiedlung nach Deutschland und zum zwölfjährigen Militärdienst entschlossen habe. Seinen Beitritt zur SS im Jahr 1932 – also noch bevor Hitler an die Macht gelangte – erklärt er damit, dass ihn die sonntäglichen Übungen in dieser Formation an das »Soldatenleben« erinnert hätten. Wie es von einem SS-Mann erwartet wurde, gibt er seinen Vorgesetzten den Austritt aus der evangelischen Kirche bekannt. Sehn versucht er jedoch davon zu überzeugen, dass er weiterhin der Gemeinde angehört habe. Seiner Schilderung nach habe er erst ab 1938 berufsmäßig Dienst in der SS geleistet; auch widerspricht er der Darstellung, er habe zuvor schon im Konzentrationslager Lichtenburg eine Funktion ausgeübt. An dieser Version hält er auch noch fest, als Sehn ihn mit handfesten Beweisen konfrontiert: einem entsprechenden Eintrag in einer Liste der SS sowie Äußerungen, die Rudolf Höß im Gefängnis gemacht hatte.

Auch seine spätere Rolle in der SS versucht Liebehenschel herunterzuspielen. »Als Leiter des Amtes D I kannte ich die Bedingungen in den Lagern nicht«, erklärt er, obwohl er gerade in dieser Funktion die Aufsicht über die Lager innehatte. Angeblich wusste er nichts davon, »dass in den Lagern Menschen massenhaft verhungern«, »dass sie unter unmenschlichen Bedingungen untergebracht sind«, »dass dort Menschen massenhaft mit Gas ermordet […] und dass in den Lagern Exekutionen durchgeführt werden«. Als Sehn ihm weitere Dokumente vorlegt, die er – Liebehenschel – selbst unterschrieben hat, gesteht er, dass er von den Exekutionen doch gewusst habe. Allerdings hält er an der Behauptung fest, nicht gewusst zu haben, was der Begriff »Sonderbehandlung« bedeutet, der immer wieder in der Korrespondenz auftaucht – er habe angenommen, so seine Erklärung, es habe sich um eine »besondere Kur« für bestimmte Häftlinge gehandelt, nicht um deren Ermordung. Dieser Erklärung zu glauben, fällt wahrhaftig schwer. »Ein einfacher Wachmann im Lager wusste nach kurzer Zeit genau, was damit gemeint war«,[7] sagt Hans Münch, ein weiterer Verdächtiger, gegenüber Sehn.

Am zweiten Tag des Verhörs versucht Liebehenschel, sich auf ähnliche Weise zu verteidigen: »Während der gesamten Zeit, die ich im Amt D gearbeitet habe, wusste ich nichts davon, dass in den Konzentrationslagern, die der Aufsicht dieses Amtes unterstanden, massenhaft sowjetische Kriegsgefangene ermordet wurden.«[8] Als Sehn ihm die Beweise vorlegt, muss er zugeben, dass ihm einmal ein solcher Fall zu Ohren gekommen war; es handelte sich um etwa 180 Häftlinge.

Ein großer Teil des Verhörs betrifft Liebehenschels Arbeit als Kommandant von Auschwitz. Diese Funktion hielt er ab November 1943; er war für das sogenannte Stammlager (Auschwitz I) und die SS-Garnison verantwortlich. Im nahen Auschwitz-Birkenau mit seinen Gaskammern wurde Friedrich Hartjenstein Kommandant. »Ob zur Zeit meiner Amtsausübung in Auschwitz die Krematorien in Birkenau in Betrieb waren, kann ich nicht sagen«, behauptet Liebehenschel. Die Erklärung von Höß, er – Liebehenschel – habe nach dessen Weggang die Vernichtung der Juden geleitet, erklärt er für nichtzutreffend. Die Häftlinge im Stammlager habe er angeblich gut behandelt; hier beruft er sich auf günstige Aussagen ehemaliger Häftlinge. Zudem behauptet er, seine Versetzung nach Majdanek, wo er im Mai 1944 für kurze Zeit Kommandant wurde (das Lager war zu jenem Zeitpunkt schon nahezu leer), sei eine Strafversetzung gewesen, da er sich als »zu milde« erwiesen habe.

Krystyna Szymańska, die beide Verhöre protokollierte, berichtet, dass der Verdächtige »fürchterlich gelogen« habe und »keine einzige seiner Taten eingestehen« wollte.[9]

Als Liebehenschel zu verstehen beginnt, dass seine Lage immer schwieriger wird, schreibt er – mit einem Gefängnisbleistift – einen fünfundsiebzigseitigen, sehr emotional gehaltenen Brief an Sehn. Zunächst dankt er dem Richter »für die menschlich anständige Behandlung« während der Verhöre. Dann versucht er, Sehn davon zu überzeugen, dass er als Kommandant viel dafür getan habe, das Schicksal der Häftlinge im Lager zu erleichtern, indem er nicht die Befehle der Vorgesetzten ausgeführt habe, sondern – wie er es pathetisch ausdrückt – dem Befehl seines Herzens gefolgt sei. Noch einmal unterstreicht er, dass einige Häftlinge – »Polen, Juden und Deutsche« – nach dem Krieg freiwillig zu seinen Gunsten ausgesagt hätten. Und er verleiht seiner Hoffnung Ausdruck, dass in dieser Sache »Gerechtigkeit und Wahrheit« siegen würden. Zum Schluss entwirft er die Vision einer zukünftigen Welt, in der Polen und Deutsche, »zusammen mit dem großen Russland«, glücklich und frei von Hass sein werden, wenn sie »all die gewesenen schrecklichen Dinge« hinter sich lassen mit dem dicken Strich »des Vergebens und Vergessens«. Weitere Einzelheiten seiner Tätigkeit ist er bereit, in den folgenden Verhören darzustellen.[10] »Auf diese Deklaration mussten wir nicht zurückkommen, wie verfügten bereits über die nötigen Angaben zum Lager, vor allem hatten wir die umfangreichen Erklärungen von Höß«, so Szymańska.[11]

Die Untersuchungen dauern aber weiter an. Sehn will vor allem die Behauptung widerlegen, Auschwitz habe unter Liebehenschels Kommando an ein »Sanatorium« erinnert. Am 26. August befragt er Władysław Fejkiel, der bereits in der Sache Höß ausgesagt hatte. Jetzt berichtet der ehemalige Häftling, dass sich die fürchterlichen Bedingungen im Lagerspital nach dem Wechsel des Kommandanten keineswegs gebessert hätten, die SS-Ärzte hätten nach wie vor »die Kranken ausgesondert […], bei denen nicht von einer raschen Rückkehr zur Arbeit ausgegangen werden konnte. […] Diese Kranken wurden aus dem Spital geholt und in die Gaskammern in Birkenau gebracht, wo sie ermordet wurden.« Nach Fejkiel erweckte Liebehenschel »den Anschein, ein milderes Regime zu schaffen, während er in Wirklichkeit nichts an der Realität in Auschwitz änderte«.[12]

Dies bestätigen und präzisieren auch weitere Häftlinge, die Richter Henryk Gawacki befragt. So zählt der Zeuge Adam Stapf zwar auf, dass der Kommandant »die Prügelstrafe für kleinere Vergehen aufgehoben […] und das Verbot erlassen habe, Häftlinge zu schlagen«, dass er angeordnet habe, »Häftlinge zu entlassen, die ganze Monate im Bunker zugebracht hatten«, »dass er das allzu offensichtliche Denunziantentum abgeschafft«, »ein Feuerlöschbecken in ein Schwimmbecken für Häftlinge umgewandelt« und sogar »im Block 24 ein Freudenhaus eingerichtet [habe], zu dem Häftlinge mit tadelloser Führung freien Eintritt hatten« – doch gibt er zugleich deutlich zu verstehen, dass sich damit nichts am grundlegenden System des Lagers geändert habe: »Immer noch wurden in Block 11 Erschießungen durchgeführt, nur jetzt in der Nacht […]. Die Vergasungen in Birkenau […] nahmen zu«, und anstelle des bisherigen Systems von Informanten habe Liebehenschel »eine streng konspirative Zelle von Spitzeln« geschaffen.[13]

Wozu dann die Maskerade? Stanisław Dubiel, Höß' Gärtner in Auschwitz, war Zeuge eines Gesprächs mit dem Chef der SS, Heinrich Himmler. Laut Dubiel erklärte Himmler die Abberufung von Höß damit, dass »der englische Rundfunk zu viel über die Vernichtung der Häftlinge in Auschwitz« berichtete.[14] Wenn nun unter dem neuen Kommandanten das Regime in Auschwitz »vorübergehend milder« wurde, so geschah dies – wie Janusz Gumkowski bemerkt – »auf Befehl der Zentralorgane des Dritten Reiches«, und nicht, weil Liebehenschels »gutes Herz« sich geregt hätte.[15]

Die erste Aufgabe der SS-Männer in Auschwitz war nach wie vor die Vernichtung der Juden. Der Student Erwin Bartel, der als Häftling im Lager für Büroarbeiten eingesetzt wurde, sagt gegenüber Sehn, er habe von Liebehenschel unterzeichnete Fernschreiben in den Händen gehalten, die Transporte mit Juden ankündigten, die »nach Osten evakuiert« werden sollten – eine verschleiernde Wendung für deren Ermordung. Er schließt daraus, dass Liebehenschel bereits im Amt D I »die ganze Aktion der Judenvernichtung dirigiert« habe. »Ich weiß, dass Liebehenschel [dann als Kommandant von Auschwitz] nach Birkenau gefahren ist, zu den Transporten mit Juden, die dort durch die Selektion gegangen sind und größtenteils ins Gas geschickt wurden«,[16] fügt Bartel hinzu.

Auch an anderer Stelle wird Liebehenschels Glaubwürdigkeit endgültig in Zweifel gezogen. Franz Xaver Kraus, SS-Sturmbannführer im Personal von Auschwitz, der als Verdächtiger vernommen wird, erklärt, dass er in den 1930er Jahren mit Liebehenschel Kontakt gehabt habe – als dieser Adjutant des Kommandanten im Lager Lichtenburg gewesen sei.[17] Als Sehn Liebehenschel am 2. Oktober ein weiteres Mal verhört, gesteht dieser endlich, dass er von 1935 bis 1937 in diesem Lager Dienst geleistet habe, doch behauptet er, er sei krank gewesen und habe die meiste Zeit im Sanatorium verbracht. Weiterhin relativiert er seine spätere Rolle als Chef des Amtes D I, indem er Unwissen vorschützt. Er beteuert: »Wenn ich Schreiben unterzeichnet habe, die sich auf die *Aussonderung* von Häftlingen und deren *Sonderbehandlung* bezogen – Begriffe, die immer wieder in den Schreiben auftauchten –, dann wusste ich nicht, was diese Begriffe bedeuten.« Dass mit dem Terminus *Sonderbauten* »Einrichtungen zur Ermordung von Menschen« bezeichnet wurden, »Gaskammern bzw. Krematorien«, will er erst »im Laufe der Zeit« erfahren haben.[18]

Dieses Verhör dauert nur kurz. Über Liebehenschel weiß Sehn bereits genug.

Maria Mandl dreht sich zur Kamera um und schneidet eine Grimasse. Ihre Zellengenossin, Elisabeth Ruppert, hat sichtlich ihren Spaß dabei. Das Datum der Aufzeichnung: 14. Mai 1946. Mandl ist zu dem Zeitpunkt in Dachau in amerikanischer Gefangenschaft und hat möglicherweise noch nicht verstanden, was sie erwartet. Die Krakauer Bezirkskommission zur Untersuchung der deutschen Verbrechen besitzt bereits einige wesentliche Informationen zu ihrer Person: »Oberaufseherin des Frauenlagers in Auschwitz-Birkenau. […] Unter den Häftlingen allgemein bekannt als ›Mańcia Migdał‹. Ein grausamer Mensch, sie hat Gefangene persönlich gequält und zu Tode geschunden.«[19]

Mit ihrer Strafsache befasst sich zu Anfang das Sonderstrafgericht in Krakau, das Zeugenaussagen gegen sie zusammenträgt. Im September kommt Mandl nach Polen.

Ehe sie die Grenze in Cieszyn erreicht, wird sie auf dem Weg durch die Tschechoslowakei so behandelt, wie sie die Häftlinge behandelt hat. »Von Tschechen geschlagen. Blutergüsse an der Nase, am rechten Ohr, am linken Auge, am Kinn, am Hals. […] Sieht auf dem rechten Auge schlechter«,[20] ist in ihrer Gefängnisakte zu lesen. Laut einem späteren Bericht von Mandl kam während eines Aufenthalts an einer Bahnstation ein amerikanischer Offizier in den

Waggon, in Begleitung eines Mannes und einer Frau in Zivil: »Er fragte, wer von uns in Auschwitz gewesen war. Ich meldete mich [...]. Sie schlugen nun auf mich ein, besonders auf den Kopf, rissen an den Haaren, bis das Blut von Nase und Mund kam.«[21]

Am 19. Mai 1947 verhört Sehn die Verdächtige in Anwesenheit der Staatsanwältin Helena Turowiczowa. Die fünfunddreißigjährige Mandl stellt sich als Beamtin der Zivilverwaltung vor, »Staatsangehörigkeit österreichisch«,[22] »nicht vorbestraft, ledig«, bis zum März 1945 »katholisch«, dann »gottgläubig«, ausgezeichnet mit dem Kriegsverdienstkreuz 2. Klasse. Sie erzählt von ihrer Kindheit auf dem Dorf, in dem ihr Vater Schuster war, von ihren ersten Anstellungen in der Stadt: als Haushaltshilfe, Köchin, Zimmermädchen, schließlich als Postangestellte. »Nach dem Anschluss Österreichs wurde ich entlassen, weil ich keine Nationalsozialistin war«, erklärt sie. Sie habe sich dann an ihren Onkel gewandt, einen Oberinspektor der Polizei in München, und auf seinen Rat hin, und nicht zuletzt des guten Verdienstes wegen, eine Stelle als Oberaufseherin im Konzentrationslager Lichtenburg angenommen.

»Vor meinem dortigen Dienstbeginn hatte ich nicht gewusst, was Konzentrationslager sind«, versucht sie Sehn zu überzeugen. Und sie versichert, die Häftlinge in Lichtenburg hätten gute Bedingungen gehabt. Ähnlich soll es auch in Ravensbrück gewesen sein, wo Mandl ab dem Frühjahr 1939 arbeitete; während des Krieges kamen viele Polinnen in dieses Lager. Und wenn Polinnen und Russinnen härter behandelt wurden, dann deshalb, »weil sie sich nicht an die Lagerordnung gehalten haben«.

Die ehemalige Aufseherin gesteht ein, dass sie Häftlinge »einige Male« zur Strafe geprügelt habe, aber stets im Rahmen des Strafmaßes, das die Vorgesetzten jeweils angeordnet hätten. »Informell [...], auf eigene Faust, habe ich nie eine Gefangene geschlagen. Nur hin und wieder kam es vor, dass ich einer Gefangenen ins Gesicht geschlagen habe, wenn sie unverschämt gewesen ist«, so ihre Aussage. Gegen Ende ihrer Zeit in Ravensbrück, so behauptet sie, habe man »davon gesprochen, dass im Lagerspital angeblich experimentelle Eingriffe vorgenommen werden«. Sie versichert aber, dass sie nie in diese Dinge eingeweiht wurde.

Der weitere Teil des Verhörs betrifft Auschwitz. Mandl kommt im Herbst 1942 als Oberaufseherin dorthin. Später wird sie Leiterin des gesamten Frauenlagers in Birkenau. Zum Zeitpunkt ihrer Ankunft habe das Lager ausgesehen »wie ein einziger großer Misthaufen«: Die überfüllten Baracken hatten keine Fußböden, kein fließendes Wasser, Typhus grassierte. »In den Baracken und auf dem gesamten Lagergelände lagen die Leichen manchmal tagelang, ehe sie weggeschafft wurden«, erinnert sie sich. Sie streitet nicht ab, dass ein Teil der Kranken, »bei denen keine Aussicht auf rasche Rückkehr zur Arbeit bestand, ins Krematorium ging«, die Listen dieser Personen gelangten zur Bestätigung in die Politische Abteilung. »Anfangs habe ich einige dieser Listen persönlich unterschrieben«, bekennt sie. Als Sehn ihr eine Liste vom 21. September 1943 zeigt – eine Liste mit 500 Namen –, muss sie zugeben, dass es nicht nur »anfangs« war. Doch streitet sie entschieden ab, an der Selektion der Kranken beteiligt gewesen zu sein.

Am nächsten Tag beschreibt sie detailliert die Prozedur und nennt die Namen der SS-Ärzte, die die Selektion durchgeführt haben. Und sie erklärt, wie später die »nicht natürlichen Todesfälle unter Bezeichnungen verborgen wurden, die den Anschein erweckten, es wären natürliche Todesursachen gewesen«.[23] Weiterhin aber weist sie zurück, an der Vernichtung beteiligt gewesen zu sein. »In der Zeit, in der die Krematorien in Betrieb waren, bin ich nie in einem der Krematorien gewesen.« Sehn bleibt hartnäckig. Er liest ihr die Aussage Stanisława Rachwałs vor – Mandl habe sich Eigentum der vergasten Juden angeeignet. Die Angeklagte bricht in Tränen aus, schwört, das sei nicht wahr.

Sie streitet auch ab, dass sie angeblich vorgeschlagen habe, »den Typhus im Winter 1943/1944 durch Vergasung aller Gefangenen zu beseitigen«.

Im weiteren Verlauf des Verhörs kommen die Strafen zur Sprache, die in Birkenau angewendet wurden, so etwa Nächte in der Stehzelle. Mandl beteuert, dass sie als Leiterin des Frauenlagers nicht befugt gewesen sei, Strafen zu verhängen. Sehn zeigt ihr daraufhin ihre Unterschriften unter entsprechenden Meldungen. »Meine Unterschrift […] ist nur eine Formalität. Diese Meldungen habe ich an den Kommandanten gerichtet, der über das Strafmaß entschieden hat« – so ihr ungeschickter Versuch, sich zu verteidigen.

Sehn fragt auch nach den Experimenten, die an den Gefangenen vorgenommen wurden. Mandl leugnet nicht, dass das Lagerpersonal von solchen Experimenten an gesunden Menschen wusste. Doch abermals streitet sie ihre eigene Beteiligung ab. »Welcher Art diese Versuche waren und zu welchem Zweck sie gemacht wurden, weiß ich nicht. [...] Ob Gefangene an den Folgen der Versuche [...] gestorben sind, weiß ich nicht.« Weiterhin will sie auch nicht gewusst haben, dass im Lager neugeborene Kinder und deren Mütter getötet wurden. An die Entlausungsaktion vom Dezember 1943, bei der etwa 1.000 Personen erfroren, kann sie sich »nicht erinnern«. Aussagen von Gefangenen, die Sehn ihr vorliest – dass sie Gefangene erschossen habe –, zieht sie in Zweifel.

Stattdessen beteuert sie, alles getan zu haben, die katastrophalen Bedingungen zu verbessern, die sie 1942 im Lager vorgefunden habe, um das »Elend der Häftlinge zu lindern«. Ihren Beitritt zur NSDAP – noch in Ravensbrück – erklärt sie damit, dass von allen Aufseherinnen die Parteimitgliedschaft verlangt wurde.

Gewissensbisse? »Ich fühle mich schuldig, dass ich an allem teilgenommen habe, was während meiner Arbeit im Frauenlager in Auschwitz geschehen ist. [...] All das [...] finde ich schrecklich«, so Mandel gegenüber Sehn. »An einer bestimmten Stelle sagte sie, dass sie all das nicht gewollt habe, es aber habe tun müssen, weil es ihr befohlen wurde«, erinnert sich Krystyna Szymańska. »Sehn fragte sie dann: ›Nun gut, aber hätten Sie nicht kündigen können?‹ Sie überlegte einen Moment und erwiderte: ›Ich hätte kündigen können, wenn ich ein Kind bekommen hätte.‹ – ›Und warum haben Sie sich nicht dafür entschieden?‹ Mandel senkte den Blick und flüsterte: ›Ich habe es versucht, aber es hat nicht geklappt.‹«[24]

Auf der Ambulanzkarte der ehemaligen Lagerleiterin findet sich eine rätselhafte Notiz: »Sieht nichts mehr, kann seit dem Gespräch mit dem Staatsanwalt nicht lesen, zuvor hatte sie hervorragend genäht.«[25] Der Vermerk wurde im Juni 1947 gemacht (ein ähnlicher ist für den November zu finden). Dennoch schreibt Mandl am 13. Juni aus dem Gefängnis einen sechsundzwanzigseitigen Brief an den »Herrn Staatsanwalt«. Es ist anzunehmen, dass er an Sehn gerichtet war, solche Korrespondenz stellte eine Ergänzung zu den Verhören dar. Mandl klagt tatsächlich darüber, dass ihr Augenlicht schwächer wird, bringt das jedoch nicht mit dem Verhör in Krakau in Verbindung, sondern mit den Schlägen während der Zugfahrt durch die Tschechoslowakei. In dem Brief stellt sie sich als Opfer dar, seit Jahren erlebe sie nichts als Unglück – von der langen Krankheit der Mutter bis zu ihrem zweijährigen Gefängnisaufenthalt. Was ihr selbst widerfahren ist, vergleicht sie sogar mit dem, was die Häftlinge in den deutschen Lagern erleiden mussten. Sie weist jede Schuld von sich: »Ich habe jedem Häftling geholfen, soweit ich konnte, in jeder Weise […]. Ich selbst konnte ja nicht Befehle geben, ich war in jeder Angelegenheit dem Kommandanten Untertan. Ich konnte auch nicht immer wissen, was im Lager vor sich geht, dazu war es zu groß. Ich habe keinen gemordet, ich war immer bestrebt, den Häftlingen das Los zu erleichtern.«[26]

In ähnlichem Ton sind zwei weitere Briefe gehalten. »Ich möchte hiermit noch einmal zum Ausdruck bringen, dass ich immer bestrebt war, den Gefangenen zu helfen. Meine Aufgabe war: Ordnung, Sauberkeit, Disziplin und die Stärke des Lagers zu halten«,[27] hebt sie hervor.

Am 5. Juni richtet sich Sehn mit der Bitte an die Hauptkommission zur Untersuchung der deutschen Verbrechen in Polen, ihm die Ermittlungsakten zu Ravensbrück zu übersenden. Eine knappe Woche später erhält er Material vom Prozess gegen das Lagerpersonal, der in Hamburg stattfand. Nun bekommt Sehn die Aussagen von Zeugen aus Polen sowie das Typoskript umfangreicher Erinnerungen der ehemaligen Gefangenen Helena Tyrankiewicz. Aus diesen Erinnerungen exzerpiert Sehn einen Passus, der sich auf Mandl bezieht: »Das war ein rassig-rankes, schlankes, hübsches wildes Tier, stets zornentbrannt, ein Panther mit goldfarbenem Fell, in dessen Augen die Mordlust funkelte, ein Luchs, der es verstand, sich unbemerkt von hinten anzuschleichen, wenn niemand ihn erwartet hätte, um einen dann mit einem Hieb dieser kleinen, aber stahlharten Hand zu Boden zu strecken. Unter ihrer Herrschaft hatten die Frauen […] in Ravensbrück Angst zu atmen, denn katzengleich kam sie auf dem Fahrrad zwischen den Blocks oder hinter den Angetretenen heran […], um jäh wie ein Habicht auf ihr Opfer loszugehen, sie schlug und trat und riss Haare aus, noch bevor die Malträtierte verstanden hätte, wer es war, der sie zu Boden brachte, und für welches Vergehen.«[28]

Sehn wendet sich auch an Amtsgerichte und Untersuchungsrichter in anderen Städten mit der dringenden Bitte, Zeugen zu befragen. Unter anderem möchte er wissen, welche Stellung die Verdächtige innehatte, »wie sie ihre Funktionen gegenüber den Häftlingen ausübte, ob sie sie gequält hat, wenn ja, auf welche Art, welche konkreten Fakten – mit Angabe der Zeit, des Ortes und des Namens der geschädigten Personen – dem Zeugen bekannt sind, und wer außer dem Zeugen selbst weitere Angaben zur Verdächtigen Mandl machen kann«.[29] Personen, die Aussagen zu Mandls Dienstzeit in Ravensbrück und Birkenau machen können, werden auch von der Krakauer Kommission verhört, unter anderem von Sehn.

Die ehemalige Gefangene Genowefa Ułan erzählt ihm, wie sie in Birkenau von Mandl und der Aufseherin Margot Drechsler furchtbar geschlagen wurde: »Abwechselnd haben sie mir ins Gesicht geschlagen, mit der Faust, mit Boxhieben. Sie haben sich abgewechselt, die eine hat geschlagen, die andere hat Pause gemacht. Ich war dabei, das Bewusstsein zu verlieren [...]. Eine hat dann [...] kochende Suppe auf den Boden geschüttet, und mit Fußtritten haben sie mich zu Boden geworfen, in die ausgeschüttete Suppe [...]. Nach diesen Schlägen [...] konnte ich einen Monat lang nur Flüssigkeit zu mir nehmen, ich konnte nicht kauen.«[30]

»Sie [...] war sehr grausam, ich habe selbst gesehen, wie sie auf besonders brutale Art die *pucerki* [Putzfrauen] im Krankenrevier geschlagen hat. Mit der Hand ins Gesicht«,[31] bestätigt Teresa Wicińska gegenüber Sehn.

Maria Budziaszek sagt aus, dass die Lagerleiterin im Sommer 1943 eine Revision angeordnet hatte bei einer Kolonne, die von der Arbeit zurückkehrte, und als nichts gefunden wurde, »ließ sie jede zehnte Gefangene prügeln«. »Maria Mandl nahm immer teil, wenn arbeitsunfähige Gefangene ausgesondert wurden [...]. Alle, die es traf, wurden in den Block 25 gebracht, von wo [...] das Sonderkommando sie mit Lastwagen zu den Gaskammern bei den Krematorien in Birkenau brachte«, sagt sie gegenüber Sehn. In die Gaskammern oder in Strafkompanien schickte Mandl auch Gefangene, die nicht zum Appell erschienen.[32] Die Jüdin Luba Reiss fügt hinzu: »Sie hat an allen Selektionen teilgenommen, das heißt, an der Auswahl von Gefangenen, die bereits im Lager waren und die ins Gas gehen sollten. Sie war dabei nicht zimperlich, traf ihre Wahl nach Gutdünken. Wenn Mandl die Selektion leitetete, traf es sehr häufig junge, völlig gesunde Frauen.« Reiss spricht gegenüber Sehn von der »animalischen Art, mit der Mandl die ihr ausgelieferten

Gefangenen behandelte«. »Sie war ein Schrecken, und nicht nur für die Gefangenen, auch für die ihr untergebenen Kolleginnen der SS, ja selbst für SS-Männer«,[33] so Reiss.

Ähnliche Aussagen machen gegenüber Sehn die ehemaligen Auschwitz-Gefangenen Antonina Węgierska und Maria Hanel-Halska.

Drastische Beschreibungen von Grausamkeiten finden sich auch in den Protokollen der befragten Frauen, die in Ravensbrück gefangen gewesen waren. »Bei jeder Gelegenheit, und meistens ohne jeden Grund, malträtierte sie […] die Gefangenen, bis sie das Bewusstsein verloren«,[34] sagt Aleksandra Rybska, die selbst gequält wurde, weil sie ein Kreuz am Hals getragen hatte.

Zofia Mączka berichtet, Mandl habe »für die geringsten ›Vergehen‹ geschlagen, für einen nicht geschlossenen Knopf, für ein Kopftuch, das nicht vorschriftsmäßig gebunden war. […] Für eine Locke, die unter dem Tuch hervorsah, hat sie die Haare bis auf die Kopfhaut heruntergeschoren.«[35] Und die Appelle waren besonders hart, weil die Gefangenen barfuß stehen mussten.

Aus den Aussagen der Frauen, die in Ravensbrück waren, geht auch hervor, dass dort unter Mandls Regime Experimente an Gefangenen durchgeführt wurden, dass Frauen im Arrest den Hungertod starben, und dass Frauen in ein Bordell der Wehrmacht gebracht wurden. Wenn sie sich dort mit Geschlechtskrankheiten infizierten, wurden sie mit Injektionen getötet – wie auch ein Teil der Kranken im Spital.

Nach Aussage der Zeugin Aleksandra Steuer wurde Mandl nach Auschwitz strafversetzt, als man entdeckte, dass sie sich Wertgegenstände angeeignet hatte, die den Frauen abgenommen worden waren. »Nachdem Mandl nicht mehr da war, wurde es im Lager leichter«,[36] fasst Steuer zusammen.

In Krakau ist Mandl nicht mehr die schreckliche Mańcia Migdał. Sie ähnelt auch nicht mehr der Maria Mandl in amerikanischer Gefangenschaft. »Sie ging schnell, die Arme zumeist auf dem Rücken, mit tief gesenktem Kopf, die Brauen zusammengezogen«, so die Erinnerung der bereits erwähnten Stanisława Rachwał[37] – die jetzt selbst angeklagt ist wegen Tätigkeiten im Namen der Unabhängigkeit Polens – an die Hofgänge im Gefängnis in Krakau. »Seit der Zeit in Auschwitz war sie sehr hässlich geworden, nur die Haare waren noch immer herrlich goldblond, und die Augen nach wie vor blau und groß, aber es war nicht mehr der Blick der Mandl von früher, es lag etwas wie menschliche Trauer darin.«[38]

»Wie die Entscheidung [des Gerichts] fällt, weiß ich nicht, ich glaube nur an eine Gerechtigkeit«,[39] schreibt Mandl an den »Herrn Staatsanwalt«.

Nach der Kapitulation des Deutschen Reiches versucht Maximilian Grabner, sich im sowjetisch besetzten Niederösterreich zu verstecken. Er arbeitet in der Landwirtschaft. Als am 3. August 1945 Polizisten auf dem Feld auftauchen, leistet er keinen Widerstand. Nachdem man ihn nach Wien gebracht hat, gesteht er recht bald seine Beteiligung an den Massenverbrechen in Auschwitz. Später wird er den Eindruck erwecken, er habe die Verhörprotokolle unter dem Einfluss nicht statthafter Ermittlungsmethoden unterschrieben.

Von der Verhaftung Grabners berichtet der Polnische Rundfunk am 10. August. Die Hörer erfahren, dass die Befehle des Österreichers mindestens 800.000 Menschen getötet haben. Eine ähnliche Nachricht ist kurz darauf in der Zeitung *Dziennik Polski* zu lesen. Sehn informiert Jan Jasiński, den Staatsanwalt des Sonderstrafgerichts in Krakau. Er erklärt – wobei er irrtümlich einen falschen Vornamen angibt –, der Verhaftete »Ernst Grabner« sei im Lager Auschwitz Leiter der Politischen Abteilung gewesen und habe in dieser Funktion »über alle Aktionen individueller und massenhafter Tötung von Häftlingen entschieden«. »Er macht den Eindruck einer intelligenten Person, er spricht mit tiefer, scharfer Stimme, sein Deutsch ist korrekt. Sein Gang ist rasch und energisch«, fügt Sehn hinzu. »Mit dieser Benachrichtigung habe ich die Ehre, den Herrn Staatsanwalt zu bitten, dass Ermittlungen eingeleitet werden, die es ermöglichen, Grabner von der ausländischen Gerichtsbarkeit an die polnische zu übergeben.«[40]

Doch dauert es noch fast ein Jahr, ehe sich die Politische Mission Polens in Wien an die österreichische Regierung wendet mit dem Gesuch, Grabner auszuliefern. Und weitere Monate vergehen, bis das Sonderstrafgericht in Krakau den Auslieferungsantrag aufsetzt. In dieser Zeit will der ehemalige Chef der Politischen Abteilung nicht untätig bleiben. Im Januar 1947 wird in Grabners Zelle in Wien ein Loch in der Wand entdeckt; entsprechendes Werkzeug lässt darauf schließen, dass er eine Flucht plante. Dem Gericht aber entgeht er nicht. Zuerst wird er – angeblich »aufgrund eines Missverständnisses«[41] – an Jugoslawien ausgeliefert. Im Juli 1947 gelangt er schließlich nach Polen.

Sehn beginnt mit der Befragung der Zeugen. »Grabner war an der Erschießung von Gefangenen in der Kiesgrube sowie im Block 11 beteiligt«, so Erwin Bartel. Und er fügt hinzu: »Persönlich habe ich gesehen, wie er bei der Tötung der Opfer in der Gaskammer des Krematoriums 1 zugesehen hat. [...] Er war Triebfeder und Motor aller terroristischen Methoden in Auschwitz sowie aller Vernichtungsaktionen.«[42] Bartel berichtet weiter, dass Grabner an den Selektionen an der Bahnrampe beteiligt gewesen sei. Feliks Myłyk, der als Gefangener in Auschwitz in der Politischen Abteilung beschäftigt war, bestätigt gegenüber Sehn die Beteiligung Grabners an den Selektionen, ebenso dessen Beteiligung an Erschießungen sowie am Massenmord mit Gas. Weiterhin sagt er aus, dass Grabner sich jüdisches Eigentum angeeignet habe. »Selbst musste ich Verschiedenes für ihn organisieren.« Die Politische Abteilung entschied auch über die Liquidierung der sogenannten Muselmänner – der Häftlinge, die sich im äußersten Zustand der Entkräftung befanden. »Grabner war ein kalt berechnender Mensch, der völlig ungerührt mit einem Fingerzeig Menschen zum Tod verurteilte«, fasst Myłyk zusammen. Die Abberufung des Leiters der Politischen Abteilung im Herbst 1943 erklärt er mit dem Bedürfnis von dessen Vorgesetzten, »sich selbst sowie das Regime zu entlasten und die Verantwortung für das, was in Auschwitz geschehen war, von sich wegzuschieben«.[43]

Jan Pilecki arbeitete in Auschwitz als Schreiber im Block 11, der auch als Bunker bezeichnet wurde – es war der interne Lagerarrest. Pilecki sagt aus, dass Grabner der Kommission angehörte, die darüber entschied, wer von den Häftlingen im Bunker weiterhin im Arrest blieb, wer ins Lager entlassen und wer erschossen wurde. »Als Erstes wurden Frauen erschossen, dann Männer. [...] Die Leichen lagen so, dass die nächsten, die in den Tod gingen, sie sehen mussten«,[44] erklärt er gegenüber Sehn. Laut Pilecki hatte Grabners Stimme in der Kommission entscheidendes Gewicht, und Menschen wurden für die geringfügigsten Vergehen erschossen.

Auf der Suche nach weiteren Zeugen schickt Sehn mehrere Briefe in verschiedene Städte. Protokolle mit entsprechenden Aussagen erreichen ihn unter anderem aus Schlesien. »Grabner war im Lager wirklich der Schrecken aller Häftlinge«, so Bolesław Lerczak aus Katowice. »Typisch war, dass ein Häftling, der zu Grabners Abteilung beordert wurde, sich von seinen Mithäftlingen verabschiedete, da er davon ausging, dass ihn der Tod erwartete. Kam er dann zurück in den Block, wurde er von allen freudig begrüßt.«[45]

Der Verbrecher im Krakauer Gefängnis erinnert nicht mehr an den Mann in der Zeit des Lagers Auschwitz. Doch zeigt er sich auch nicht resigniert, ist keineswegs bereit, alles zuzugeben, wie nach seiner Verhaftung in Österreich. Als er im August 1947 vor Sehn erscheint, leugnet er sogar seine Mitgliedschaft in der SS, und als Datum des Eintritts in die NSDAP gibt er 1939 an. Die Mühe ist allerdings vergebens. In den Dokumenten, die Sehn ihm vorlegt, ist er als SS-Untersturmführer vermerkt, Parteimitglied seit 1932.

Im Verlauf des ersten Verhörs am 16. August stellt sich Grabner – Jahrgang 1905 – als Beamter der Kriminalpolizei vor, katholisch, verheiratet, Vater dreier Kinder. Er gibt an, der uneheliche Sohn eines österreichischen Dienstmädchens und eines slowakischen Kellners zu sein, und von der Familie eines Waldarbeiters aufgenommen worden zu sein. »Ich habe als Hirte gearbeitet, als Landarbeiter und Holzfäller, in meiner Ziehfamilie«,[46] sagt er über seine Jugend. Er spricht auch vom freiwilligen Dienst in der österreichischen Armee, von seiner späteren Arbeit in der Gendarmerie und bei der Kriminalpolizei in Wien. Nach dem Anschluss, so sagt er, sei er zweimal für kurze Zeit in Haft gewesen – unter anderem sei ihm vorgeworfen worden, für Juden im Konzentrationslager Dachau Dokumente vorbereitet zu haben, die ihnen die Emigration ermöglichten. Warum ihm dann im Staat Hitlers so hohe Positionen zugewiesen wurden, kann er nicht erklären.

1939 nahm er als Wehrmachtsoldat am Krieg gegen Polen teil, anschließend diente er in der schlesischen Gestapo. Im Frühjahr 1940 wurde er in das neu errichtete Lager Auschwitz versetzt. Sehn gegenüber beteuert er: »Von Anfang wollte ich nicht in Auschwitz arbeiten, die ganze Zeit […] wollte ich weg von dort.«[47] Er spricht vom raschen Ausbau des Lagers, von der Aussiedlung der polnischen Bevölkerung in der Umgebung. Von der Flucht des ersten Häftlings im Juli 1940 – Tadeusz Wiejowski. Er behauptet, er habe dafür gesorgt, dass seine Fluchthelfer nicht hingerichtet wurden.

Doch Sehn zeigt ihm den Bericht, den er – Grabner – selbst verfasst hat. Er trägt das Datum vom 3. August 1940. Aus diesem Dokument geht hervor, dass Grabner »Radikalmaßnahmen gegen diese Leute« gefordert hat. Aus der Kopfzeile des Schreibens wird ersichtlich, dass es um die Erschießung von sechzehn Schutzhäftlingen ging.[48]

Grabner verteidigt sich auf ähnliche Weise wie Mandl. Er gesteht ein, dass »vieles, eigentlich alles, was im Lager Auschwitz geschehen ist, unrechtmäßig war«,[49] doch weist er zugleich jede Verantwortung von sich. »Im Zusammenhang mit meiner Tätigkeit und meinem Dienst im Konzentrationslager Auschwitz bekenne ich mich nicht schuldig. Ich habe keine Gewissensbisse, dort etwas Unrechtes getan zu haben«, erklärt er. Er versucht, Sehn davon zu überzeugen, die Lagerleitung habe ihn als »Klotz am Bein und als Hindernis« angesehen, die Kommandanten Rudolf Höß und Arthur Liebehenschel hätten ihn schlicht als »zu weich« bezeichnet. Auf seinem Posten soll er verblieben sein, weil er zu viel über das Lager Auschwitz wusste und Höß ihn unter seiner Kontrolle haben wollte. Den Streit mit dem ersten Kommandanten von Auschwitz gibt er auch als Begründung dafür an, dass er im Herbst 1943 von seiner Funktion entbunden und verhaftet wurde, unter anderem unter dem Vorwurf, »unrechtmäßig« Häftlinge getötet zu haben.

Vor dem SS- und Polizeigericht hatte er sich damals verteidigen können. Sehn aber liegen die Aussage und der Bericht des SS-Richters Werner Hansen vor, der sich mit dieser Sache befasst hatte. Laut Hansen wurde Grabner die Ermordung von mindestens 2.000 Auschwitz-Häftlingen vorgeworfen. Grabner wiederum berief sich auf Befehle der Gestapo, Zeugen aber bestritten, dass es sie gegeben habe. Weiterhin erwähnt der Richter Grabners Beteiligung an Selektionen im Bunker und die Vertuschung von Hinrichtungen durch die Angabe natürlicher Todesursachen. Auch teilt er mit, eine Prüfung der Vorwürfe, Grabner habe Häftlinge gefoltert, habe der Chef der SS, Heinrich Himmler, abgelehnt.

Die hohen Funktionsträger der SS hatten kein Interesse daran, die Sache näher zu untersuchen. Sehn hingegen möchte sie so genau wie möglich beleuchten. Ihn interessiert auch die Liquidierung des Ghettos in Sosnowiec im Sommer 1943, denn Wilhelm Claussen, ein anderer Angehöriger des Lagerpersonals in Auschwitz, sagt aus, Grabner sei die treibende Kraft dieser Aktion gewesen.[50] Als er selbst dazu verhört wird, behauptet er, seine Beteiligung habe sich darauf beschränkt, eine Liste der Gegenstände zu erstellen, die aus dem Ghetto von Sosnowiec mitgenommen worden waren, weil man sie in Auschwitz gebraucht habe. Als Sehn ihm ein entsprechendes Dokument zeigt, gesteht Grabner, dass er mit seiner Unterschrift die Genehmigung erteilt habe, die Leichen von fünfundzwanzig Juden aus dem Ghetto Sosnowiec nach Auschwitz zu transportieren. »Mit der repressiven Aktion aber«, so seine Beteuerung, »hatte die Politische Abteilung nichts zu tun.«[51]

Konsequent bagatellisiert er auch seinen Anteil an allem, was in Auschwitz geschehen ist. Er behauptet, sich keinen Besitz der Ermordeten angeeignet zu haben, für das Netz der Spitzel sei er nicht verantwortlich gewesen, und weder mit Aktionen, die sich gegen die polnische Intelligenz gerichtet hätten noch mit der Erschießung von Häftlingen nach der Flucht von Mithäftlingen habe er etwas zu tun gehabt. Die Schuld für den Massenmord in den Gaskammern und mit tödlichen Injektionen gibt er anderen, vor allem Höß sowie dem Garnisonsarzt Eduard Wirths – beide leben zu diesem Zeitpunkt bereits nicht mehr. Gerade Wirths, so versucht er Sehn glauben zu machen, habe es geschickt verstanden, der Politischen Abteilung die Verantwortung zuzuschieben. »Es ist nicht wahr, dass ich jemals angeordnet hätte, Menschen mit Spritzen zu töten [...]. Jede anders lautende Behauptung ist das Produkt einer Propaganda, die Wirths und seine Leute gegen mich gerichtet haben. [...] Die Wahrheit ist, dass ich mit der Tötung von Menschen durch Spritzen oder durch die Vergiftung mit Gas niemals etwas zu tun gehabt habe, weder habe ich einen solchen Befehl erteilt noch ihn ausgeführt.«[52] Doch schränkt er sogleich ein, dass dies die registrierten Häftlinge im Lager betroffen habe. »Als Chef der Politischen Abteilung habe ich an der Vergasung von Menschen teilgenommen, die mit Massentransporten direkt zur Vernichtung nach Auschwitz kamen.« – »Bei einem solchen Transport war ich dann dabei, außerdem ein Arzt, und die Wachmannschaften haben die Leute in die Gaskammern getrieben. [...] Ich bin vor Ort bei den Gaskammern geblieben, bis alle, die für den Tod bestimmt waren, vergast waren. [...] Meine Anwesenheit sollte auch Fluchtversuche verhindern«, sagt er gegenüber Sehn. Auch bei der Arbeit der Leichenverbrennung habe er ab und an Aufsicht geführt. Schließlich gesteht er, »fünf oder sechs Mal« Häftlinge aus dem Lagerarrest ausgewählt zu haben. »Die Todeskandidaten wurden nach oben zum Waschraum gebracht, wo sie sich nackt auszogen und von wo sie dann von Häftlingen des Bunkerpersonals an die Wand geführt wurden, wo sie erschossen wurden«, erklärt er. Er bestätigt auch, was Sehn dank der Zeugenaussagen bereits weiß – dass in den Lagerdokumenten die Erschießungen hinter »natürlichen« Todesursachen verschleiert wurden.[53]

Grabner bittet darum, dass dem Protokoll ein umfangreicher *Bericht über das Lager Auschwitz* hinzugefügt wird, den er handschriftlich am 17. September verfasst hat, einen Tag nach dem ersten Verhör durch Sehn. Nach der Abschrift auf der Maschine umfasst der Bericht vierzig Seiten. Grabner unterschreibt fast jede einzeln, beim letzten Verhör am 29. September, wobei er hier und dort noch kleine Änderungen vornimmt. Der Bericht ist chaotisch, sprachlich ungelenk, in manchen Passagen übertrieben detailliert, in anderen erstaunlich allgemein gehalten. Abermals distanziert sich Grabner von Höß und anderen Personen der Lagerleitung, er schreibt von »Banditen, die nur Willkür und kein Recht kannten«.[54] »Wenn ich auch in dieser grauenvollen Stätte mitgearbeitet und Fehler begangen habe, so war es doch der unwiderstehliche Zwang und Befehl«, erklärt er. Zu spät erst wird er begreifen, dass verbrecherische Befehle nicht ausgeführt werden dürfen, auch wenn sie von höchster Stelle kommen. »So bereue ich für immer, dass ich jemals in Auschwitz bei den greulichen Verbrechen gearbeitet und Hand angelegt habe.« Zugleich beteuert er, den Häftlingen geholfen zu haben – er habe unter anderem Jüdinnen in seinem Büro beschäftigt, um ihr Leben zu retten. Und er zählt diejenigen auf, die angeblich dank ihm das Lager verlassen durften. Ja, er geht sogar so weit zu behaupten, er habe für einige Zeit die Krematorien beschädigt, indem er Motoröl hineingegossen habe.

Doch gewinnt er auf diese Weise weder Sehn noch das Gericht.

*

Ebenso vergeblich verteidigt sich Erich Mußfeldt, Bäcker von Beruf, in Auschwitz Leiter der Krematorien. Als er von Sehn verhört wird, beschreibt er sehr detailliert seine Beteiligung an der Verbrennung der Leichen der massenhaft ermordeten Juden. Doch beteuert er: »An der Ermordung von Menschen in den Gaskammern habe ich mich nicht beteiligt.« Allerdings räumt er ein, dass er es beobachtet habe. Auch gibt er zu, an der Hinrichtung von drei Deutschen beteiligt gewesen zu sein, die ein deutsches Gericht in Lublin verurteilt hatte. Dennoch erklärt er: »Ich habe kein Verbrechen begangen«, »ich fühle mich nicht schuldig«.[55] Zeugen aber beschuldigen ihn des Massenmords. Ähnlich verhält es sich im Fall Karl Möckels, der in Auschwitz die Standortverwaltung leitete.

Der Lagerarzt Prof. Johann Paul Kremer hingegen versucht nicht, sich der Verantwortung zu entziehen. Er weiß, dass Sehn die Notizen kennt, die er in seiner Funktion in Auschwitz gemacht hat, und er bemüht sich lediglich, diese zu präzisieren. Er gesteht: »Ich war an der Vergasung von Menschen beteiligt« – und er beschreibt den genauen Ablauf, denn er hatte dann immer »Bereitschaft vor Ort, beim Bunker«. Und er verschickte den persönlichen Besitz der Ermordeten an Bekannte.[56] Auch leugnet er weder seine Beteiligung an den Selektionen der Kranken noch an der Tötung von Häftlingen mit Phenolinjektionen. Und er gesteht, dass er einige der für den Tod Bestimmten für sich »reserviert« hatte – nach der Ermordung erhielt er bestimmte Organe für Untersuchungszwecke.[57] »Als Mensch mit höherer Bildung«, so Sehn in einer späteren Erklärung, »war ich darüber beschämt, dass ein Akademiker mit humanistischer und naturwissenschaftlicher Bildung, der viel älter ist als ich und über ein großes Wissen verfügt, fähig war, Menschen gegenüber auf diese Art zu handeln«.[58]

Bessere Karten hat Hans Münch, Jahrgang 1911, promovierter Mediziner und SS-Untersturmführer.

In der amerikanischen Gefangenschaft erwähnt er anfangs nicht, dass er in Auschwitz war. Er behauptet, er habe 1944 in Krankenhäusern im Generalgouvernement Dienst getan. Später korrigiert er sich – er sei auch noch an anderen Orten gewesen. Und einer der Orte, an die man ihn versetzt habe, sei Auschwitz gewesen. »Ich habe keinerlei Operationen und keine Experimenten [sic!] an Menschen vorgenommen«,[59] so seine entschiedene Erklärung. Die Polnische Militärkommission zur Untersuchung der deutschen Verbrechen verdächtigt ihn aber gerade solcher Taten – medizinischer Experimente an Frauen.[60]

Im Februar 1947 wird er an Polen ausgeliefert, am 25. Juli erscheint er vor Sehn. Er erklärt, dass er sich zum Dienst in der Wehrmacht gemeldet habe, um der Einberufung zur SS zu entgehen, doch wurde er bald darauf der Waffen-SS zugeteilt. Im Hygiene-Institut der Waffen-SS in Berlin war er angeblich nicht Zeuge von Experimenten an Menschen. Anfang 1944 wurde er an eine ähnliche Forschungseinrichtung in Rajsko versetzt, die »in Hinsicht der militärischen Disziplin« dem Lager Auschwitz unterstand. An diesem Institut arbeiteten ein gutes Dutzend SS-Männer und mehrere Dutzend Auschwitz-Häftlinge – in der Mehrzahl Fachleute. »Keinen der Häftlinge habe ich gequält, ich habe sie menschlich behandelt, habe mich bemüht, ihnen nach Möglichkeit zu helfen«,[61] beteuert er.

Er beruft sich auf einige Erklärungen, die um die Jahreswende 1946/1947 gemacht wurden, als Münchs Frau Kontakt zu ehemaligen Auschwitz-Häftlingen aufnehmen konnte. Unter diesen Personen befinden sich Autoritäten: Professor Géza Mansfeld aus Ungarn und Professor Václav Tomášek aus der Tschechoslowakei. Aus deren Erklärungen geht hervor, dass der deutsche Arzt tatsächlich den Gefangenen geholfen hatte, ja, dass unter den Häftlingen im Hygiene-Institut in Rajsko geradezu ein »Dr. Münch-Kultus«[62] entstanden war, wie Professor Mansfeld es ausdrückte, der selbst – nach eigener Aussage – sein Leben Münch verdankte. Joseph Godehard Machens, Bischof von Hildesheim, ließ die Erklärungen der ehemaligen Häftlinge August Hlond, dem Primas von Polen, zukommen. Über das Oberste Nationale Tribunal gelangen sie schließlich zu Sehn.

Sehn vertraut Münch so sehr, dass er ihn damit beauftragt, die Dokumentation (beziehungsweise den Nachlass) des Hygiene-Instituts Rajsko zu sichten. »Doktor Münch hat diese Dokumente [in der Gefängniszelle] bearbeitet, das heißt, er hat sie durchgesehen und geordnet und auf dieser Grundlage verschiedene Zusammenstellungen des Materials vorgenommen sowie Abhandlungen verfasst, unter anderem zum Hunger, der im Lager herrschte«,[63] wird Krystyna Szymańska später berichten, die auch diese Verhöre protokollierte.

Bei der Durchsicht der Unterlagen korrigiert Münch das Datum seiner Ankunft in Auschwitz auf Ende 1943. Insgesamt aber hält er an seinen vorherigen Darstellungen fest. »Im Institut habe ich lediglich bakteriologische, serologische und chemische Untersuchungen in der Sphäre der Lagerhygiene durchgeführt, es ging vor allem um die Bekämpfung von Infektionskrankheiten«,[64] sagt er beim zweiten Verhör, das am 6. Oktober stattfindet. »Alles, was ich in Rajsko getan habe, geschah im Einklang mit der ärztlichen Ethik, es sollte der menschlichen Gesundheit dienen, ich habe mich auch bemüht, selbst einen Impfstoff herzustellen, obwohl ich keine Mittel dafür zur Verfügung gestellt bekam, und machte versuchsweise Impfungen. […] Dies geschah aber nicht nur mit Häftlingen, sondern auch mit SS-Männern, ebenso habe ich den Impfstoff an mir selbst versucht.« Er bezieht sich auch auf die Ereignisse vom Sommer 1944, als Massentransporte mit ungarischen Juden nach Auschwitz kamen, die sofort in die Gaskammern gebracht wurden. Münch behauptet, er habe sich geweigert, an den Selektionen teilzunehmen: »Eine solche Aktion konnte ich nicht mit meinem Gewissen vereinbaren, und ich bereitete meine Flucht in die Schweiz vor, für den Fall, dass man mich eingeteilt hätte, bei einer Selektion mitzumachen. Dank dieser Weigerung habe ich mich an keiner Selektion beteiligt.«

Sehn verfügt über keine Dokumente oder Aussagen, die Münchs Version in Zweifel ziehen könnten. Die erhaltenen Archivmaterialien lassen aber auch den Schluss zu, dass er bei Münch nicht in gleichem Maße nach Beweisen einer Schuld gesucht hat wie in anderen Fällen. Fehlte ihm die Zeit? Gab es Anweisungen von höherer Stelle? Konnte Münch ihn mit seiner sympathischen Art umgarnen? Letzteres ist gar nicht so unwahrscheinlich, denn nicht nur bei seinem Untersuchungsrichter hinterließ der junge SS-Arzt einen sehr guten Eindruck. »Er war ein guter Mensch, außerordentlich edel«,[65] so Szymańska später. Die Protokollantin erinnert sich an das, was sie sowohl von Münch als auch von ehemaligen Häftlingen gehört hatte: Dass er ihnen mehrfach Wurst gegeben habe, die für die SS-Männer bestimmt gewesen sei; dass er ihnen Wodka serviert und eine Impfaktion gegen Typhus organisiert habe. Dass er einen Häftling, dem er freundschaftlich verbunden war – den Lemberger Mikrobiologen Henryk Meisel –, im Lagerspital besucht und ihm ermöglicht habe, seine Frau zu sehen. Konnte jemand auf diese Weise helfen und sich zugleich an Verbrechen beteiligen? Weder bei den vorbereitenden Ermittlungen noch im Prozess selbst wird diese Möglichkeit in Betracht gezogen.

Am 22. Dezember 1947 verkündet das Oberste Nationale Tribunal das Urteil. 23 Personen werden zum Tode verurteilt, 16 Personen erhalten Gefängnisstrafen, sechs von ihnen lebenslänglich. Nur Münch wird freigesprochen.

Die Todesurteile für Kremer und Arthur Breitwieser wandelt Präsident Bierut in Haftstrafen um. Von Ersterem wird Sehn später sagen, er sei ein »großzügig – vielleicht sogar zu großzügig – durch die polnische Gerechtigkeit behandelter Verbrecher«.[66] Damit endet aber auch Bieruts Bereitschaft, Gnade walten zu lassen. Die übrigen 21 zum Tode Verurteilten werden am 24. Januar 1948 auf dem Gefängnishof gehenkt. Unter ihnen sind Liebehenschel, Mandl, Grabner und Mußfeldt.

Münch kann nach Deutschland zurückkehren. Er lässt sich im Süden Bayerns nieder, wo er als Landarzt praktiziert. In späteren Auschwitz-Prozessen tritt er als Zeuge und Sachverständiger auf. Gegen Ende seines Lebens, lange nach dem Tod Sehns, ruiniert er seine Reputation. In Gesprächen mit einem Journalisten des *Spiegel* lässt er durchblicken, dass er doch an Verbrechen beteiligt gewesen sei. In einem Beitrag für das französische Radio äußert er sich abfällig über Roma und sagt, für sie seien die Gaskammern »die einzige Lösung« gewesen.[67]

Diese Aussage wird für die Staatsanwaltschaft in Frankfurt am Main zum Anlass, sich mit Münch und seiner Tätigkeit in Auschwitz zu befassen. Es kommt der Verdacht auf, er habe doch an Selektionen an der Rampe und im Lagerspital teilgenommen und habe vielleicht auch Experimente durchgeführt, die zum Tod der betroffenen Häftlinge geführt hatten. Im Jahr 2000 aber wird das Verfahren wegen des schlechten Gesundheitszustands des Verdächtigen eingestellt.[68] Ein Jahr später verzichtet das Gericht in Paris aus demselben Grund auf eine Verurteilung, obwohl Münch als schuldig gilt, zum Rassenhass aufgestachelt und Verbrechen gegen die Menschlichkeit verharmlost zu haben. »Heute bin ich allerdings der Meinung, daß Münch im Jahr 1947 hauptsächlich aufgrund damals fehlender Dokumente freigesprochen worden war«, so Mieczysław Pemper.[69]

Nürnberg

Ruinen. Überall Ruinen. Vielmehr: fast überall. »Ergriffenheit und Bewunderung zugleich erfassen einen, wenn man an die amerikanischen Piloten denkt, die von der Stadt Nürnberg allein das monumentale Gefängnisgebäude verschont haben«,[1] schreibt Edmund Osmańczyk provozierend in der Zeitschrift *Przekrój*. Herbst 1945 – der Publizist zeigt kein Bedauern über die zerstörte Stadt, die so reich an Baudenkmälern war. Schließlich ist es noch nicht lange her, dass die Nationalsozialisten hier ihre lautstarken Parteitage abgehalten haben, und eben hier wurden die schändlichen Rassengesetze erlassen. Jetzt, kurz nach dem Krieg, soll ein Gericht in dieser Stadt die Verbrecher verurteilen, die ihre Taten im Zeichen des Hakenkreuzes begingen. Vor einem Internationalen Militärgerichtshof beginnt der Prozess gegen die höchsten Funktionsträger des NS-Regimes.

Als Jan Sehn zwei Jahre später nach Nürnberg kommt, ist dieser Prozess bereits Vergangenheit. Doch sind vor den amerikanischen Militärtribunalen noch weitere Verfahren im Gang: Etwa gegen Oswald Pohl sowie Angehörige der Einsatzgruppen und des Rasse- und Siedlungshauptamts (RuSHA), das für die Verschleppung polnischer Kinder, die »germanisiert« werden sollten, verantwortlich war. Sehn aber hat jetzt vom Justizminister Henryk Świątkowski den Auftrag erhalten, in Deutschland Beweismaterial gegen Josef Bühler zu sammeln, den in Krakau ein Gerichtsverfahren erwartet. Als Chef der Bezirkskommission zur Untersuchung der deutschen Verbrechen will er sich außerdem mit der Frage der Auslieferung von Personen befassen, die die Amerikaner bereit sind, an Polen zu übergeben.

*

Anfangs bereiten die Amerikaner keine Schwierigkeiten: widerspruchslos übergeben sie Kriegsverbrecher an Polen, übermitteln deren Akten, stellen sogar Transportmöglichkeiten zur Verfügung. Ab Frühjahr 1947 aber fordern sie konkrete Schuldbeweise, und gegen Ende des Jahres stoppen sie die Auslieferungen fast gänzlich. Zugleich entlassen sie viele der Internierten nach Hause. Ähnlich ist es in der britischen Besatzungszone. Angesichts des sich abzeich-

Polnisches Propagandaplakat aus der Zeit des Hauptkriegsverbrecherprozesses vor dem Internationalen Militärgerichtshof in Nürnberg, 1946.

[Text auf dem Plakat: Wir mahnen die Richter in Nürnberg]

nenden Kalten Krieges mit der Sowjetunion suchen die Westalliierten nach Verbündeten. Die Abrechnung mit dem Nationalsozialismus gerät darüber in den Hintergrund. Antikommunismus ist jetzt das Gebot der Stunde.

Staatsanwalt Edward Pęchalski erinnert sich, dass es »schon Ende 1946 damit anfing, dass Auslieferungen unter verschiedenen Vorwänden verweigert wurden«.[2] Dennoch verläuft die polnisch-amerikanische Zusammenarbeit bei der Verfolgung der deutschen Verbrecher für einige Monate noch recht gut. Die Staatsanwälte, die die Prozesse in Nürnberg vorbereiten, können auf gastfreundliche Aufnahme an der Weichsel zählen. General Telford Taylor, Hauptankläger in den Nürnberger Nachfolgeprozessen, ist begeistert von Krakau, insbesondere beeindrucken ihn der Wawel und die Marienkirche. »Mein Gott, *eine* solche Kirche bei uns in den Staaten!«[3] Tiefen Eindruck hinterlässt bei den Amerikanern der Besuch in Auschwitz. »Sie wollten nicht glauben, dass so etwas existieren konnte«,[4] berichtet später Krystyna Szymańska.

Im Sommer 1947 beginnt in Nürnberg der Prozess gegen den Konzern IG Farben, der in der Nähe von Auschwitz die gigantischen Buna-Werke gebaut hatte, in denen Häftlinge aus Auschwitz Zwangsarbeit leisten mussten. Die amerikanischen Staatsanwälte kommen nach Polen, um Beweismaterial aufzunehmen. »Wertvolle Hilfe erwies ihnen der Krakauer Strafrichter in Berufungssachen Jan Sehn«,[5] berichtet Major Bernard Acht, der polnische Vertreter in Nürnberg. Den Amerikanern geht es jedoch nicht allein darum, die Originale deutscher Dokumente zu erhalten. »Im Einvernehmen mit dem Richter Jan Sehn wurde beschlossen, dass es nötig sei, 16 Zeugen nach Nürnberg zu bringen«, schreibt Acht. Und Sehn, so die Übereinkunft, sollte zehn davon selbst auswählen – unter den ehemaligen Zwangsarbeitern der Buna-Werke.[6]

Die Kontakte erweisen sich als so ergiebig, dass die amerikanische Kommission für Kriegsverbrechen schon im Mai 1947 Sehn für einen dreiwöchigen Aufenthalt nach Nürnberg einlädt.[7] Josiah E. DuBois, der Stellvertreter General Taylors, betont, dass Sehn »in der Vergangenheit immer behilflich« gewesen sei.[8] Doch verschiebt sich fürs Erste der Termin für diesen Besuch, denn Sehn bereitet gerade den Prozess gegen das Personal von Auschwitz vor. Das Vorhaben wird aber nicht ad acta gelegt, und nicht zuletzt Acht ermuntert Sehn, diese Reise unbedingt anzutreten. »Wir erwarten Sie hier im September dieses Jahres«, schreibt er an Sehn, »seien Sie einer herzlichen Aufnahme versichert, Sie erfreuen sich hier eines hervorragenden Rufs.«[9] In einem weiteren Brief fügt er hinzu: »Ich würde mich sehr freuen, wenn Sie rasch zu uns kommen könnten, denn Material gibt es in Hülle und Fülle, und nur Sie können auswählen, was davon brauchbar ist.«[10] Das sind keine leeren Worte. Acht hatte Sehn zuvor schon bedeutsames Beweismaterial nach Krakau geschickt, unter anderem zum Auschwitz-Kommandanten Arthur Liebehenschel, zu medizinischen Experimenten im Lager und zur »Aktion Reinhardt« – der Vernichtung der Juden im deutsch besetzten Polen.

Im Herbst, als die Ermittlungen zum Personal von Auschwitz abgeschlossen sind, wird die Reise endlich möglich. Oberst Marian Muszkat, jetzt Chef der polnischen Delegation bei der United Nations War Crimes Commission (UNWCC) in London, setzt große Hoffnungen in das Unternehmen. »In wenigen Tagen«, so schreibt er an Acht, »wird Sehn bei Euch eintreffen. Ich bitte darum, ihn entsprechend anzuhalten, dass er sich nicht auf Nürnberg beschränkt, sondern sich auch der Dokumentationsarbeit für München, Bad Salzuflen, Berlin [...] und Oberursel annimmt.«[11] Acht ist skeptisch: »[I]ch denke, er kommt eher, um sich zu erholen (nach der Vorbereitung des Auschwitz-Prozesses), als zu arbeiten. Dennoch habe ich die Hoffnung, dass er sich für die Arbeit gewinnen lässt, wenn ich ihm zeige, was wir hier an Wertvollem haben, und dass ich dann auf diese Weise, ohne größere Umstände, Ihren Auftrag erfüllen kann.«[12]

Am 21. Oktober begibt sich Sehn auf den Weg nach Nürnberg. Dieses Mal begleitet ihn seine Sekretärin Krystyna Szymańska, die einige Mühe hatte, einen Pass zu erhalten. Die Hierarchie ist klar: Sehn bekommt eine tägliche Diät von sieben Dollar, Szymańska erhält fünf. Für die damalige Zeit recht anständige Summen.

Die Amerikaner sind zunächst entgegenkommend. »Herzlich und mit allen Ehren haben sie uns empfangen«,[13] erinnert sich Szymańska. Acht bestätigt es: »Zur Ankunft von Richter Sehn gab General Taylor in den Sälen des Grand Hotel eine Cocktailparty, zu der um die 50 Gäste geladen waren.« Und der polnische Offizier zitiert die Worte des amerikanischen Generals: »Es ist nur eine bescheidene Bekundung der Dankbarkeit für die Gastfreundschaft, die wir jedes Mal von ihm [Sehn] und seinen Mitarbeitern in Polen erfahren haben.«[14] Doch auch jetzt bleiben Sehn und Szymańska nichts schuldig: Die amerikanischen Staatsanwälte und ihre Gattinnen bekommen »silberne Zigarettenspitzen und Püppchen in Krakauer und Góralen-Tracht«, und General Taylor eine große Fotografie des Gemäldes *Czwórka* (Vierspännig) von Józef Chełmoński, das »ihm besonders gut gefallen hatte, als er es bei einem Besuch in Krakau sah«.[15]

Doch beschränkt sich der Besuch selbstverständlich nicht auf den Austausch von Höflichkeiten. Sehn hat die Möglichkeit, sich mit dem Stand der laufenden Ermittlungen vertraut zu machen. »Nach meiner Einschätzung vor Ort betrachte ich die Beteiligung unserer Zeugen bei den Nürnberger Prozessen als besonders wesentlich«,[16] schreibt er an Stefan Kurowski, den Ersten Staatsanwalt des Obersten Nationalen Tribunals. Gleichzeitig bemüht er sich, den Anklägern behilflich zu sein. »Richter Sehn, der als einzige Autorität für den Konzentrationslagerkomplex Auschwitz gilt, konnte der hiesigen [amerikanischen] Staatsanwaltschaft wertvolle Hilfe erteilen für den Prozess gegen die IG Farben, in Bezug auf die Buna-Werke«, berichtet Acht. »Als Beispiel nenne ich den großen Lageplan, der Auschwitz und die Buna-Werke zeigt – im Gerichtssaal nimmt er eine ganze Wand ein. Dieser Lageplan wurde auf den Rat von Richter Sehn und dank seinen Hinweisen erstellt.« Andere Staatsanwälte, die wiederum einen Prozess gegen einen weiteren Konzern vorbereiten, »hielten mit Richter Sehn einige Konferenzen ab zur Tätigkeit von Krupp in Auschwitz.«[17]

Als die Frage der Auslieferung weiterer Verdächtiger zur Sprache kommt, schlagen die Amerikaner dreißig Personen vor. An diesen Gesprächen nehmen Sehn und Janusz Gumkowski teil, der Direktor der Hauptkommission zur Untersuchung der deutschen Verbrechen in Polen. Anfangs hatte die polnische Mission die Auslieferung von zehn Personen gefordert. »Nach der Sichtung des hiesigen Materials und nach Erörterung der Angelegenheit in Nürnberg«, so Major Władysław Czechowski aus München an Muszkat, »hat Richter Sehn die Auslieferung von allen [dreißig] beantragt, wobei er für Maurer und Burger besondere Dringlichkeit geltend machte«.[18] Gerhard Maurer und Wilhelm Burger vom SS-Wirtschafts-Verwaltungshauptamt (SS-WVHA) sind dafür verantwortlich, Häftlinge in Konzentrationslagern als billige Arbeitskräfte ausgenutzt und deren Besitz geraubt zu haben. Sehn erwägt, beide in den Prozess gegen das Personal von Auschwitz einzubeziehen, der nun jeden Augenblick in Krakau beginnen wird. Letztlich stehen Maurer und Burger erst später vor polnischen Gerichten; gemeinsam mit dem Staatsanwalt Jan Brandys wird Sehn Maurer verhören.

Der polnischen Seite ist auch daran gelegen, ehemalige Mitarbeiter des Rasse- und Siedlungshauptamts vor Gericht zu bringen. Sehn schreibt an Czechowski, dass unbedingt acht von ihnen ausgeliefert werden sollten. Am Ende kann nur für einen die Auslieferung erwirkt werden: Günther Stier.

Gleichzeitig bemüht sich Sehn um die Auslieferung Hans Ehlichs und Hermann Krumeys aus der britischen Besatzungszone. Ersteren, einen ehemaligen Mitarbeiter des Reichssicherheitshauptamtes, sieht Sehn »verantwortlich für die Planung und Ausführung der Vernichtung der polnischen und der jüdischen Bevölkerung in den Gebieten, die dem Deutschen Reich angegliedert wurden. Ehlich war unter anderem Verfasser des ›Generalplans Ost‹«.[19] Krumey wiederum war die rechte Hand Adolf Eichmanns, des »Architekten des Holocaust«. Weder Krumey noch Ehlich werden an Polen ausgeliefert. Krumey wird immerhin zu lebenslanger Haft verurteilt, allerdings erst in den 1960er Jahren.

Auch der Versuch, die Auslieferung Heinz Reinefarths zu erwirken, schlägt fehl. Reinefarth war verantwortlich für den Massenmord an Zivilisten während des Warschauer Aufstands. 1947 ist er Informant des amerikanischen militärischen Geheimdienstes CIC und kann daher auf besonderen Schutz der Alliierten zählen.[20] Sehn weiß davon aber nichts. »Den Generalleutnant Heinz Reinefarth habe ich nicht geprüft, denn er soll an Polen ausgeliefert werden. Und für Untersuchungen vor Ort hatte ich nicht die Zeit gehabt«,[21] schreibt er nach seiner Rückkehr nach Krakau. Eine weitere Gelegenheit ergibt sich aber nicht mehr. Reinefarth lässt sich auf Sylt nieder, wo er über etliche Jahre hinweg Bürgermeister des Städtchens Westerland sein wird, das sich während seiner Amtszeit zum prosperierenden Kurort entwickelt.

Leichter als die Auslieferung erweist sich die Beschaffung von Beweismaterial. Acht berichtet, dass »Sehn bei seinem Aufenthalt in Nürnberg von der amerikanischen Staatsanwaltschaft verschiedene Dokumente zu den Verfahren erhalten [habe], die in Polen gerade in Vorbereitung [seien]«.[22] Unter anderem geht es um Material zum Rasse- und Siedlungshauptamt sowie zur Person Bühlers. Auf Kurowskis Wunsch sucht Sehn auch das Original der Warschauer Kapitulationsurkunde von 1939, sichtet den Bericht Jürgen Stroops, des Henkers des Warschauer Ghettos – er hatte den dortigen Aufstand niedergeschlagen –, vor allem aber bringt er aus Deutschland das Tagebuch Hans Franks mit, des Generalgouverneurs im besetzten Polen. 1946 war Frank in Nürnberg zum Tode verurteilt und hingerichtet worden.

Dieses Tagebuch, fast vierzig Bände und insgesamt um die 11.000 Seiten umfassend, hatte Frank gegen Kriegsende den Amerikanern übergeben. 1945/46 stützt sich der Staatsanwalt Stanisław Piotrowski in Nürnberg auf die Aufzeichnungen. Piotrowski ist es auch, der sich (wie später Acht) um eine Übergabe des Originals an Polen bemüht. Die Amerikaner erklären sich einverstanden, und am 21. Oktober 1947 nimmt Acht die Tagebuchbände entgegen. »General Taylor sagte, dieses Dokument sollte sich in Polen befinden, da es die Geschichte der gesamten Besatzung enthalte«,[23] erinnert sich Szymańska viele Jahre später. Wenn Sehn einen Anteil hatte an dieser Übergabe, dann in mittelbarer Form – indem er Taylor in Krakau gastfreundlich aufgenommen und in den kommenden Monaten eng mit den Amerikanern zusammengearbeitet hatte. Er ist es dann auch, der am 19. November von Acht die Tagebücher erhält. »Unsere Freude war unbeschreiblich«,[24] so die Protokollantin. Und an anderer Stelle hält sie fest: »General Taylor hatte die Tagebücher für uns in zwei große Kartons packen lassen. […] Zugleich bekamen wir ein von ihm unterzeichnetes Schreiben, dass wir von Durchsuchungen auszunehmen seien.«[25]

Sehn und seine Mitarbeiterin verlassen Nürnberg am 20. November. »Ich hatte eine angenehme Reise«, schreibt er später an Acht, »auch wenn uns die Pakete mit den Tagebüchern zwei Mal auf die Köpfe geflogen sind.«[26]

Tatsächlich traf, als der Zug an einem Bahnhof abrupt bremste, einer der Kartons Szymańska. »Der Chef sagte: ›Macht nichts. Das verheilt‹«, erinnert sie sich. Am nächsten Bahnhof flog ein Karton auf Sehn. »Ich sagte: ›Macht nichts. Das war Franks Rache aus dem

Jenseits.‹«[27] Einige Monate nach der Rückkehr nach Krakau nimmt Sehn das Tagebuch genau unter die Lupe.[28] Es wird für die Prozesse gegen Ludwig Fischer und Josef Bühler genutzt.

Mit dem einmonatigen Aufenthalt in Deutschland scheint Sehn zufrieden gewesen zu sein. »Die Zeit in Nürnberg und den Kontakt mit Ihnen habe ich in bester Erinnerung«,[29] schreibt er an Acht. Auch die Amerikaner sind zufrieden. Laut Szymańska hatte General Taylor sogar vorgeschlagen, die Gäste aus Polen könnten »auf Kosten der Amerikaner noch etwas länger bleiben […]. Sehn entschied aber, dass wir zurückfahren müssten, damit wir bei dem bald beginnenden Prozess gegen 40 Angehörige des Personals in Auschwitz anwesend wären.«[30]

Auch wenn Sehn fortan mit den Ermittlungen gegen Bühler befasst ist, bemüht er sich nach wie vor, den Amerikanern zu helfen. Curt Ponger, der in Krakau zu Gast ist, leiht er unter anderem Listen von Häftlingstransporten und Nachweisbücher, in denen die Sterbefälle sowjetischer Kriegsgefangener im Lagerspital von Auschwitz verzeichnet sind. Und er unterstützt die Amerikaner mit weiteren Dokumenten. »Von verschiedener Seite werde ich nach Ihnen gefragt«, berichtet Acht. »Gestern haben sich Oberst [John E.] Ray und seine Frau an mich gewandt.«[31]

Doch gehen die Nürnberger Prozesse bereits ihrem Ende entgegen, Auslieferungen werden nur noch in Ausnahmefällen vorgenommen. Im gesamten Jahr 1948 liefern die Amerikaner sechzehn Personen an Polen aus, die Briten vierzehn. Angesichts dessen fällt die Entscheidung, die Polnische Militärmission zur Untersuchung der deutschen Kriegsverbrechen personell zu verkleinern. Als im Sommer 1948 der Prozess gegen Bühler beendet ist, schickt Minister Świątkowski Sehn abermals auf Dienstreise nach Nürnberg. Gemeinsam mit dem Direktor – Janusz Gumkowski – soll er die Mission umorganisieren. Als deren erste Aufgabe gilt jetzt die Dokumentation der deutschen Besatzung. Dafür soll Sehn persönlich aus Deutschland – vor allem aus dem Archiv der amerikanischen Staatsanwaltschaft – weitere Beweise besorgen »für die Prozesse gegen die deutschen Verbrecher in Polen«.[32] Dieser Aufenthalt Sehns ist aber weniger spektakulär und kürzer – er dauert vom 12. bis zum 24. August.[33]

Der Stalinismus in Polen und die Konsolidierung des Kalten Krieges machen für den Krakauer Juristen dann für lange Zeit

Fahrten nach Westdeutschland unmöglich. Die Zusammenarbeit mit den Alliierten aber währt noch einige Monate. Im Dezember 1948 überträgt das Justizministerium auf einen Antrag der Briten hin der Hauptkommission die Aufgabe, Material gegen die Generalfeldmarschälle Gerd von Rundstedt und Erich von Manstein sowie gegen Generaloberst Adolf Strauß zusammenzutragen. Alle drei sollen »in Hamburg wegen Kriegsverbrechen angeklagt werden«. Minister Świątkowski erteilt Sehn den Auftrag, Ermittlungen anzustellen, »damit die Verantwortlichkeit der oben Genannten [...] für Verbrechen bewiesen werden kann, die von Einheiten der deutschen Armee auf polnischem Gebiet begangen wurden«. Und er fügt hinzu, die Angelegenheit sei »überaus dringend«.[34]

Zeugen dessen, was die Wehrmacht in Polen getan hat, werden in Warschau von Sehn und Staatsanwalt Elwyn Jones verhört, der auch Abgeordneter im House of Commons ist. Jones, im selben Alter wie Sehn, hat bereits Erfahrungen gesammelt in den Nürnberger Prozessen. Laut Szymańska, die bei den Verhören Protokoll führt, kann er Polnisch. Dennoch arbeitet er mit polnischen Übersetzern und hat eine eigene Protokollantin.

Gegenstand der Verhöre sind Verbrechen aus den ersten Wochen des Krieges. Zofia Semik aus Limanowa, damals zweiunddreißig Jahre alt, Bäuerin, war Zeugin, wie deutsche Soldaten am 12. September 1939 im Pfarrhaus ein Pseudogericht abhielten – über ihren Mann und zwölf wohlhabende Juden. Alle wurden im Handumdrehen zum Tode verurteilt und in einem nahegelegenen Steinbruch erschossen. »[M]einen Mann haben sie dafür erschossen«, berichtet Frau Semik, »dass er Kommandant der Bürgerwache war, und die Juden dafür, dass sie der polnischen Regierung [vor dem Krieg] Geld gegeben haben für die Bewaffnung.«[35]

In dem Dorf Majdan Wielki bei Tomaszów Lubelski ist ein nächtliches Scharmützel, bei dem ein deutscher Soldat ums Leben kommt, der Vorwand für ein Massaker. Am nächsten Morgen, dem 20. September, eröffnen die Deutschen das Feuer auf die entwaffneten polnischen Kriegsgefangenen. Unter ihnen befindet sich der fünfundzwanzigjährige Tadeusz Nowak. Er stürzt zu Boden, und zwei Verwundete fallen auf ihn. Neben ihm liegt ein Bekannter, Kazimierz Hajdukiewicz, er betet zur Mutter Gottes. »Da hörte ich«, so Nowak, »die Stimme eines deutschen Soldaten über mir:

Der lebt noch. Dann fiel ein Schuss, der Hajdukiewicz tödlich traf. Und es fielen noch einige Schüsse auf die Gefangenen, die alle schon am Boden lagen.«[36] Zweiundvierzig Soldaten werden getötet. Nowak hat Glück – als die Deutschen sich für eine Weile entfernen, kann er sich in eine nahegelegene Scheune flüchten und dort verstecken.

Sehn und Jones hören ein gutes Dutzend ähnlich dramatischer Berichte. Sie handeln von Ereignissen in Warschau, Sosnowiec, Łowicz und etlichen anderen, kleineren Ortschaften. »Staatsanwalt Johns [sic] war uns sehr dankbar dafür, dass diese Materialien zur angemessenen Bestrafung der Schuldigen beitragen würden«,[37] notiert Szymańska später. Die feierliche Übergabe der Protokolle an die Briten findet bei Minister Świątkowski statt. »Zuerst sprach der Minister, dann überreichte Richter Sehn die Akten, dankte für die Arbeit, Staatsanwalt Johns [sic] dankte herzlich dem Minister und Richter Sehn, und schließlich kam er zu mir mit einem schönen Rosenstrauß«, so die Protokollantin. Es ist Juni 1949 – zwei Monate zuvor war der Vertrag unterzeichnet worden, mit dem die NATO entstand, einen Monat zuvor war die Bundesrepublik Deutschland geschaffen worden.

Rundstedt und Strauß sind zu dem Zeitpunkt schon auf freiem Fuß. Im Hamburger Prozess, der im August beginnt, sitzt nur Manstein auf der Anklagebank, 1939 Chef des Generalstabs der Heeresgruppe Süd. Die Verbrechen der Wehrmacht in Polen sind nur ein Punkt von vielen in der Anklage. Der Generalfeldmarschall wird zu achtzehn Jahren Haft verurteilt, aber schon 1952 wieder entlassen. Inoffiziell berät er die Regierung der Bundesrepublik beim Aufbau einer neuen Armee – der Bundeswehr. Eine Generation älter als Sehn, überlebt er diesen um fast acht Jahre.

Josef Bühler

In der engen Senacka-Straße herrscht an diesem Morgen ungewöhnliches Gedränge. »Jeden Augenblick beginnt ein für die Einwohner Krakaus und für ganz Polen sensationelles Gerichtsverfahren, ein Verfahren, das zudem historische Bedeutung hat und sein Echo auch in internationalen Stimmen findet«,[1] ist in dem Buch *Zbrodniarze hitlerowscy przed Najwyższym Trybunałem Narodowym* (Hitler-Verbrecher vor dem Obersten Nationalen Tribunal) zu lesen. Es ist Donnerstag, der 17. Juni 1948. Von Wachleuten eskortiert geht Josef Bühler zum Gebäude des Bezirksgerichts. Während der Besatzung war Bühler Staatssekretär der sogenannten Regierung des Generalgouvernements und Stellvertreter des Generalgouverneurs Hans Frank. »Sein Äußeres«, so der Verfasser dieses Berichts, »hat nichts Bedrohliches oder Unangenehmes. Ein Mann in mittleren Jahren, leicht beleibt, mit den nichtssagenden Gesichtszügen eines deutschen Beamten, von ruhigem und gemessenem Benehmen, höflich im Umgang mit den Wachleuten und seiner Umgebung.«

Wenn die Richter in den Pausen den Saal verlassen, sieht der Angeklagte eifrig das Beweismaterial durch, um sich bestmöglich auf die Verteidigung vorzubereiten. Neben den Aussagen von Zeugen und seinen eigenen Erklärungen findet er zahlreiche Dokumente der deutschen Verwaltung aus den Jahren der Besatzung. Einen knappen Monat zuvor hatte der Untersuchungsrichter Jan Sehn der Staatsanwaltschaft umfangreiche Akten zukommen lassen: 139 Bände – mehr als 33.000 Seiten.

*

Wiesbaden, April 1946. Sehn füllt den Auslieferungsantrag für Josef Bühler aus. »Gesucht wegen systematischen Terrors, wegen Mordes und der Deportation polnischer Bürger in Konzentrationslager«,[2] so schreibt er in der Begründung. Der ehemalige Staatssekretär der Regierung des Generalgouvernements wird bereits seit fast einem Jahr von den Amerikanern festgehalten. Vor dem Internationalen Militärgerichtshof in Nürnberg sagte er als Zeuge aus. Später verhören ihn – ebenfalls in Deutschland – die polnischen Staatsanwälte Jerzy Sawicki und Stefan Kurowski. Im Mai wird er nach Polen gebracht.

Nicht ganz ein Jahr später, am 4. März 1947, übernimmt Sehn die Ermittlungen gegen Bühler und Curt von Burgsdorff, den ehemaligen Gouverneur des Distrikts Krakau. Neun Monate, so schätzt er, wird er brauchen, um das entsprechende Material zusammenzutragen. Nach Beratungen, an denen auch der Justizminister teilnimmt, fällt die Entscheidung, dass die Krakauer Bezirkskommission zur Untersuchung der deutschen Verbrechen sich fürs Erste gänzlich der Vorbereitung des Prozesses gegen das Personal von Auschwitz widmen soll. Mit dem Stellvertreter Franks wird sich Sehn erst ab Herbst 1947 befassen können. »Dieses Verfahren«, so schreibt er an das Oberste Nationale Tribunal, »[…] kann als Verfahren gegen den Verbrecher Bühler verstanden und entsprechend formuliert werden, oder als Verfahren gegen das System, dessen Teil das Generalgouvernement gewesen ist.«[3] Sehn neigt zur zweiten Version, das heißt, »das Generalgouvernement [sollte] im Horizont der Vernichtungspläne der Berliner Zentrale« betrachtet werden. Er möchte, dass sich aus dem Prozess ein breiteres Bild der Verbrechen des Deutschen Reiches ergibt. Unter Berufung auf Materialien zum »Generalplan Ost« möchte Sehn zeigen, dass die »Ermordung der slawischen Völker« ein langfristiges Ziel der deutschen Politik gewesen sei.[4] Das Generalgouvernement möchte er entsprechend als vorübergehendes Gebilde darstellen – »ein Reservoir der Arbeitskräfte und ein Gebiet zur Ausbeutung von Rohstoffen für die Zeit des Krieges« –, um auf diesem Weg zu beweisen, dass die Praktiken der deutschen Regierung in diesen Gebieten sowohl »Methoden der unmittelbaren Auslöschung umfassten (die Juden, die Intelligenz)« wie auch der mittelbaren Vernichtung, die in der Wirtschafts-, Kultur- und Sozialpolitik zum Ausdruck kamen. Nach Sehns Ansicht war sich Bühler der Ziele wie auch der Wirkung der verbrecherischen Aktionen bewusst. Ersteres kann durch seine Teilnahme an der von Reinhard Heydrich, dem Chef des Reichssicherheitshauptamtes, einberufenen Wannseekonferenz bewiesen werden, auf der am 20. Januar 1942 die »endgültige Vernichtung der Juden beschlossen« wurde. Der zweite Aspekt kann durch Berichte bewiesen werden, die ihn in seiner Krakauer Dienstzeit regelmäßig erreichten.

Im Zuge der verschiedenen Phasen der Ermittlungen formt sich die Idee, Bühler gemeinsam mit Burgsdorff vor Gericht zu bringen, eventuell auch zusammen mit den Henkern Krakaus. Doch Sehn betont, dass Bühlers Rolle »als erster Repräsentant und als ausführende Hand der Politik des Dritten Reiches in den eroberten polnischen Gebieten [...] am deutlichsten zu Tage tritt [...], wenn er als alleiniger Angeklagter vor Gericht steht«.[5]

Diese Konzeption wird schließlich akzeptiert. Staatsanwalt Kurowski hat den Wunsch, dass der Prozess gegen Bühler ein Prozess »gegen die deutsche Verwaltung in Polen« werde und dass damit zugleich bewiesen werden solle, dass die »in Berlin vorgegebene Politik im Einvernehmen gestanden [habe] mit der Praxis ihrer Umsetzung in dem besetzten Land.« Und er ordnet an: »Die Beweisaufnahme soll sich vor allem auf Dokumente stützen, Zeugen werden unterstützend auftreten – um einzelne Episoden zu illustrieren.«[6]

Nach diesen Vorgaben sammelt Sehn alle möglichen Dokumente aus den Jahren der Besatzungszeit. Neben dem Tagebuch von Hans Frank, das aus Nürnberg besorgt werden konnte, sind dies weitere Dienstbücher und Berichte der Regierung im Generalgouvernement, Zeitungsausschnitte aus der *Krakauer Zeitung* sowie Materialien des Zentralen Wohlfahrtsrates [Rada Główna Opiekuńcza], der während der Besatzung soziale Hilfe organisiert hatte. Auf der Suche nach weiteren Beweisen sendet er Schreiben an das Institut für Nationales Gedenken beim Präsidium des Ministerrats (Instytut Pamięci Narodowej przy Prezydium Rady Ministrów), an den Polnischen Westbund (Polski Związek Zachodni), an das Ministerium für Kunst und Kultur, an verschiedene Wojewodschaftsämter sowie an weitere Institutionen, unter anderem an das Jüdische Wissenschaftliche Institut (YIVO) in New York. Sehn interessiert sich für jede noch so kleine Einzelheit. So möchte er etwa wissen, in welcher Menge im besetzten Krakau der deutsche Wodka *Tatrafeuer* produziert wurde und für wen er bestimmt war – ob ausschließlich für die Deutschen oder auch für die polnische Bevölkerung.[7]

Paradoxerweise ist es leichter, solche Informationen einzuholen, als polnische oder jüdische Zeugen und Zeuginnen zu finden, die Aussagen machen können über Bühler in den Jahren des Krieges. Umso wichtiger werden damit die Berichte vonseiten der deutschen Verwaltung. Sehn stehen immerhin die Aussagen Franks aus dem Nürnberger Prozess zur Verfügung. Zusätzlich bittet er Burgsdorff um eine Charakteristik Bühlers. Dieser verfasst am 1. März 1948 in seiner Gefängniszelle ein dreizehnseitiges Elaborat. Er stellt Bühler als einen Menschen vor, der »frei war von wirklichen Bindungen an Partei und Nationalsozialismus«, dafür gänzlich abhängig von Frank und zudem zu schwach, um sich gegenüber Berlin durchzusetzen, ja selbst gegenüber den Abteilungsleitern in der eigenen Regierung habe er es nicht gekonnt. In den Jahren der Besatzung habe sich Bühler – so Burgsdorff – über die Allmacht von SS und Polizei beklagt, um sich dann in privaten Gesprächen als Verfechter eines »Kurs[es] der Ruhe und Vernunft« darzustellen. Zugleich zuckte er hilflos die Achseln in der Überzeugung, »dass auch Dr. Frank sich gegen Himmler nicht durchsetzen könne, und dass er (Bühler) es deshalb umso weniger könne«. »Ich habe bezüglich einer Änderung der Polenpolitik im Großen wie im Kleinen nichts bei Dr. Bühler erreicht«,[8] so das Fazit des ehemaligen Gouverneurs im Distrikt Krakau.

Sehn sorgt dafür, dass beide Häftlinge Briefe erhalten dürfen. Er entspricht der Bitte Bühlers, dass ihm aus den Effekten Fotografien seiner Frau und seiner Kinder übergeben werden, ebenso gibt er dem Antrag Burgsdorffs statt, sich mit dem Arzt Hans Münch eine Zelle teilen zu können. Außerdem richtet der ehemalige Gouverneur des Distrikts Krakau an Sehn die Bitte, sein Verfahren zu beschleunigen und ihn so bald wie möglich zu verhören. Doch muss er vorerst warten, der Prozess gegen Bühler hat Priorität.

In einer nicht unterschriebenen Notiz vom 7. April 1948 ist zu lesen, dass die Ermittlungen sich dem Ende zuneigen, unter den Beweisen seien vor allem »authentische deutsche Dokumente, die in Polen und im Ausland zusammengetragen« wurden, außerdem fast 4.000 Meter deutscher Filmaufnahmen.[9] Staatsanwalt Jan Jasiński, der beim Verfassen der Anklage mitwirkt, schätzt das von Sehn besorgte Material als »überaus interessant und bedeutsam« ein. Angesichts des Umfangs bittet er darum, dass für das Verfassen der Anklageschrift einige Monate Zeit gewährt werden.[10] Warschau besteht jedoch darauf – unter Berufung auf internationale Belange –, dass das Verfahren bereits im Juni stattfinden soll. Möglich, dass es hier um die zusehends mildere Politik der Westalliierten gegenüber Deutschland ging, oder auch um den Versuch, vom Marshall-Plan abzulenken, dem amerikanischen Wirtschaftshilfsprogramm für Westeuropa, das kurz zuvor beschlossen worden war.

Um die Ermittlungen abschließen zu können, ist noch eine Erklärung des Angeklagten nötig. Sehn verhört Bühler insgesamt sechs Mal – zwischen dem 29. April und dem 5. Mai 1948. Die Prozedur ist immer dieselbe: Morgens um 9.00 Uhr wird der ehemalige Stellvertreter des Generalgouverneurs zum Sitz der Bezirkskommission in der Grodzka-Straße eskortiert, und um 15.00 Uhr wird er wieder zurückgebracht ins Gefängnis Montelupich. Die Verhöre protokollieren Gabriela Górska und Wanda Skulicz. Sehns Fragen sowie die Erklärungen des Verdächtigen notieren sie im exakten Wortlaut auf Deutsch. Bühler liest dann das gesamte Protokoll, unterschreibt die einzelnen Seiten und nimmt – falls nötig – Korrekturen vor. Zusätzlich verfasst er nach den Verhören eine entsprechende, ergänzende Erklärung.

Sehn sitzt ein älterer Kollege im Fach gegenüber, Jahrgang 1904, »Dr. jur., von Beruf Beamter im Rang eines Ministerialdirektors, nicht vorbestraft, Staatsangehörigkeit deutsch«,[11] Vater zweier Kinder. Vor wenigen Jahren wohnten sie beide – Bühler und Sehn – in Krakau. Bühler war zu dem Zeitpunkt die Nummer zwei im Generalgouvernement, Sehn ein unscheinbarer Sekretär in der Vereinigung der Gastwirte. Diese Hierarchie wurde nun umgestürzt. »Ich bin Untersuchungsrichter«, stellt Sehn sich vor. »Sie werden von mir als Angeklagter in Ihrer Angelegenheit vernommen. […] Als Angeklagtem steht Ihnen das Recht zu, eine Verteidigungstaktik sich [zu] wählen, welche Sie für zweckmäßig von Ihrem Standpunkt erachten.«[12] Bühler kann sich weigern, Erklärungen abzugeben, doch tut er das nicht. Er stellt sich als Sohn eines Bäckers vor, aufgewachsen in einer kinderreichen Familie in Süddeutschland. Er betont, dass er katholisch sei, nicht aus der Kirche ausgetreten, zudem verweist er auf seinen ältesten Bruder, einen Priester. Über seine Internatsschule und sein Jurastudium berichtet er fast nichts. Er spricht davon, dass er als frisch gebackener Assessor in die Anwaltskanzlei von Hans Frank gekommen sei, der damals schon engagierter Nationalsozialist war. Als Frank bayerischer Justizminister wurde, nahm er Bühler mit in sein Ressort, später nahm er ihn mit nach Berlin. Mitte der 1930er Jahre waren sie beide beruflich in Warschau, Krakau und Zakopane.

In die NSDAP trat Bühler im Frühjahr 1933 ein, kurz nachdem die Nationalsozialisten an die Macht gelangt waren. Diesen Schritt, so behauptet er, habe er auf Franks Wunsch hin unternommen und in den kommenden Jahren lediglich seine Mitgliedsbeiträge gezahlt. Hitlers *Mein Kampf* habe er zu einem Drittel gelesen, sich mit dem Parteiprogramm nie näher auseinandergesetzt. Sehn legt ihm Textstücke über den deutschen »Drang nach Osten« vor, der der Eroberung von »Lebensraum« dienen soll. »Mit diesem Parteiprogramm als geistigem Rüstzeug haben sie ihre Tätigkeit in Polen angetreten?«, hakt er nach. Es geht um den Herbst 1939, als die Deutschen aus einem Teil der eroberten polnischen Gebiete das Generalgouvernement schufen. An dessen Spitze stand Hans Frank, der sich auf dem Wawel einrichtete. Bühler, der im Gebäude der Bergbauakademie residierte, wurde zur rechten Hand des »Henkers von Polen«. »Ich betrachte meine Tätigkeit in Polen als fachliche Aufgabe und nicht als politische«, versucht sich Bühler zu verteidigen. Er behauptet, sich an die Anordnungen seiner Vorgesetzten gehalten zu haben, sofern diese nicht im Widerspruch zu seinen inneren Überzeugungen standen, und in den Jahren von 1939 bis 1945, so seine Beteuerung, sei er ein gerechter und menschlicher Beamter gewesen. Er habe sich um die Freilassung der verhafteten Professoren der Jagiellonen-Universität bemüht. Auch will er sich gegen die »AB-Aktion« (»Außerordentliche Befriedungsaktion«) ausgesprochen haben – etwa 7.000 Polen waren dabei von den Deutschen ermordet worden, davon viele, die zur Führungsschicht gerechnet wurden. Von seinem Widerspruch gebe es nur deshalb keine schriftliche Spur, weil damals kein Protokollant zur Verfügung gestanden hatte. Außerdem habe er verfügt, dass im Krakauer Jordan-Park die Schilder »Nur für Deutsche« entfernt wurden. Ferner habe er die Impfpflicht unterstützt und den Kampf gegen den Typhus. Er habe die »berechtigte[n] Interessen« seines Volkes durchgesetzt, aber keinen Hass gegen andere Völker gehegt. Sehn bleibt hartnäckig: »Welchen gerechten Interessen des deutschen Volkes entsprachen: die Schließung der Schulen, [...] der Kinos, der Theater? [...] Vernichtung, nicht nur biologische Vernichtung, sondern Vernichtung eines Volkes als eines Ganzen?« Dass dies die Ziele der deutschen Besatzungsmacht gewesen seien, will Bühler nicht eingestehen.

In schwierigen Momenten schiebt der ehemalige Stellvertreter Franks Gedächtnislücken und Unwissenheit vor. »Kennen Sie keine

Werke über das Völkerrecht?«, wundert sich Sehn. »Die Namen [Alfred] Verdross, [Norbert] Gürke sind Ihnen bekannt?« Und er lässt nicht locker, als der Verdächtige erklärt, die Haager Landkriegsordnung sei ihm nicht in allen Einzelheiten geläufig. »Ist die Haagerkonvention deutscherseits unterschrieben worden? [...] War Deutschland verpflichtet, die Abstimmungen dieser Konvention zu beachten?« Unbeholfen versucht Bühler zu erklären, dass der Zusammenbruch des polnischen Staates und das deutsch-sowjetische Abkommen »neue Verhältnisse« geschaffen hätten, mit denen das Generalgouvernement »den Charakter eines besetzten Gebietes« verloren hätte. Sehn erwidert, die Deutschen selbst hätten die Bezeichnung »Generalgouvernement für die besetzten polnischen Gebiete« verwendet.

Die Verantwortung für die Verbrechen wälzt Bühler auf andere ab. Auf die SS, die Sicherheitspolizei, auf die Wehrmacht, auf seinen Vorgänger Arthur Seyß-Inquart, und wenn nötig – ebenso auf Frank, der eineinhalb Jahre zuvor in Nürnberg hingerichtet worden war. Von sich selbst behauptet er, er sei »unselbständig und restlos abhängig vom Generalgouverneur« gewesen.[13] Entschieden widerspricht er der These, der Chef der Regierung im Generalgouvernement habe eine Position innegehabt wie im Deutschen Kaiserreich der Kanzler Otto von Bismarck.

Seine Verteidigung ist inkonsequent – so behauptet er, den Inhalt der meisten Berichte, die ihm von den Gouverneuren der Distrikte und den Kreishauptleuten übersandt worden waren, nicht gekannt zu haben, ja, selbst den Bericht, den er für Hitler erstellt hatte, will er nicht im Ganzen gelesen und deshalb nichts gewusst haben vom Ausmaß der Verbrechen. Später aber brüstet er sich damit, genau gegen diese Verbrechen vorgegangen zu sein. »Ich habe einen dauernden Kampf gegen den Arbeiterfang für das Reich geführt. Habe dauernd gegen Festnahme von Geiseln und Geiselerschießungen angekämpft.« Sehn weist nach, dass das Gegenteil richtig war – den Transfer von landwirtschaftlichen Erzeugnissen und von Arbeitskräften ins Reich hatte Bühler als sein Verdienst dargestellt, auch wenn dies »durch Zwang und Gewalt« vonstattengegangen sei. Der Verdächtige bemüht sich zu erklären, dass Zwang und Gewalt nur in Einzelfällen angewandt worden seien. Sehn belegt, dass es die Regel gewesen ist. Er zitiert die Worte Hitlers vom

2. Oktober 1940 – sie fielen in Anwesenheit Franks –, dass es für die Polen nur einen Herren geben dürfe, und das sei der Deutsche.

Auf der Grundlage dieses Dokuments sowie weiterer Belege weist Sehn eindeutig nach, dass die »AB-Aktion« von Anfang an Teil der Umsetzung eines Plans zur »Ausrottung des polnischen Volkes, insbesondere der führenden Schichten dieses Volkes« gewesen ist.[14] »Ich bin bestürzt und beschämt« – so Bühlers Kommentar zu den Zitaten Hitlers und Himmlers. »[N]icht ein Wort« davon will er gekannt haben. Damals sei er »jung und unerfahren« gewesen.

Dieser »junge und unerfahrene Beamte« war dennoch – im wörtlichen Sinn – zum Herrn über Leben und Tod geworden, denn von Frank war er ermächtigt worden, Begnadigungen auszusprechen. Sehn gegenüber stellt er sich als milde dar. »In Fällen […] [der] sogenannten Unterschlupfgewährung an Juden haben Sie von dem Gnaderecht keinen Gebrauch gemacht […]. Das war die Milde?«, fragt Sehn. 1948 wiederholt Bühler immer noch – wie es ihm damals vorgesagt worden war –, Juden zu verstecken, habe die Ausbreitung des Typhus befördert, ebenso die Bildung von »Banden«. Mit den Todesurteilen habe man Exempel statuieren wollen, die der Abschreckung dienten. Und er erklärt, in einem Fall, in dem er die Begnadigung verweigert habe, seien die Juden »gegen übermäßiges materielles Entgelt« versteckt worden.[15] Am Rand des Stenogramms ist mit rotem Stift vermerkt – vermutlich von Sehns Hand – »Halunke!«.

Die Vernichtung der Juden im Generalgouvernement ist das zentrale Thema des vierten Verhörs. »Den innerhalb der polnischen Bevölkerung kursierenden Gerüchten dahingehend, dass die Juden umgebracht worden seien, habe ich keinen Glauben geschenkt«, bringt Bühler zu seiner Verteidigung vor. Während des Krieges will er nicht gewusst haben, dass Auschwitz ein Vernichtungslager war. Und keine Ahnung will er davon gehabt haben, dass 1941 im Generalgouvernement Vorbereitungen gelaufen seien für den Überfall Deutschlands auf die Sowjetunion. Das Warschauer Ghetto wurde – nach Bühlers Version – »wegen des Aufstandes der Ghettobevölkerung« liquidiert.

Und so verschanzt er sich weiterhin hinter vorgeblicher Unwissenheit. »Über die Verdrängung von Juden aus ihren Wohnungen ist mir nichts Konkretes bekannt«, erklärt er. Er gibt zwar zu, selbst in Krakau in die Wohnung der geflüchteten jüdischen Familie Thorn eingezogen zu sein und bei seinem erneuten Umzug einen Teil der Möbel mitgenommen zu haben, doch sei das, wie er versichert, mit »Genehmigung des Wohnungsamtes« geschehen. »Angeeignet habe ich mir von dem jüdischen Besitz nichts«, erklärt er.

Sehn zeigt ihm ein Protokoll der Wannseekonferenz. Aus diesem Dokument geht eindeutig hervor, dass Bühler am Wannsee dafür plädiert hatte, mit der »Endlösung der Judenfrage« im Generalgouvernement zu beginnen. Sein Argument damals war, dass von den zweieinhalb Millionen Juden, die in Frage kämen, ohnehin die meisten nicht arbeitsfähig seien. Jetzt behauptet der ehemalige Stellvertreter Franks, er habe lediglich eine Umsiedlung der Juden »in den weiteren Osten« im Sinn gehabt, um sie aus den Händen der Polizei und den »traurigen Verhältnissen der Ghettos« zu befreien. Vom Vernichtungslager Treblinka, das auf dem Gebiet des Generalgouvernements lag, will er während des Krieges nichts gewusst haben; daran hält er auch noch fest, als Sehn darauf hinweist, dass die Einnahmen und Ausgaben des Lagers Treblinka Teil des Budgets des Generalgouvernements waren.

Die böse SS und der gute, nichtsahnende Bühler – diese Geschichte kauft ihm Sehn nicht ab. »Viele von den führenden Angestellten und Beamten der Verwaltung [im Generalgouvernement] waren SS-Männer. […] Die meisten Gouverneure [in den Distrikten] waren SS-Männer«, kontert er. »Abteilungsleiter gehörten der SS an. Dasselbe betrifft viele Kreishauptleute. Sehr viele von ihnen sind durch Sie ernannt worden.«[16] Bühler will anders vorgegangen sein – er habe der SS gerade nicht vertraut und deshalb, wann immer möglich, deren Einfluss begrenzt gehalten. Friedrich-Wilhelm Krüger, Höherer SS- und Polizeiführer im Generalgouvernement, habe angeblich die Ablösung von Franks Stellvertreter gefordert – wegen dessen zu laxer Behandlung der Polen.

»Gestehe[n] Sie, […] Verbrechen gegen den Frieden, gegen die Menschlichkeit und Kriegsverbrechen begangen und dadurch zum Schaden des polnischen Volkes und des polnischen Staates gehandelt zu haben?«, fragt ihn Sehn unverblümt. »Ich war einfaches Mitglied der NSDAP«, erwidert Bühler. »Ich habe meine Pflicht als deutscher Beamter erfüllen wollen, nicht mehr und nicht weniger.«

In dem Bemühen, seine Situation zu verbessern, wendet sich Bühler am 12. Mai – eine Woche nach dem letzten Verhör – schriftlich an den »Herrn Untersuchungsrichter«. Er belehrt Sehn darüber, dass in einem deutschen Strafverfahren der Ankläger verpflichtet sei, auch Beweismaterial zu berücksichtigen, das zugunsten des Angeklagten spreche: »Ich beehre mich anzufragen, ob dieser Grundsatz auch bei den gegen mich geführten Ermittlungen Anwendung gefunden hat.«[17] Zugleich bittet er darum, Zugang zu den Akten zu erhalten, unter anderem zum Tagebuch Franks, und er möchte, dass die etwas mehr als ein Dutzend Seiten zählenden Ergänzungen, die er tags zuvor im Gefängnis verfasst hat, den Unterlagen hinzugefügt werden. In diesen Aufzeichnungen wiederholt Bühler im Grunde die Argumente, die er bei den Verhören bereits vorgebracht hat: Er habe versucht, den Einfluss der NSDAP im Generalgouvernement gering zu halten, habe eine Wiedereröffnung der Mittel- und Hochschulen angestrebt, ebenso eine Verteilung von Lebensmitteln an Bedürftige. Er widerspricht der These, die deutsche Verwaltung habe das polnische Kulturleben eingeschränkt – als Beweis führt er Theater an, die in den Besatzungsjahren gespielt hätten, Symphoniekonzerte und eine Ausstellung über Frédéric Chopin. Er betont, dass er während des Warschauer Aufstands dagegen protestiert habe, dass die Zivilbevölkerung in Konzentrationslager gebracht wurde. Und ein weiteres Mal unterstreicht er seine angeblichen Bemühungen, die Betroffenen der »AB-Aktion« einem ordentlichen standrechtlichen Verfahren zuzuführen. Sein Schreiben, mit dem er den Juden, die aus Krakau deportiert wurden, verboten hatte, etwas von ihrer Habe mitzunehmen, sollte – seinen Aussagen nach – dem »Schutze der Juden« dienen, da dieses Verbot eindeutig nur das rechtmäßig konfiszierte Eigentum betroffen habe. Während der Wannseekonferenz will er Heydrichs Ausführungen nicht verfolgt haben, da er gerade mit einem Bericht an Frank befasst war. »Die Verwaltungsdienststellen des Generalgouvernements waren [...] an der Judenaus- und Umsiedlung nicht beteiligt«, erklärt er.[18]

Nach dem Abschluss der Ermittlungen übergibt Sehn das Beweismaterial dem Obersten Nationalen Tribunal. Doch ist die Arbeit der Krakauer Kommission damit noch nicht beendet. Zwischen dem 8. und dem 12. Juni sehen sich Sehn und Richter Henryk Gawacki im Filminstitut in Łódź 180 Filmrollen der deutschen Filmchronik

Curt von Burgsdorff auf dem Warschauer Flughafen, nach seiner Überstellung nach Polen, 25. Mai 1946.

für die polnische Bevölkerung im Generalgouvernement an (*Tygodnik Dźwiękowy Guberni Generalnej*) sowie den antijüdischen Propagandakurzfilm ŻYCIE LUDZKIE W NIEBEZPIECZEŃSTWIE (Menschliches Leben in Gefahr), den die Deutschen im Generalgouvernement gezeigt hatten. Das zur Verfügung stehende Material wird zu einem Dokumentarfilm über die Besatzung Polens geschnitten – zu sehen sind Razzien und Verhaftungen auf den Straßen Krakaus, Polizeiaktionen auf dem Land und die Beschlagnahmung der vorgeschriebenen landwirtschaftlichen Kontingente. Am 23. Juni wird der Film – im Rahmen des Gerichtsverfahrens – im Krakauer Kino *Świt* gezeigt.

Der Prozess dauert fast einen Monat. Am 10. Juli verurteilt das Oberste Nationale Tribunal, unter dem Vorsitz des Richters Alfred Eimer, Josef Bühler zum Tode. Seine Frau und Kardinal Michael Faulhaber, Erzbischof von München, reichen Gnadengesuche ein. Den Gesuchen wird nicht stattgegeben. Am frühen Abend des 21. August wird das Urteil vollstreckt. Der Leichnam des ehemaligen Stellvertreters von Hans Frank wird ins Institut für Beschreibende Anatomie der Jagiellonen-Universität gebracht.

»Er war kein Verbrecher – kein Mörder vom Typ eines Himmler oder Höß, die selbst Tausende oder Millionen von Menschen in den Tod geschickt haben. Bühler [...] war vor allem ein schwacher Mensch, ein Opportunist, der nicht einmal tief durchdrungen gewesen ist von der Doktrin des Nationalsozialismus, aber bestens vertraut mit dessen Arbeitsmethoden, die er akzeptierte und die er aufgrund seiner Position umsetzte. Ohne solche Werkzeuge wären Hitler, Himmler und Frank machtlos gewesen. [...] Ohne solche Bühlers hätte sich das Vernichtungsprogramm gegenüber Polen nicht durchführen lassen«,[19] so die abschließende Einschätzung der Autoren der Publikation *Zbrodniarze hitlerowscy przed Najwyższym Trybunałem Narodowym*.

Am 14. und 15. September 1948 verhört Sehn endlich Burgsdorff. Wie Bühler ist auch er promovierter Jurist, doch um eine Generation älter, 1886 geboren, er hat zwei bereits erwachsene Kinder. Burgsdorff stellt sich als tief religiöser Protestant vor. Krystyna Szymańska, die seine Erklärungen protokolliert, sagt später, er sei »ein sehr gläubiger Mensch« gewesen. »Jeden Brief an seine Frau begann er mit einem Bibelzitat.«[20]

Der ehemalige Gouverneur des Distrikts Krakau versichert Sehn gegenüber, er sei nie Nationalsozialist gewesen, in die NSDAP sei er im Frühjahr 1933 eingetreten, weil Personen, die nicht Parteimitglied waren, »ihr Amt verloren und verfolgt« wurden.[21] Seine Mitgliedschaft in der SA erklärt er damit, dass er als hoher Beamter nicht zu offiziellen Anlässen »in Zivilkleidung« auftreten konnte. Auf seine Arbeit habe das aber keinen Einfluss gehabt, er habe sich für jeden eingesetzt, »unabhängig von Rasse, Herkunft oder politischer Gesinnung«. So habe er sich während seiner Beamtenzeit in Sachsen verhalten, später, nach dem Anschluss, in Österreich, dann im Protektorat Böhmen und Mähren, und schließlich in Polen. Gouverneur des Distrikts Krakau wurde er im November 1943. Innerhalb kurzer Zeit erlangte er Befehlsgewalt über die Bezirksstrukturen der NSDAP. »Wir vertraten den Standpunkt«, so seine hehre Darstellung der eigenen Person und seiner engsten Mitarbeiter, »dass das polnische Volk, das einen Chopin und eine Maria Skłodowska-Curie und weitere große Persönlichkeiten hervorgebracht hatte, als gleichwertig neben anderen europäischen Völkern angesehen werden sollte«.[22] Er verleugnet nicht, dass er von den Massenverhaftungen und den Hinrichtungen wusste, doch behauptet er, damit nichts zu tun gehabt zu haben, auch habe er nichts dagegen unternehmen können. An diesen Verbrechen sei er nicht beteiligt gewesen. Und er beruft sich auf seine zahlreichen Interventionen zur Verteidigung von Polen, und früher auch von Juden.

Zeugen und verschiedene Dokumente bestätigen diese Aussage. Sehn kann feststellen, dass Burgsdorff in seiner Amtszeit in Krakau erfolgreich eingriff, um Leopold Widymski, einen Mitarbeiter der Industrie- und Handelskammer, aus der Gestapo-Haft zu befreien. Ebenso hatte er sich für Adam, Stefan und Jan Myczkowski eingesetzt; wegen Waffenbesitzes und der Unterstützung von Partisanen waren die Männer zum Tode verurteilt worden. Dank seiner Fürsprache kamen die drei nicht an den Galgen, sondern ins Konzentrationslager Flossenbürg. Allerdings haben nur Stefan und Jan Myczkowski den Krieg überlebt. Auch Bühler, der am 12. August – kurz vor seinem Tod – noch einmal zum ehemaligen Gouverneur im Distrikt Krakau verhört wurde, bezeichnete dessen Verhältnis zu den Polen als »stets positiv«.[23] »Im Licht der Beweise, die im Zuge der Ermittlungen zusammengetragen wurden, zeichnete sich das

Bild des Angeklagten Burgsdorff positiv ab, zumal vor dem Hintergrund anderer Beamter des Hitler-Systems, deren feindseliges Verhältnis gegenüber der polnischen Bevölkerung allgemein bekannt war«,[24] so die Worte des Staatsanwalts.

Am 6. Dezember 1948 verurteilt das Bezirksgericht Krakau Burgsdorff zu drei Jahren Gefängnis, wobei ihm die Untersuchungshaft in Polen angerechnet wird. Kurze Zeit später ist der ehemalige Gouverneur bereits wieder in Freiheit und kehrt nach Deutschland zurück.

Hätte nicht auch Bühler eine gnädige Behandlung verdient? Eine lebhafte Diskussion dazu entspinnt sich schon 1948. Am 25. Juli erscheint im katholischen *Tygodnik Powszechny* – einer der letzten noch unabhängigen Zeitungen in Volkspolen – Eugenia Kocwas Artikel »Zło anonimowe« (Das anonyme Böse). Die Verfasserin – die in Ravensbrück inhaftiert gewesen war und jetzt beim Krakauer Prozess stenografierte (später wird sie die Notizen übersetzen, die Rudolf Höß in der Haft macht) – stellt fest, dass innerhalb des gesamten Beweismaterials, das Sehn zusammengetragen hat, über Bühler »verhältnismäßig wenig« zu finden ist. Das Ergebnis sei, so Kocwa, dass der Chef der sogenannten Regierung im Generalgouvernement »völlig im bösartigen Schatten Franks«, der SS und der Polizei verschwinde. Und obwohl er Dekrete unterschrieben habe, die »für verschiedene Vergehen die Todesstrafe vorsahen«, war er zugleich gegen Massenverhaftungen auf den Straßen, gegen die Zwangsaussiedlung der Bevölkerung in der Gegend um Zamość und gegen die Kollektivhaftung.[25] Gegen Kocwas Thesen wendet sich Stanisław Piotrowski, ein ehemaliges Mitglied der polnischen Delegation in Nürnberg. Er steht auf dem Standpunkt, man hätte »schon auf der Grundlage des ersten Bandes [von Franks Tagebuch] eine Anklageschrift verfassen können, die den ›Premier‹ Josef Bühler an den Galgen gebracht hätte«.[26] Als Beleg nennt er die Beteiligung Bühlers an der »AB-Aktion« sowie die Vorbereitung der drakonischen Verordnung vom 2. Oktober 1943 »zur Bekämpfung von Angriffen gegen das deutsche Aufbauwerk im Generalgouvernement«. Aufgrund dieser Verordnung kam es zu zahlreichen Hinrichtungen auf offener Straße.

Staatsanwalt Jerzy Sawicki, einer der Ankläger im Krakauer Prozess, teilt die Auffassung Piotrowskis. »Allein dieser Vorschlag [auf der Wannseekonferenz], im Generalgouvernement mit der

Vernichtung von fast zweieinhalb Millionen Juden zu beginnen, reicht aus, um die Todesstrafe zu begründen«,[27] so Sawicki in einem privaten Gespräch mit Mieczysław Pemper. Doch ist er der Meinung, wenn Frank und Bühler gemeinsam vor Gericht gestanden hätten, wäre Ersterer mit Sicherheit zum Tode verurteilt worden, der Zweite hingegen »wäre dagegen höchstwahrscheinlich mit zehn oder fünfzehn Jahren davongekommen. Doch Polen brauchte ein Symbol für die schlimme Zeit der Okkupation«.

Außer Zweifel steht jedenfalls, dass die umfangreichen Bände, die in der Sache Bühler zusammengetragen wurden, für heutige Forscher, die die Besatzungspolitik des Deutschen Reiches untersuchen wollen, überaus wertvoll sind. Der westdeutsche Historiker Hanns von Krannhals, der Zugang zu Archiven in der Volksrepublik Polen gehabt hatte, sagte, dass das von Sehn zusammengestellte Material »die zuverlässigste und beste« Sammlung von Prozessakten sei, die er in Polen gesehen habe.[28]

Bühlers Prozess ist der letzte, der vor dem Obersten Nationalen Tribunal stattfindet. Im Oktober 1948 tritt Sehn seinen Urlaub an, von dem er in den vergangenen drei Jahren so gut wie keinen Gebrauch gemacht hatte. Doch ist die Erholung nur von kurzer Dauer. Nun soll der ehemalige Staatssekretär Ernst Boepple vor Gericht stehen, die dritte Person im Generalgouvernement – nach Frank und Bühler. Sehn beginnt mit den Zeugen, später verhört er den Verdächtigen – zwischen dem 20. und 22. Januar 1949 – drei Mal in seinem Büro.

Boepple, 1887 geboren, stellt sich als Staatsbeamter protestantischen Glaubens vor, »Kapitän der Reserve«,[29] Doktor der Philosophie, der in Paris, London und Oxford studiert hat.

Dass er 1919 einer der Gründer der Deutschen Arbeiterpartei (DAP) gewesen war, der Vorläuferin der NSDAP, verschweigt er. Auch seine Unterstützung von Hitlers misslungenem Putschversuch 1923 erwähnt er nicht. Die antijüdischen Bücher, die er als Besitzer des Deutschen Volksverlags herausgegeben hatte, »trugen immer wissenschaftlichen Charakter und waren in mäßigem Ton gehalten«, zu den »Ultraantisemiten« habe er nie gehört. Dass die Juden so zahlreich »im Gerichtswesen, in der Medizin usw.« vertreten gewesen seien – das allein habe ihm missfallen.

Angeblich habe er weder in der Partei noch in der SS Funktionen innegehabt, auch habe er »keine Auszeichnungen« erhalten. Mit

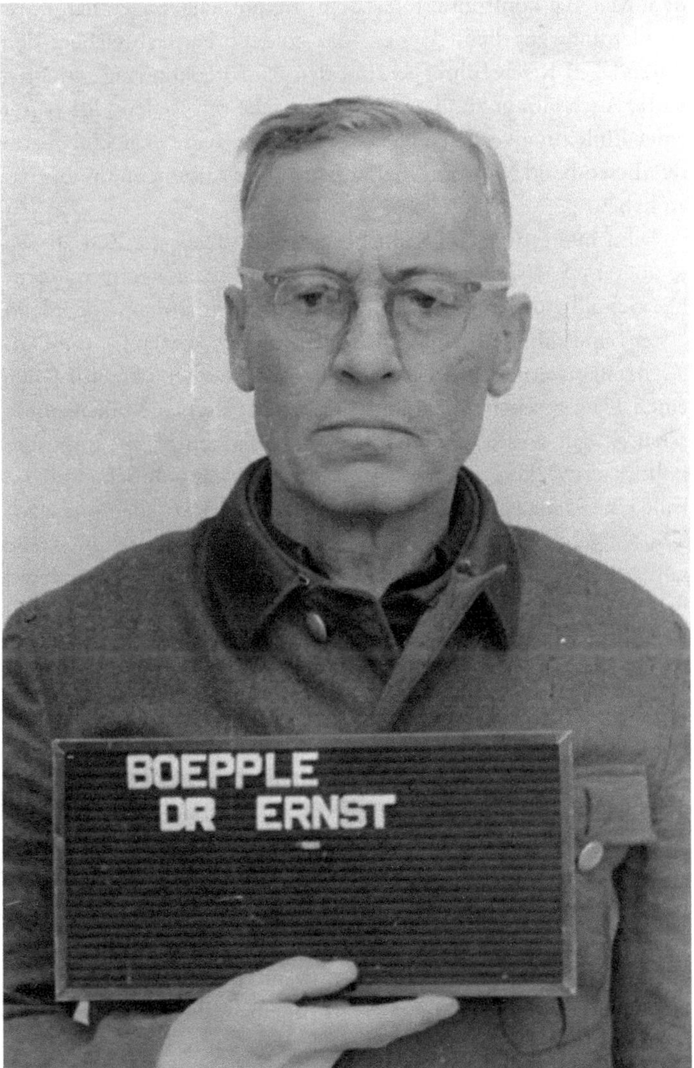

Ernst Boepple nach seiner Verhaftung durch die Amerikaner, Dachau, zwischen 1945 und 1947.

dem Material konfrontiert, das Sehn zusammengetragen hat, muss er allerdings zugeben, dass er »das goldene Parteiabzeichen, den Ehrendegen Reichsführer SS und den SS-Totenkopfring« erhalten hatte. Auch gibt er zu, dass er eine Ausgabe mit Reden Hitlers mit einer Einleitung versehen habe – kurz zuvor hatte er noch behauptet, diesen Band Mitte der 1920er Jahre ohne Kommentar publiziert zu haben.

Sehn interessiert verständlicherweise vor allem die Zeit ab September 1941, also Boepples Dienstzeit im Generalgouvernement. Die Schuld für den Terror im besetzten Polen schiebt Boepple in erster Linie auf Friedrich-Wilhelm Krüger, den »bösen Geist im GG [Generalgouvernement]«. Er selbst, so versichert er, habe für Polen einen Platz gesehen »im Rahmen der europäischen Völkergemeinschaft«. »Ich wusste nichts von einer geplanten Vernichtung des polnischen Volkes, wusste nichts davon, dass das polnische Volk im Falle eines deutschen Sieges von seinem Land vertrieben und nach Sibirien gebracht werden sollte«,[30] so sein Kommentar zum »Generalplan Ost«. Er streitet ab, dem polnischen Volk gegenüber feindlich eingestellt gewesen zu sein und zu dessen Schaden gehandelt zu haben. Entscheidungen in Belangen von politischer Tragweite will er nicht getroffen haben. Dass Treblinka »etwas in der Art eines Konzentrationslagers« gewesen sei, habe er angeblich nach dem Krieg erfahren. Ebenso will er von Majdanek erst gehört haben, als die Deutschen bereits aus Lublin verdrängt worden waren. Mit der Beschlagnahme von polnischen Kunstgegenständen habe er nichts zu tun gehabt, und die polnischen Arbeiter, die zur Arbeit ins Reich fuhren, taten das seiner Darstellung nach vor allem, weil sie sich freiwillig gemeldet hatten.[31] »In meiner Dienstzeit im Generalgouvernement habe ich mich nicht persönlich bereichert«, versichert er. »Ich fühle mich nicht schuldig, während meiner Tätigkeit im Generalgouvernement Dinge getan zu haben, die gegen irgendwelche Vorschriften verstoßen hätten oder gegen internationales Recht gewesen wären«, so sein Resümee.

Die Staatsanwaltschaft ist anderer Ansicht. Sie wirft Boepple Verbrechen gegen den Frieden und Verbrechen gegen die Menschlichkeit vor. Boepple erhält das höchste Strafmaß und wird am 15. Dezember 1950 durch Erhängen hingerichtet. Es sollte nicht das letzte Todesurteil sein, an dessen Verkündung Sehn seinen Anteil hatte.

Gerhard Maurer

Es ist Anfang 1950. In den Staatlichen Industriebetrieben in Krakau klingelt das Telefon. Mieczysław Pemper, jetzt Leiter der dortigen Buchhaltung, nimmt den Hörer ab. Am anderen Ende der Leitung die ihm bekannte Stimme Sehns, bis vor Kurzem Untersuchungsrichter, nun Vizestaatsanwalt beim Berufungsgericht. »[O]hne jede Umschweife«[1] fragt Sehn, ob Pemper der Name Gerhard Maurer etwas sage. »Aber natürlich«, erwidert Pemper. Noch am selben Tag sucht er Sehn in dessen Büro auf und skizziert Maurers Unterschrift, an die er sich aus der Korrespondenz erinnert, die Maurer an Amon Göth gerichtet hatte, den Kommandanten des Konzentrationslagers Plaszow. »Sehn war erfreut, weil er bis dahin noch niemanden getroffen hatte, dem der Name Maurer etwas sagte und der als Zeuge der Anklage im Kriegsverbrecherprozeß gegen Maurer in Frage gekommen wäre«, so der ehemalige KZ-Häftling Pemper.

In Volkspolen erreicht der Stalinismus seinen Höhepunkt. Pempers Aussagen hatten schon Amon Göth aufs Schafott gebracht, nun wird er in einer weiteren Sache befragt. »Maurer gehörte zu den SS-Führern, die mit großem Engagement und sehr effizient von ihrem Oranienburger Dienstort aus die Judenverfolgung betrieben hatten«, erinnert sich Pemper, der selbst aus einer assimilierten jüdischen Familie stammt. Im Prozess aber wird die Herkunft der Opfer in den Hintergrund rücken. Vor allem sollte es darum gehen, das Regime Adolf Hitlers als Instrument des Großkapitals darzustellen, und damit zugleich – indem die Großindustrie in Misskredit gebracht wird – die Welt des Westens zu diffamieren, namentlich die USA und die Bundesrepublik Deutschland.

Ein Foto ist nicht scharf, ein zweites beschädigt. Auf beiden ist Gerhard Maurer in der schwarzen SS-Uniform zu sehen. Er hatte es zum Standartenführer gebracht, vergleichbar dem militärischen Rang eines Obersten. Auf einem der Fotos trägt er eine Armbinde mit Hakenkreuz, auf dem anderen eine Mütze mit Adler und Totenkopf. Die Selbstsicherheit, die sein Gesicht ausstrahlt, lässt vermuten, dass beide Aufnahmen auf dem Höhepunkt der NS-Herrschaft gemacht wurden.

Den ersten Schlag erleidet Maurer im August 1944: seine Frau und seine drei Kinder, die in einer SS-Siedlung bei Buchenwald leben, kommen bei einem amerikanischen Luftangriff ums Leben. Der zweite Schlag wird ihm durch die Niederlage des Deutschen Reiches im Frühjahr 1945 versetzt. Von da an lebt Maurer unter dem falschen Namen Paul Wetzel. Im März 1947 wird er von den Amerikanern festgenommen – der dritte Schlag. Der vierte ist sicherlich die Auslieferung an Polen im Januar 1948.

Zunächst gelangt der ehemalige SS-Mann ins Gefängnis in Warschau-Mokotów, wo er kurz verhört wird. Die Staatsanwaltschaft des Bezirksgerichts Warschau kann jedoch die Ermittlungen nicht so recht vorwärtsbringen, erst als Maurer nach Krakau verlegt wird, kommt die Sache in Gang.

Den Durchbruch bringen die Aussagen Pempers, der in Plaszow Einblick in die Lagerkorrespondenz hatte gewinnen können. Er kann sich an den Namen Maurer erinnern, und er erinnert sich auch an dessen Besuch bei Göth. Von Richter Henryk Gawacki befragt, beschreibt er detailliert die Struktur des SS-Wirtschafts-Verwaltungshauptamtes, das von Oswald Pohl geleitet wurde. Es sei allgemein bekannt gewesen, dass in der Amtsgruppe D Maurer eine »ganz besonders aktive Persönlichkeit« gewesen sei,[2] so Pemper. Weiterhin geht aus seinen Aussagen hervor, dass Maurer die Strafen für die Häftlinge bestätigt und eigenhändig die Anträge mit Korrekturen versehen hatte, und dass er außerdem verantwortlich gewesen war für die Verlegung von Häftlingen von einem Lager in ein anderes – für viele gleichbedeutend mit dem Tod während des Transports. Im Frühjahr 1944 soll er sein Einverständnis gegeben haben, dass ein Teil der »nicht voll arbeitsfähigen« Häftlinge aus dem Lager Plaszow in Auschwitz ermordet wird, damit es Platz gibt für die Juden, die aus Ungarn nach Polen deportiert wurden. Dies sind Anschuldigungen von größtem Gewicht.

Maurer, der ab August 1949 im Krakauer Gefängnis Montelupich festgehalten wird, bekennt sich nicht schuldig: »Ich habe keinem Menschen etwas zuleide getan«,[3] behauptet er in der Erklärung, die er in seiner Zelle verfasst. Angeblich sei er nur für die Lager auf dem Gebiet des Deutschen Reiches verantwortlich gewesen, mit einem Lager wie Plaszow habe er folglich nie zu tun gehabt. Auch zweifelt er die Zuständigkeit des polnischen Gerichts für das Verfahren gegen ihn an – niemals sei er in Polen in irgendeiner Weise tätig gewesen, habe nie mit polnischen Bürgern zu tun gehabt. Zugleich behauptet er, er habe Häftlingen geholfen – unter anderem Polen –, wieder freizukommen.

Sehn schenkt diesen Erklärungen keinen Glauben. In einer Notiz vom 5. Oktober 1950 schreibt er, der Verdächtige habe »die Ausbeutung der Häftlinge aller Konzentrationslager durch Zwangs- und Sklavenarbeit geleitet«, habe »über diese Arbeit verfügt und mit ihr gehandelt – mit deutschen Industriellen, namentlich den großen Konzernen, Trusts und Kapitalgesellschaften, die von der SS Häftlinge für die Arbeit in ihren Betrieben bezogen. Die Arbeitsbedingungen waren laut Befehl Maurers so beschaffen, dass sie die Arbeitskraft erschöpften und zum massenhaften Tod der Häftlinge führten.«[4]

Es wird überlegt, ob Maurer nicht gemeinsam mit Wilhelm Burger der Prozess gemacht werden soll. Als Chef des Amtes D IV war Burger im WVHA verantwortlich für die Kleidung, Verpflegung und Unterbringung der Häftlinge in den Konzentrationslagern. Der Prozess gegen Maurer und Burger hätte ein »klassischer« Prozess gegen SS-Männer werden können, vergleichbar den Prozessen gegen Amon Göth, Rudolf Höß oder gegen Angehörige des Personals in Auschwitz. Im Herbst 1950 aber sind die Erwartungen der Regierung andere. Die Welt ist geteilt in zwei politische Lager, und die Kluft der Feindseligkeit vertieft sich immer mehr. In Korea herrscht Krieg, den Norden des Landes unterstützen die Sowjetunion und ihre Verbündeten, der Süden erhält Unterstützung von den USA. In Deutschland gibt es keine Besatzungszonen mehr, 1949 ist die Bundesrepublik Deutschland entstanden – in dem Land mit freier Marktwirtschaft sind amerikanische, britische und französische Truppen stationiert. Östlich der Elbe ist im selben Jahr unter sowjetischer Kuratel die sozialistische DDR errichtet worden. Warschau ist in strikter Weise Moskau untergeordnet und unterstützt dessen Politik an jeder Front des Kalten Krieges. Auch die Prozesse gegen die deutschen Verbrecher werden damit zu Gelegenheiten, ideologisch mit dem Kapitalismus abzurechnen.

Maurer ist leichter propagandistisch zu nutzen als Burger. Deshalb möchte Sehn die beiden Verfahren nicht miteinander verbinden: »Die verbrecherische Tätigkeit Maurers«, so seine Ausführungen in der besagten Notiz, »ist dazu geeignet, ganz im Sinne des Klassengedankens dargestellt zu werden, damit die Verbindung zwischen dieser Tätigkeit und der Tätigkeit seiner Vollmachtgeber gezeigt werden kann, das heißt der Vertreter der oberen Schichten des deutschen Industrie- und Bankenkapitals.« Eine solche Interpretation entbindet Millionen Deutsche, die 1932 und 1933 für die NSDAP gestimmt hatten und später ihren Nutzen aus der verbrecherischen Politik des Regimes zogen, ihrer Verantwortung. Laut Sehn »konnte Hitlers Streich deshalb gelingen, weil die Krupps die deutsche Gesellschaft beherrschten« – Industrielle also, die Adolf Hitler, Hermann Göring und Heinrich Himmler ausnutzten, »um den Kampf der deutschen Arbeiterklasse zu ersticken und den Brand des Krieges zu entfachen, der dazu dienen sollte, neue Finanz- und Absatzmärkte sowie eine Armee von Sklavenarbeitern zu erobern«. In dieser Interpretation hat nicht Hitler den Zweiten Weltkrieg begonnen, sondern die Kapitalisten – »geleitet von einer kosmopolitischen und imperialistischen Gier nach der Weltherrschaft«. Nach dem Krieg, so Sehn weiter, seien dieselben Kapitalisten in Westdeutschland in ihren Positionen geblieben, wo sie »die Grundlage des Neohitlerismus« geschaffen und »die Saat eines neuen Krieges« gesät hätten. Gewiss – die Amerikaner hatten in Nürnberg öffentlichkeitswirksame Prozesse gegen Industriebetriebe geführt – gegen die Konzerne Flick, Krupp und IG Farben –, doch wollten sie damit »nur interne Rechnungen begleichen und Konkurrenzstreitigkeiten zwischen den Kartellen austragen sowie im Zuge der Prozesse sich die Patente aneignen«.

Sehn fordert, dass im Prozess gegen Maurer »alle Beteiligten, einschließlich des Angeklagten und seines Verteidigers, zu Anklägern des imperialistischen Kapitalismus in internationaler Dimension werden«. Zugleich, so legt er nahe, könne man zeigen, wie die Sowjetunion vor dem Krieg »gegen den Hitlerismus« gekämpft habe und wie Moskau sich nach dem Krieg »um eine Demokratisierung Deutschlands« bemühe. Diese Thesen entsprechen ganz dem Ton der damaligen kommunistischen Propaganda. Dennoch möchte Sehn, dass das zusammengetragene Beweismaterial für alle Fälle noch einer »politischen Kontrolle« unterzogen wird, damit die »politisch angemessene Linie festgelegt und eingehalten« werden könne.

Heute würden solche Worte jeden Staatsanwalt kompromittieren. Nichts Vergleichbares hatte Sehn zuvor geschrieben, und nichts Vergleichbares wird er nach 1956 schreiben. Wie kam es dazu, dass er sich beugte?

Anfangs waren ihm die kommunistischen Machthaber gewogen. 1945 erhält er eine fast 90 Quadratmeter große Wohnung in der Czysta-Straße zugeteilt – wenige Minuten zu Fuß vom Grüngürtel der Planty und ebenso nahe vom Krakauer Hauptmarkt entfernt. In den vier großen Zimmern können Sehn, seine Frau, seine Schwiegermutter und sein Neffe bequem unterkommen. Als Vorsitzender der Bezirkskommission zur Untersuchung der deutschen Verbrechen und später auch als Leiter des Instituts für Gerichtsexpertisen verdient er nicht schlecht. Zugleich darf er sich geschätzt fühlen. Im Juli 1946 wird ihm das Silberne, zwei Jahre später das Goldene Verdienstkreuz verliehen.

Die Kommunisten erwarten zu jener Zeit nicht viel dafür. Die neuen Machthaber benötigen Leute mit Erfahrung, die bereit sind, diese Macht zu akzeptieren. Im Juli 1945 schwört Sehn noch, »im Gedanken an das Wohl der Republik Polen« als Hüter der Märzverfassung von 1921 aufzutreten und »mit allen Kräften dafür zu sorgen«, dass die Grundlagen geschaffen werden »für Freiheit, Unabhängigkeit und Stärke eines demokratischen polnischen Staates«. Die Gerechtigkeit werde er »unparteiisch« walten lassen, im Einklang mit den Gesetzen und seinem Gewissen.[5] Für die Machthaber Volkspolens ist es die Phase der Etablierung. In den kommenden Jahren wird auch während der Prozesse gegen die deutschen Verbrecher vor dem Obersten Nationalen Tribunal noch ein Kreuz auf dem Richtertisch stehen.

Dann aber setzen Veränderungen ein. Die manipulierten Wahlen für den Gesetzgebenden Sejm vom 19. Januar 1947 zeigen deutlich genug, dass die Kommunisten nicht bereit sind, die errungene Macht wieder abzugeben. Das Prinzip »Wer nicht gegen uns ist, der ist für uns« gilt nicht mehr. Die Regierenden fühlen sich sicher und fordern immer mehr an Loyalität ein. Parteilose sind ungern gesehen, zumal in verantwortungsvollen Positionen. Sehn aber tritt nicht in die kommunistische Polnische Arbeiterpartei (Polska Partia Robotnicza) ein – am 24. Februar 1947 lässt er sich als Mitglied der Demokratischen Partei (Stronnictwo Demokratyczne) eintragen,[6] einer Partei, der vor allem die Intelligenz und Handwerker angehören. Zu jenem Zeitpunkt ist die politische Gruppierung schon nicht mehr unabhängig, sie muss sich den Kommunisten unterordnen. Im Frühjahr 1949 wird Sehn ins Wojewodschaftskomitee der Demokratischen Partei gewählt,[7] wenig später gibt er in einem Personalfragebogen an, er sei Mitglied des Parteigerichts auf Wojewodschaftsebene.[8] Die Frage nach gesellschaftlicher und politischer Tätigkeit beantwortet er mit seiner Mitgliedschaft in der Gesellschaft der Polnisch-Sowjetischen Freundschaft (ab 1949)[9] und der Krakauer Gesellschaft der Freunde der Milizionärsfamilien. Letztere existiert in den Jahren von 1947 bis 1949, ihre Aufgabe ist es – wie im Statut zu lesen steht –, »eine Bindung zu schaffen zwischen der Gesellschaft und der Bürgermiliz, sowie dem Milizionär und seiner Familie weitreichende moralische, intellektuelle und materielle Unterstützung zu gewähren«.[10] Einer der Vizevorsitzenden ist Oberst Franciszek Księżarczyk, Kommandant der Bürgermiliz auf Wojewodschaftsebene, der sich dem Kampf mit dem Untergrund verschrieben hat, der ein unabhängiges Polen erringen will. Sehn ist Mitglied des Ehrengerichts dieser Organisation. Aufgabe des Gerichtes ist »die Schlichtung von Streitigkeiten unter den Mitgliedern und die Klärung von ehrenrührigen Vorwürfen an die Adresse der Mitglieder im Zusammenhang mit ihrer Tätigkeit in der Gesellschaft«. Juristen, die bereits in der Zweiten Polnischen Republik beruflich tätig gewesen sind, können sich allerdings nicht wirklich sicher fühlen. Eine Mitgliedschaft in der Demokratischen Partei, in der Gesellschaft der Polnisch-Sowjetischen Freundschaft oder in der Gesellschaft der Freunde der Milizionärsfamilien ist eine wacklige Versicherungspolice, denn Ende der 1940er, Anfang der 1950er Jahre verfolgen die Kommunisten in Volkspolen vermeintliche Feinde auch in den eigenen Reihen. Sehn muss erleben, wie seine Fachkollegen, einer nach dem anderen, ihre Stellungen verlieren oder auch – wie Mieczysław Siewierski, Staatsanwalt im Obersten Nationalen Tribunal – im Gefängnis landen. Und er muss damit rechnen, dass die Machthaber sich an seine Vergangenheit im Vorkriegspolen erinnern, an seine Tätigkeit in der Piłsudski-Ära, und dass sie beginnen, sich genauer dafür zu interessieren, was er und seine Familie während der deutschen Besatzung getan haben. Während er die Ermittlungen gegen Maurer führt, steht er entsprechend unter großem Druck.

Bevor Vizestaatsanwalt Jan Brandys die Ermittlungen abschließt, verhören er und Sehn den Verdächtigen. Achtmal sehen sie ihn in der ersten Hälfte des Jahres 1951 – im Januar, im April und im Mai. Sie teilen ihm mit, welche Verbrechen ihm vorgeworfen werden und belehren ihn darüber, dass er das Recht hat, auf Fragen, die ihm gestellt werden, nicht zu antworten. Maurer aber entscheidet sich zu sprechen.

Jahrgang 1907, »von Beruf Kaufmann und Rechnungsbuchprüfer«,[11] »kinderloser Witwer«, bislang nicht vorbestraft. Von seiner Jugend berichtet er nicht viel, verweist auf den Lebenslauf, den er in der Zelle angefertigt hat. In die NSDAP tritt er Anfang der 1930er Jahre ein – »unter dem Einfluss«, so seine Erklärung, »der Propaganda dieser Partei, die versprochen hatte, die Arbeitslosigkeit zu beseitigen«. Das Programm der NSDAP sei ihm unbekannt gewesen, mit Politik befasse er sich nicht, und seine Mitgliedschaft habe sich auf die Zahlung der Beiträge beschränkt. Dies war bekanntlich die übliche Defensivstrategie der Nationalsozialisten. Fast zeitgleich tritt Maurer in die SS ein. Als Hitler an der Macht ist, erhält er in dieser Organisation einen Posten. Verschiedene Verwaltungsstellen hat er inne, unter anderem bei der Deutschen Erd- und Steinwerke GmbH (DEST) sowie bei der Deutschen Ausrüstungswerke GmbH (DAW). Im Frühjahr 1942 gelangt er ins neu geschaffene SS-Wirtschafts-Verwaltungshauptamt. Er wird dort Chef des Amtes D II in der Amtsgruppe D, die geleitet wird von Richard Glücks. Diese Gruppe, mit Sitz in Oranienburg, beaufsichtigt die Konzentrationslager, das Amt D II vermittelt die Häftlinge für die Zwangsarbeit.

»Die Forderungen der Industrieunternehmer bezüglich der Zuteilung von Häftlingen zur Arbeit waren sehr hoch«, gibt Maurer zu. Als Beispiele nennt er die IG Farben und die Heinkel-Werke, doch ist die Liste bedeutend länger. Auch wenn die Firmen für jeden Häftling ein paar Reichsmark pro Tag zahlen, ist es immer noch ein lukratives Geschäft für sie. In der Nähe der Konzentrationslager entstehen zahlreiche Betriebe. Die Lagerkommandanten sehen das anfangs als Ärgernis an – sie sind der Auffassung, die Häftlinge würden dort zu gut behandelt, auch würden sie der jeweiligen Betriebsleitung zu viel von dem erzählen, was in den Lagern vor sich geht. Die Betriebe wiederum klagen darüber, dass die Kommandanten ihnen arbeitsunfähige Häftlinge schicken und mit

Fachleuten geizen. Maurer will das ändern. Er führt ein, dass die Kommandanten Direktoren der Betriebe werden, die zum jeweiligen Lager gehören – jetzt liegt ihnen daran, dass die Betriebe effektiv funktionieren. Außerdem entwirft er ein Prämiensystem für die Beschäftigten – in Abhängigkeit von ihrer Arbeitsleistung. Für gute Arbeit bekommen die Häftlinge Bons, die sie in der Lagerkantine einlösen können – deren Angebot allerdings kärglich ist.

»Maurer setzte sich […] stets für gute Behandlung der Häftlinge ein«,[12] notiert Rudolf Höß in der Zelle. Der ehemalige Kommandant von Auschwitz räumt allerdings ein, dass dies dazu diente, die wesentliche Aufgabe zu erfüllen – den Rüstungseinsatz. »Darin kannte er keine Ruhe und keine Rücksicht.« Der Chef des Amtes D II will – und sei es auch nur für kurze Zeit – möglichst viele der in den Konzentrationslagern eingepferchten Juden für diese Arbeit heranziehen. Das steigert natürlich die ohnehin schon hohe Sterblichkeit.

Mauer muss davon gewusst haben, schließlich inspizierte er oft Konzentrationslager und die jeweils dazugehörenden Betriebe, so etwa den Betrieb der IG Farben in Monowitz bei Auschwitz. Als Sehn und Brandys ihn verhören, behauptet er jedoch, nichts gewusst zu haben von den Zuständen in den Lagern – der schlechten Verpflegung, den Krankheiten und der Sterblichkeit. Dem widersprechen allerdings die Aussagen von Friedrich Entress – er war als Arzt in Auschwitz –, über die die Ermittler verfügen.

Laut Maurer habe das WVHA alles getan, dass die Häftlinge nicht durch die Arbeit ausgezehrt würden. »Wer nicht mehr arbeiten konnte, sollte ärztlich behandelt werden und je nach den Möglichkeiten bei einer leichteren Arbeit eingesetzt werden.«[13] In Wahrheit wurden Häftlinge, die nicht mehr arbeiten konnten, durch Selektionen aussortiert, und ein Teil von ihnen kam in die Gaskammern. »Das Wort ›Selektion‹ ist mir gänzlich unbekannt, ich höre es jetzt zum ersten Mal«, versichert der ehemalige SS-Mann. »In der Zeit meines Dienstes wusste ich nicht, dass es in Auschwitz Gaskammern gab, in denen massenhaft Menschen ermordet wurden […]. Vor allem wusste ich nicht, dass die Häftlinge, die im Betrieb der IG Farben in Monowitz beschäftigt waren, Selektionen unterzogen wurden, und dass die ausgesonderten Häftlinge in den Gaskammern in Birkenau ermordet wurden.«

All das habe er erst nach dem Krieg erfahren. Jetzt, da er es weiß, empfindet er es als »schrecklich«, dass Privatunternehmen Zyklon B verkauft hatten, damit Menschen ermordet wurden, und dass diese Menschen noch ausgenutzt wurden, um Gaskammern und Krematorien zu bauen.[14] Doch fehlt es ihm an Konsequenz, denn zugleich sagt er, er habe, als er von der Vernichtung der ungarischen Juden erfuhr, den Firmen zusätzliche Kontingente an Häftlingen angeboten, um sie auf diese Weise den »Klauen« von Höß zu entreißen. Damit gibt er zu, dass der Massenmord schon zu dieser Zeit kein Geheimnis mehr für ihn war.

Er beteuert, die Sterblichkeitsrate der Häftlinge in den einzelnen Lagern und Arbeitskommandos nicht gekannt zu haben, doch wird dieser Versuch einer Verteidigung ausgehebelt durch ein Dokument, das Sehn und Brandys vorliegt: Als Maurer erfahren hatte, dass in der Uhrenwerkstatt in Sachsenhausen bereits die Hälfte von fünfundzwanzig dort arbeitenden Häftlingen gestorben war, befahl er, sie durch andere zu ersetzen.

Die Gesamtzahl der Häftlinge, die Zwangsarbeit leisten mussten, schätzt er auf 400.000 bis 500.000. Außer Deutschen, so gibt er zu, waren es Franzosen, Polen, Russen, Holländer. Die Haager Landkriegsordnung habe er angeblich nicht gekannt. »Deshalb«, so seine Defensivstrategie, »wusste ich auch nicht und weiß es bis heute nicht, dass sie es untersagt, Bürger der Gegenseite für die Kriegsproduktion einzusetzen.«[15]

»Ich wusste, dass die Häftlinge sich nicht freiwillig für die Konzentrationslager gemeldet hatten«, so seine euphemistische Formulierung. Doch will er von Straßenrazzien und Verhaftungen nichts gewusst haben, auch dass die Häftlinge von der Leitung und dem Personal der Betriebe, in denen sie arbeiten mussten, misshandelt wurden, sei ihm nicht bekannt gewesen.

Von den medizinischen Experimenten will er ebenfalls erst nach dem Krieg erfahren haben. Daran hält er auch noch fest, als Sehn und Brandys ihm ein Schreiben vorlegen, aus dem hervorgeht, dass er sehr wohl davon wusste, dass Häftlinge zu »Versuchszwecken« herangezogen wurden.[16] Möglicherweise, so seine Erklärung, sei es darum gegangen, dass diese Häftlinge bei Tierversuchen hatten helfen sollen. Warum dann Pfleger anwesend waren, kann er nicht erklären. Experimente an Menschen hält er ebenfalls für »schrecklich«. Möglicherweise – das gibt er zu – habe er ein Papier unterschrieben, das sich auf eine Forderung der SS bezog: Auschwitz-Häftlinge, die für den Straßburger Professor August Hirt ermordet werden sollten (Hirt beabsichtigte, mit ihren Skeletten die anatomische Sammlung der Universität zu ergänzen),[17] doch sei das lediglich eine »technische Angelegenheit« gewesen, über die er im Detail nicht informiert gewesen sei.[18] Jetzt erst empfinde er die Sache als »erschütternd«.

»Ich bedauere es, dass ich einer Organisation angehört habe, in der Banditen gewesen sind, die zu solchen Dingen fähig waren. Und es ist bedauerlich, dass zurzeit eben diese Banditen von den Amerikanern freigelassen werden.«

Die Protokolle der Verhöre Maurers lesen sich stellenweise so, als hätte er nicht Erklärungen in eigener Sache abgegeben, sondern wäre als Zeuge der Anklage gegen große deutsche Industriekonzerne und gegen die sie deckenden Amerikaner aufgetreten. »Die meisten der mir bekannten Arbeitslager, in denen KZ-Häftlinge beschäftigt wurden, entstanden [...] auf Initiative verschiedener Industrieunternehmen – Heinkelwerke, Messerschmitt, HASAG (Hugo [und Alfred] Schneider), BMW, Junkers, Hermann Göring-Werke, Krupp, IG Farben und andere, an die ich mich jetzt nicht mehr erinnere.«[19] Während des nächsten Verhörs zählt er weitere Betriebe auf, in denen Häftlinge gearbeitet haben: Volkswagen, Siemens, Daimler-Benz.

Solange es nicht um seine eigene Verantwortung geht, ist er bereit, den Thesen der kommunistischen Propaganda zuzustimmen. Er spricht vom »räuberischen und blutrünstigen Kapitalismus in der Phase des Imperialismus«,[20] brandmarkt die »räuberischen Aktionen der Mächtigen im Zeichen der IG und ähnlicher Konzerne«. Ganz im Sinne Walter Ulbrichts bestätigt er, dass im Namen solcher Konzerne, die über zahlreiche internationale Verbindungen verfügten, »Verbrechen an der gesamten Menschheit begangen wurden, wie sie die Welt bis dahin noch nicht gesehen hatte«. Ja, er versteigt sich gar zu der Behauptung, Konzerne wie die IG Farben hätten »das Dritte Reich beherrscht«.[21] Mit diesem Blick auf die Geschichte wird das deutsche Volk, wird ein SS-Mann vom Zuschnitt Maurers, zum ahnungslosen Opfer der Großindustrie.

Freimütig bestätigt er, die Leute der IG Farben würden jetzt »von den Amerikanern freigelassen und könnten wieder in ihren alten Positionen arbeiten«. Und nicht nur sie – ein weiteres Beispiel ist für ihn Georg Rickhey, der die Produktion der V2-Rakete beaufsichtigte, bei deren Bau ebenfalls Häftlinge aus den Konzentrationslagern Zwangsarbeit leisten mussten. Nach der Kapitulation Deutschlands brachten ihn die Amerikaner zusammen mit anderen Technikern in die USA, wo sie an der Weiterentwicklung der Waffe arbeiteten,[22] so Maurer. »Aus amerikanischen Zeitungen weiß ich, dass sich auch der Erfinder der V2, Wernher von Braun, in Amerika aufhält.« Später wird von Braun am amerikanischen Weltraumprogramm mitarbeiten. Auch die Sowjets beteiligen sich an den Rivalitäten der Nachkriegsjahre, wenn es darum geht, deutsche Wissenschaftler zu gewinnen. In Volkspolen ist dieses Thema tabu.

In den Pausen zwischen den Verhören verfasst Maurer zusätzliche Erklärungen. Wieder zielt er in Richtung des Großkapitals, gibt an, von den Verbrechen nichts gewusst zu haben, und verschanzt sich hinter der Behauptung, er habe keine Entscheidungsbefugnis gehabt. Zugleich zählt er auf, was er alles getan habe, um die Lage der Häftlinge zu verbessern. Es hilft ihm nicht viel. Am 6. Dezember 1951 verurteilt ihn das Wojewodschaftsgericht in Krakau zum Tode. Am 2. April 1953 wird das Urteil vollstreckt.

Stalin lebt nicht mehr, doch ist der Stalinismus in Polen damit nicht überwunden. 1955 schreibt Sehn, ganz im Geiste der damaligen Propaganda: »Hitler und seine braunen Einheiten haben eine Niederlage erlitten, die deutschen Industrie- und Finanzmonopole aber kamen ungeschoren aus der Katastrophe, sie entgingen der Zerschlagung und gewannen neue und mächtige Freunde. […] Die Zeiten aber, in denen die Völker sich abschlachten ließen im Namen der Geschäfte einer kleinen Gruppe von Kapitalisten, die aus dem Krieg ihren Nutzen zogen – diese Zeiten sind vorbei.«[23]

Nach dem Tod Bolesław Bieruts im März 1956 setzt endlich ein begrenztes politisches Tauwetter ein. Sehn muss keine »imperialistischen Verschwörungen« mehr aufdecken. Mehr noch – jetzt ist es ihm gestattet, in die kapitalistische Bundesrepublik zu reisen. Wenn er in offiziellen Dokumenten seinen Lebenslauf angibt, erwähnt er die Ermittlungen gegen Maurer nicht.

Der Professor

Gegen Mittag des 26. April 1939 – eines Mittwochs – bricht in der Sauerstoffkammer des Staatlichen St. Lazarus-Krankenhauses in der Krakauer Kopernikus-Straße ein Brand aus. Zwei junge Ärzte sterben: Jerzy Oszacki und Zbigniew Ścisławski. Zwei Stunden später erliegt auch ihr Kollege Jan Oremus – von den dreien der erfahrenste Mediziner – seinen Verletzungen. Im Krankenhaus ermitteln zu diesem Zeitpunkt bereits Polizisten, auch Staatsanwalt Edward Pęchalski ist vor Ort, ebenso der dreißigjährige Jan Sehn, in der Rolle des Untersuchungsrichters.

»Als frisch gebackenem Assessor«, so erinnert sich Sehn, »wurden mir die Aufgaben eines Untersuchungsrichters übertragen.«[1] Sehn versteht rasch, dass zu »Ursache, Verlauf und Folgen des Unglücks sowie eventuellen Verantwortlichen« nur ermittelt werden könne »auf der Grundlage von Fachkenntnissen: Maschinentechnik, Elektrotechnik, entsprechendes Wissen über Brände und Gastechnik, Gerichtsmedizin und medizinische Chemie«. Er selbst verfügt – verständlicherweise – nicht über solche Kenntnisse, er weiß auch zunächst nicht, wen er um Rat fragen sollte, dafür fehlt ihm ein entsprechender kriminaltechnischer Hintergrund. Anhand der technischen Einrichtungen, die er am Unglücksort vorfindet, gelingt es ihm, die richtigen Sachverständigen zu finden. Diese wiederum – einer von ihnen ist der Chemiker Jan Zygmunt Robel, mit dem Sehn in Zukunft noch enger zusammenarbeiten wird – können nach Ausschluss aller anderer Hypothesen bald mit Sicherheit sagen, dass »die offene Flamme beim Anzünden einer Zigarette die Ursache gewesen ist«.[2] Belegt wird dies durch die Aussagen von Zeugen, die bereits früher gesehen hatten, wie Oremus und Oszacki leichtsinnigerweise in der Sauerstoffkammer geraucht hatten, außerdem waren »Filterstücke von Zigaretten« am Unglücksort gefunden worden.[3]

Dieses Unglück, so Jan Markiewicz, Sehns Stellvertreter und später sein Nachfolger auf dem Direktorposten im Institut für Gerichtsexpertisen, habe wahrscheinlich maßgeblich über Sehns Zukunft entschieden.[4] »Seit dieser Zeit«, so bestätigt auch Sehn selbst, »habe ich Kriminalistik gelernt, mich im Selbststudium mit ihren Methoden und Errungenschaften beschäftigt sowie mit den Methoden und Errungenschaften der Gerichtsmedizin, der forensischen Toxikologie und der Spurenauswertung sowie weiterer nützlicher Gebiete der kriminalistischen Praxis.«[5] Dieses Interesse hilft ihm bei den Ermittlungen, die er nach dem Krieg gegen die deutschen Verbrecher führt. Und letztlich verhilft es ihm zum Professorentitel.

»Die Kriminalistik wurde zur Leidenschaft seines Lebens«,[6] schreiben zwei Untergebene Sehns, Danuta Różycka und Tadeusz Borkowski, in ihrem gemeinsam verfassten Buch über das Institut für Gerichtsexpertisen. So unternimmt der Jurist Sehn auch die seit dem Frühjahr 1945 laufenden Ermittlungen in Auschwitz als Experte auf dem Gebiet der Kriminalistik. Das Gelände des ehemaligen Lagers sowie dessen Umgebung (»Interessengebiet«) betrachtet er als Tatort. Dieser Tatort, das wäre hinzuzufügen, hat gewaltige Ausmaße, er umfasst 40 Quadratkilometer, wobei die in größerer Entfernung verstreuten zahlreichen Nebenlager noch nicht mitgerechnet sind. Die Prozedur ist jedoch dieselbe wie bei »herkömmlichen« Verbrechen. Der Ort muss inspiziert, Zeugen müssen befragt, Sachverständige müssen bestimmt werden, und es gilt, Beweise der Schuld zu sichern. Die Teile der Einrichtung des Lagers – darunter die Überreste der zerstörten Gaskammern – sind nichts anderes als Tatwaffen. »Es gibt kein Verbrechen«, so Sehn, »das ein Täter begehen könnte, ohne Spuren zu hinterlassen.«[7] Mit dieser universalen Regel wendet er sich auch dem Tatort Auschwitz zu. Und die Ergebnisse sind beeindruckend.

Das umfangreiche Material, dass Sehn im Zuge seiner mehrmonatigen Ermittlungen in Auschwitz zusammengetragen hat, nutzt er auch für Publikationen von historischem Zuschnitt. Bereits 1946 erscheint im *Bulletin der Hauptkommission zur Untersuchung der deutschen Verbrechen in Polen* ein breit angelegter, fast 70 Seiten umfassender Artikel von Sehn: »Obóz koncentracyjny i zagłady Oświęcim« (Das Konzentrations- und Vernichtungslager Auschwitz).[8]

»Neben Büchern und Artikeln mit Erinnerungen ehemaliger Häftlinge gab es zu jener Zeit wenig an Literatur zum Konzentrationslager Auschwitz«,[9] sagt Dr. Jacek Lachendro vom Staatlichen Museum Auschwitz-Birkenau.

Sehns Artikel zählt er zu den Pionierarbeiten – zusammen mit Filip Friedmans *To jest Oświęcim* (Das ist Auschwitz, 1945) und

Ludwik Rajewskis *Oświęcim w systemie RSHA* (Auschwitz im System des RSHA, 1946).

Schon die ersten Rezensionen fallen positiv aus. Tadeusz Hołuj hält Sehns Arbeit für die beste unter den frühen Beschreibungsversuchen, die »das Thema sachlich und objektiv behandelt, ohne jede Spur von Subjektivität und ohne moralisierenden Ton«.[10] Der Publizist Henryk Korotyński bezeichnet die Darstellung als »vorbildlich in der Durchführung«, auch wenn sie sich nur auf bestimmte Aspekte beschränke.[11] Tatsächlich aber widmet sich Sehn – anders, als Korotyński es empfindet – dem Komplex Auschwitz in außergewöhnlich breiter Perspektive.

Unter anderem, so noch einmal das Urteil Lachendros, beschreibe er die Entstehung des Lagers, seine Lage, seine Organisation und Erweiterung. Er stelle dessen Funktion als Ort des Holocaust dar, ebenso als Konzentrationslager und Ort der Arbeitsausbeutung von Häftlingen. Er schildere das Schicksal sowjetischer Kriegsgefangener, die Existenzbedingungen im Lager, den Hunger, die medizinischen Experimente an den Häftlingen, Strafen und Exekutionen, die Funktion der Gaskammern und Krematorien sowie die Verwischung der Spuren der Verbrechen.

Mit Zitaten aus Originaldokumenten der SS-Verwaltung kann Sehn genau belegen, dass das deutsche Regime »mit den verklausulierenden Bezeichnungen ›Sonderbehandlung‹, ›Sondermaßnahme‹ und ›Sonderaktion‹ den Massenmord an Millionen Menschen im Verborgenen halten wollte«.[12] Auch hält er es »für sehr wahrscheinlich, dass die Zahl der Opfer im Lager Auschwitz tatsächlich um die fünf Millionen betrug«[13] – eine Schätzung, wie sie damals etwa auch Prof. Roman Dawidowski von der Krakauer Bergbauakademie geäußert hatte. Heute ist bekannt, dass die Zahl deutlich zu hoch liegt. Auch mag der Leser sich wundern über die Unschärfe hinsichtlich der Nationalität der Opfer. Sehn gibt an, dass die größte Gruppe in Auschwitz ohne Frage die polnischen Staatsbürger gewesen seien, »Polen und Juden, gefolgt von Russen, Jugoslawen und Franzosen, allgemein jedoch waren die größte Gruppe unter den Häftlingen anderer Nationalitäten als der polnischen die Häftlinge jüdischer Herkunft«.[14] Das Staatliche Museum Auschwitz-Birkenau in Oświęcim fasst es heute folgendermaßen: Das Lager wurde 1940 für Polen eingerichtet, als aber die Deutschen 1942 Auschwitz in den Plan des Massenmordes an den Juden einbanden, »wurden eben sie zur größten Volksgruppe«, die in der Opferbilanz deutlich dominiert, gingen doch die meisten von ihnen direkt von der Eisenbahnrampe in die Gaskammern.[15] Sehn ist es hoch anzurechnen, dass er auf Transporte mit »Hunderttausenden von Juden hinweist, die fast ausnahmslos zur sofortigen Vernichtung« bestimmt waren.[16] Einen großen Teil seines Beitrags widmet er aber auch den etwa 400.000 in der Häftlingskartei registrierten Häftlingen, die Zwangsarbeit leisten mussten. »Der Tag eines Häftlings begann mit dem Wecken um 4.30 Uhr und endete, wenn der Arbeitsplatz weit entfernt lag, unter Umständen erst am späten Abend. [...] Abends kehrten die Häftlinge aus allen Richtungen ins Lager Auschwitz zurück, blutend, erschöpft, und brachten auf Tragen, auf dem Rücken oder auf Karren die Leichen ihrer Leidensgenossen. Zu dieser Prozession der Schatten und Toten spielte das Lagerorchester.« Dank dieser eindringlichen Beschreibung kann jemand, der nie in Auschwitz gewesen ist, eine Vorstellung gewinnen vom Albtraum des Lebens in diesem Lager. Die nüchternen Fakten verbindet Sehn mit individuellen Geschichten ausgewählter Häftlinge. Er will die »breite Masse der Leser« erreichen.[17] Fußnoten verwendet er selten, dafür nutzt er zahlreiche Zeichnungen, Fotografien und Tabellen. Sein Beitrag liest sich flüssig.

Sowohl die Bulletin- als auch die Buchfassung wurde »in zahlreiche Fremdsprachen übersetzt, ins Englische, Russische, Französische, Tschechische, Deutsche, Serbokroatische, sogar ins Indonesische«.[18] Dass diese Beiträge dennoch im Bewusstsein der westeuropäischen Leser kaum präsent waren, hatte seinen Grund in der Teilung Europas nach dem Zweiten Weltkrieg. Die deutsche Holocaustforscherin Prof. Sybille Steinbacher erklärt, dass jenseits des Eisernen Vorhangs erschienene Publikationen – darunter auch »das Buch des Krakauer Juristen Jan Sehn« – im Westen nur in geringem Maße wahrgenommen wurden.[19]

Dasselbe lässt sich über andere Arbeiten Sehns zum Zweiten Weltkrieg sagen – etwa seine Beiträge zur Liquidierung des Warschauer Ghettos, zum Generalplan Ost oder zur Organisation der deutschen Polizei im Reich und im Generalgouvernement. Prof. Michał Patkaniowski merkt an, dass »Sehn in diesen Arbeiten mit der Methode eines Historikers vorgeht, indem er seine Darstellung auf Quellen und Dokumente stützt. […] In der Mehrzahl sind es deutsche Dokumente sowie Protokolle mit den Aussagen von Zeugen aus ganz Europa«.[20] Das Rüstzeug des Historikers – der er seiner Ausbildung nach nicht ist – verbindet er mit einer umfassenderen humanistischen Reflexion. Der Artikel über die verbrecherischen medizinischen Experimente an Häftlingen der Konzentrationslager beginnt mit einem ausführlichen Zitat aus dem Hippokratischen Eid. Im Folgenden belegt Sehn, dass die Hitler-Ärzte, und insbesondere die Ärzte der SS, entgegen dem in der Antike formulierten Prinzip gehandelt hätten, dass der Mensch das Maß aller Dinge sei, und dass jegliches menschliche Handeln den menschlichen Nutzen im Auge haben müsse.[21] Bei der Beschreibung der Selektionen, die unter den Häftlingen durchgeführt wurden, der Darstellung des Mordes »mit Giftgas oder tödlichen Einpritzungen«, stellt er folgende Überlegung an: »Hätte ein solches Schicksal im III. Reich nicht auch Friedrich Nietzsche getroffen, der an seinem Lebensende dem Wahnsinn, der bis zu seinem Tode währte, verfiel?«[22]

Nur einen Teil des Materials, das Sehn im Zuge seiner Arbeit in der Bezirkskommission zur Untersuchung der deutschen Verbrechen zusammengetragen hat, kann er für wissenschaftliche und publizistische Zwecke nutzen. »Einige dieser Ergebnisse«, so schreibt er später selbstkritisch, »habe ich nicht veröffentlicht, weil die Zeit fehlte, weil mir der Text noch nicht druckreif erschien, weil ich die bereits abgeschlossene Arbeit mehrfach umgestaltet und ergänzt habe, ebenso wegen gewisser verlegerischer Ungeschicklichkeiten.«[23] Die Hunderte von Bänden, die häufig »außerhalb der Bürozeiten, nachts«, bearbeitet wurden,[24] sind heute zum Glück für andere Wissenschaftler und Journalisten zugänglich. »Gibt es in Polen eine zweite Person, die so viel Arbeit aufgewandt und eine solche Fülle an historischem Beweismaterial über die Zeit der Besatzung gesammelt, so viel an Vorarbeit geleistet hätte für die Erforschung der Verbrechen des Hitlerismus, und dies in derart hervorragender Form?«, fragt Patkaniowski rhetorisch.

In den Jahren von 1945 bis 1953 leitet Sehn die Krakauer Kommission. Zugleich übernimmt er zahlreiche weitere Aufgaben – Mitte Oktober 1948 wird er zum Leiter der Dokumentationsabteilung im Staatlichen Museum Auschwitz, das etwas mehr als ein

Jahr zuvor eröffnet worden war. Die Mitarbeiter dieser Abteilung ordnen und bearbeiten die Dokumente, die auf dem Gebiet des Lagers gefunden wurden, ebenso die Unterlagen, die die Polnische Militärmission zur Untersuchung der deutschen Kriegsverbrechen aus Wiesbaden und Nürnberg übersandt hatte.

»Das damals gesammelte Quellenmaterial, das regelmäßig ergänzt wurde, machte es in der zweiten Hälfte der [19]50er Jahre möglich, systematische Untersuchungen zur Geschichte des KL Auschwitz zu beginnen«, erklärt Jacek Lachendro.

Zwei Jahre lang leitet Sehn die Dokumentationsstelle. Doch nicht nur auf diese Weise ist er mit dem Staatlichen Museum Auschwitz verbunden.

»Er war Vorsitzender der historischen Kommission, und er nahm regen Anteil an deren Arbeit, mit der die Dauerausstellung des Museums abgeschlossen werden sollte, die 1947 zunächst nur teilweise eröffnet worden war«, so Lachendro.

Bis heute werden in der Dokumentationsstelle die Sitzungsprotokolle der Kommission aufbewahrt. »Der Bürger Richter Sehn«, so ist in einem der Protokolle zu lesen, »ist der Auffassung, dass man bei der Planung des Museums unbedingt den ›Konsumenten‹ berücksichtigen sollte, das heißt den Museumsbesucher. Wäre es nicht möglich, es so einzurichten, dass die Besucher alles in kurzer Zeit sehen könnten?«[25]

Sehns Doktorarbeit – sie trägt den Titel »Oględziny« (Die Augenscheinseinnahme) – hat mit Auschwitz nicht viel zu tun. Es ist eine fast hundertseitige Studie aus dem Grenzgebiet der »juristischen Prozedur und der Kriminalistik«, wie Patkaniowski es ausdrückt. Ihr Gegenstand ist die gerichtsmedizinische Augenscheinseinnahme am Tatort eines Verbrechens, eines Selbstmordes beziehungsweise eines Unfalls. In der umfangreichen Bibliographie beruft sich Sehn auf 382 Quellen, darunter viele deutschsprachige Publikationen. Es fehlt auch nicht an Reverenzen an die Adresse der kommunistischen Machthaber: Zu finden sind etwa Josef Stalins *Über dialektischen und historischen Materialismus* oder Adam Schaffs *Einführung in die Theorie des Marxismus.* Doch ebenso beruft sich Sehn auf Gerhard Buhtz und Ferenc Orsós – zwei Ärzte, die 1943 bei der Exhumierung der vom NKWD in Katyn ermordeten polnischen Offiziere zugegen waren.

Sehns Doktorvater ist Prof. Władysław Wolter, Strafrechtler an der Jagiellonen-Universität. Einer der Gutachter wiederum, Prof. Jan Olbrycht, ist Spezialist der Gerichtsmedizin. Beide waren Häftlinge in deutschen Konzentrationslagern, und in den Krakauer Ermittlungsverfahren zu Verbrechen im besetzten Polen treten sie als Gutachter auf. Zugleich werden sie zu Mentoren für Sehns berufliche Karriere. Von Olbrycht wird Sehn als seinem Lehrer sprechen, dessen Wissen er überaus schätze.[26]

Mit der Verteidigung der Doktorarbeit 1949 öffnet sich für Sehn die Tür zum Aufstieg. Bereits am 19. März ernennt ihn Justizminister Henryk Świątkowski zum Leiter des Instituts für Gerichtsexpertisen – nach dem noch gültigen Statut aus der Vorkriegszeit muss ein Richter an der Spitze dieser Einrichtung stehen. Der bisherige Chef, Jan Zygmunt Robel, verbleibt als wissenschaftlicher Leiter. Beide haben unter den Mitarbeiterinnen und Mitarbeitern den besten Ruf. Ihr Verhältnis untereinander ist allerdings schwierig. Maria Kozłowska, die jahrelang für beide gearbeitet hat, schreibt, es habe »kolossale Gegensätze zwischen ihnen« gegeben.[27] »Es war vor allem eine Generationenfrage«,[28] erklärte sie mir.

Sehn, mehr als zwanzig Jahre jünger als sein Vorgänger, hat auch andere Vorstellungen von der Zukunft des Instituts. Robel ist sehr an Toxikologie interessiert, Sehn vor allem an kriminalistischen Fragen. »Obwohl beide völlig gegensätzliche Disziplinen und Denkweisen vertraten, standen sie sich doch als Lehrer wiederum nahe in ihren Forderungen nach pedantischer Genauigkeit, Gewissenhaftigkeit und Sorgfalt bei den wissenschaftlichen Forschungen und der Erstellung von Gutachten«[29] – so das Urteil von Markiewicz.

Formell beginnt Sehn seine Arbeit als Leiter im Mai 1949. »Er übernahm die Stelle […] unter schwierigen Umständen«, so Świątkowskis spätere Einschätzung. »Die Unzulänglichkeiten, wie etwa die beengten räumlichen Verhältnisse, die unzureichende Ausstattung mit Geräten für die wissenschaftliche Arbeit sowie Missstände bei der fachlichen Besetzung des Instituts konnten dank der soliden Arbeit Dr. Sehns, dank seiner Initiative und seiner außergewöhnlichen organisatorischen Begabung relativ schnell behoben werden.«[30] In den ersten Nachkriegsjahren müssen die Mitarbeiter sich tatsächlich mit den beengten Verhältnissen bescheiden, wie sie im Institut für medizinische Chemie der Jagiellonen-Universität in der Kopernikus-Straße herrschen. Im März 1953 kann endlich der Umzug an die neue Adresse in der Stalin-Straße (heute Westerplatte) stattfinden, ins sogenannte Zwiebel-Palais. »Nur [dank] der persönlichen Kontakte, die Prof. Sehn außerhalb des Justizministeriums als der uns vorgesetzten Stelle hatte, fehlte es nicht an Mitteln für den Bau und die Einrichtung des Instituts. Den baldigen Umzug kündigten riesige Pakete mit Apparaturen, Glasgerätschaften und Möbeln an«, erinnert sich Maria Kozłowska. Auch Sehn wird mit Stolz auf die »moderne, größtenteils importierte Laboreinrichtung« verweisen.[31]

Unter Robels, und bald dann Sehns Leitung – bis zu dessen frühem Tod im Dezember 1965 –, verwandelt sich das Institut für Gerichtsexpertisen von einer Dienstleistungs- zu einer wissenschaftlichen Forschungsstelle, wie sie im Buche steht. Zugleich werden weiterhin Gutachten für Gerichte und andere Institutionen erstellt. Es geht um den Nachweis von Giften und Blutalkohol, Fußspuren werden ebenso analysiert wie Handschriften.

In seinen ersten Jahren als Institutsleiter arbeitet Sehn immer noch in der Bezirkskommission zur Untersuchung der deutschen Verbrechen (ab 1949 »Hitlerverbrechen«). Stets kommt er um 13.00 Uhr ins Institut, »nicht zehn Minuten früher, nicht zehn Minuten später«, wie sich Kozłowska erinnert. Nach der Auflösung der Bezirkskommission beginnt Sehn seine Arbeit am Institut bereits am Morgen. »Täglich um acht kam der Herr Professor mit dem Dienstwagen zum Institut. Sein damaliger Fahrer, Czesiu Pajdka, trug ihm die Tasche«, so Kozłowskas Erinnerungen. »Immer mit Edenhut, die Handschuhe aus Sämischleder landeten auf dem Schrank im Sekretariat, wo um Himmels willen kein Staub sein durfte. Dieser Schrank war wohl das am meisten geputzte Möbel im Institut. Der Professor galt als zeitgenössischer Meister der Eleganz.« »In kleinen Dingen war er ein Pedant«, bestätigen Różycka und Borkowski. Und sie fügen hinzu, dass er »mit dieser Eigenschaft die Ordnung und die Abläufe im Institut bestimmte«.[32]

Die Autoren der Publikation über das Institut stellen ihrem Chef ein exzellentes Zeugnis aus: »Als Mensch war er eine außergewöhnliche Erscheinung, zu seinen Eigenschaften gehörten ein herausragender Fleiß, das Gefühl der Verantwortung für alles, was er tat, sowie eine einzigartige Prinzipientreue in Verbindung mit der größten Rechtschaffenheit. [...] Als einziger Jurist unter den ihm untergebenen Naturwissenschaftlern fand er eine Art des Umgangs, die es ihm erlaubte, nicht nur das Institut zu leiten, sondern auch Lehrer und Meister zu werden.« Kozłowska fügt hinzu, dass Sehn auch Anteil genommen habe an familiären Belangen seiner Mitarbeiterinnen und Mitarbeiter, ja, dass er ihnen auch geholfen habe. Zofia Chłobowska und Jerzy Łabędź – die gleichfalls unter Sehn gearbeitet haben – bestätigen dies.[33] Sie erzählen, dass ihr Chef zu Hochzeiten kam, dass sie gemeinsam Namenstage feierten. Und er setzte sich für sie ein, wenn sie in Konflikt gerieten mit der Staatsmacht: Während der Maiparade 1951 zerbricht ein Mitarbeiter des Instituts – Andrzej Łobaczewski – ein Fähnchen und wirft es auf den Boden – »ein politischer Skandal«, wie Kozłowksa notiert. »Professor [Sehn] hat ihn verteidigt, [indem er sagte,] der Mann sei ein Psychopath«.[34] Die Verteidigung war allerdings nur ein halber Erfolg. Łobaczewski wurde entlassen,[35] strafrechtliche Konsequenzen gab es jedoch keine.

Seine Arbeit als Leiter des Instituts für Gerichtsexpertisen kann Sehn mit der Wissenschaft und Didaktik verbinden. Ab 1949 lehrt er Ermittlungstechnik (später Kriminalistik) an der Juristischen Fakultät der Jagiellonen-Universität, daneben unterrichtet er auch an juristischen Fachschulen und gibt Kurse im Rahmen der Tätigkeit des Justizministeriums und der Generalstaatsanwaltschaft. »Die Vorbereitung der Vorlesungen«, so wird er sich später erinnern, »nahm viel Zeit in Anspruch und kostete einiges an Kraft. Ich wollte sie auf solidem Niveau vorbereiten und halten, doch leider fehlt mir die Gabe der Rede. Deshalb musste ich sie schriftlich ausarbeiten, in Form eines vollständigen Textes. Diese Skripten überarbeite ich jedes Jahr von Neuem, um sie ständig zu verbessern und inhaltlich zu ergänzen.«[36] »Seine Vorträge stießen bei den Zuhörern auf großes Interesse«,[37] so Jan Markiewicz. »Die Studenten mochten ihn«, bestätigt Kozłowska. »Jede Prüfung begann er mit den beiden juristischen Kardinalgrundsätzen (kein Gesetz kann rückwirkend Anwendung finden; Unwissenheit schützt vor Strafe nicht).«[38]

Den Antrag, Sehn den Dozententitel zu verleihen, bringt im Juni 1954 Teodor Marchlewski vor, Rektor der Jagiellonen-Universität. Minister Świątkowski unterstützt dies und leitet ihn weiter. Der Kandidat kann zu diesem Zeitpunkt ein gutes Dutzend wis-

Jan Sehn im Institut für Gerichtsexpertisen in Krakau, in seinen letzten Lebensjahren.

senschaftlicher Arbeiten vorweisen, Übersetzungen eingeschlossen. Selbstkritisch spricht er jedoch von seiner »bisher unzureichenden wissenschaftlichen und didaktischen Arbeit«.[39]

Grundlage für die Prozedur zur Verleihung des Titels ist Sehns Referat »Obecny stan kryminalistyki w Polsce« (Der gegenwärtige Stand der Kriminalistik in Polen), gehalten im Oktober 1950 auf einer Konferenz der Theoretiker und Praktiker des Strafrechts, die das Justizministerium organisiert. Sehn überarbeitet und ergänzt den Text und publiziert ihn ein Jahr später in dem Sammelband *Stan kryminalistyki i medycyny sądowej* (Der Stand der Kriminalistik und der Gerichtsmedizin).[40] Dieser kurze Text, verfasst in der Hochphase des Stalinismus, wirkt mit seinen ideologischen Einwürfen heute irritierend. Sehn, der sich in seiner Doktorarbeit noch ausführlich auf westliche Literatur berufen hatte, behauptet nun, die Kriminalistik in den Staaten des Warschauer Paktes sei »qualitativ anders [lies: besser] als in den Ausbeuterstaaten, in denen sie als Werkzeug zur Festigung der Herrschaft der Bourgeoisie und zum Schutz des Privateigentums dient«. Er fordert, »die reaktionäre Linie der Entwicklung der Kriminalistik in den kapitalistischen Ländern bloßzulegen«, ebenso die dort angewandten »pseudowissenschaftlichen Methoden«.[41] Kritisch – und um einiges schärfer als heutige Autoren – bewertet er die polnische Kriminalistik der Vorkriegsjahre. Unkritisch beruft er sich auf Andrei Wyschinski, den sowjetischen Generalstaatsanwalt aus der Zeit des »Großen Terrors«.

Die wissenschaftliche Arbeit Sehns begutachten die mit ihm bereits gut bekannten Professoren Władysław Wolter, Jan Olbrycht und Michał Patkaniowski. Auf das Referat und weitere Publikationen des Kandidaten gehen sie jedoch kaum ein. Vielmehr loben sie ihn insgesamt für seine Verdienste in den Nachkriegsjahren, unter anderem für seinen Anteil an der Dokumentation der deutschen Verbrechen und die erfolgreiche Leitung des Instituts für Gerichtsexpertisen.

Im Herbst 1954 erhält Sehn den Dozententitel, nicht ganz sieben Jahre später den Titel des außerordentlichen Professors. Doch möchte er lieber, dass die Mitarbeiterinnen und Mitarbeiter ihn als »Herr Richter« ansprechen. Im Sommer 1963 wird er zum Leiter der neu geschaffenen Abteilung für Kriminalistik am Lehrstuhl für Strafrecht der Jagiellonen-Universität berufen. Das bedeutet aber nicht, dass er sich nicht mehr mit den Belangen des Zweiten Weltkriegs beschäftigen würde. Er unterstützt die Bemühungen der Opfer des Nationalsozialismus, eine Entschädigung zu erhalten. Er plant eine Arbeit zum Untergrund in Auschwitz und zu den Verbrechen der Wehrmacht, auch möchte er Ausschnitte aus dem Diensttagebuch Hans Franks herausgeben. Sein unerwarteter Tod verhindert die Umsetzung dieser Pläne.

Katyn

Im März 1991 sind im Institut für Gerichtsexpertisen umfangreiche Umbauarbeiten im Gange. Auf dem Dachboden, zwischen einem Balken des Dachstuhls und den Ziegeln, findet ein Arbeiter ein sorgsam verstecktes Paket. Es enthält verblichene orangefarbene Aktendeckel, darin sind Dokumente, die den Titel tragen: »Nachlass aus Katyn«. Der Mann nimmt den Fund mit nach Hause. Einen Teil davon bringt er in die Redaktion der Tageszeitung *Czas Krakowski.* Diese zögert jedoch mit der Publikation. Nach fast einem Monat vertraut sich der Arbeiter seinem Brigadier an, der ihn dazu bewegen kann, sich am 19. April mit den Dokumenten im Institut für Gerichtsexpertisen zu melden. Es erwarten ihn der Direktor, Jan Markiewicz, und ein Offizier des Staatsschutzamtes. »Die gesamte Katyn-Dokumentation ist in sehr gutem Zustand erhalten, die Gutachten sind alle leserlich, das Papier ist nicht beschädigt«,[1] so der Vertreter des Amtes. Die Untersuchungen der Staatsanwaltschaft der Wojewodschaft sollen dann bald ergeben, dass diese Dokumentation fast vierzig Jahre zuvor auf dem Dachboden versteckt wurde, und dass Jan Sehn daran beteiligt war.

In der St. Josephs-Kirche im Krakauer Stadtteil Podgórze geben sich der dreißigjährige Antoni Próchniewicz, Leutnant in der Polnischen Armee, und die elf Jahre jüngere Stefania Dawiskiba das Jawort. Trauzeugen sind Jan Sehn und sein Cousin Józef Zasadni, Leutnant in einer Panzereinheit. Es ist der 14. November 1931.[2]

Nach nicht ganz einem Jahr wird ein Sohn geboren, doch ist das Glück nicht von langer Dauer. Im September 1939 befehligt Próchniewicz – nun bereits als Hauptmann – eine Kompanie des 2. leichten Panzerbataillons. Er kämpft gegen die Deutschen, als von Osten die Rote Armee Polen angreift. Der Offizier gelangt in sowjetische Gefangenschaft, er kommt in das Lager Koselsk. Im Frühjahr 1940 wird er im Wald von Katyn, bei Smolensk, erschossen.

Próchniewicz ist eines von fast 22.000 Opfern des Verbrechens von Katyn – der Erschießung polnischer Bürger, die in sowjetischen Kriegsgefangenenlagern und Gefängnissen festgehalten wurden. Die Opfer wurden ohne Gerichtsurteil ermordet, einzig und allein deshalb, weil die Moskauer Machthaber sie als ihre Feinde ansahen.

Drei Jahre lang kann das Verbrechen verborgen gehalten werden – bis zum April 1943. Dann verkünden die Deutschen der Welt, dass sie Massengräber polnischer Offiziere gefunden haben, die im Lager Koselsk gefangen gehalten worden waren. Die Exhumierungen und die Obduktionen überwacht vor Ort Prof. Gerhard Buhtz, Gerichtsmediziner an der Schlesischen Friedrich-Wilhelms-Universität in Breslau. Spezialisten aus mehreren Ländern fliegen nach Katyn, unter anderem die Technische Kommission des Polnischen Roten Kreuzes. Der Bericht von Buhtz und das Protokoll der Internationalen Ärztekommission werden in die Regierungspublikation *Amtliches Material zum Massenmord von Katyn* aufgenommen, die noch im selben Jahr in Berlin erscheint.

Die Liste der identifizierten Personen erscheint sukzessive in der Presse im Generalgouvernement, etwa im *Goniec Krakowski*. In der Auflistung vom 4. Juni ist unter anderem der Name Antoni Próchniewicz zu sehen, bei dessen Leiche man »einen Waffenschein [gefunden hatte], einen Jagdschein, Visitenkarten und Fotografien«.[3] Kaum denkbar, dass diese Information nicht auch Sehn erreichte.

Die Gegenstände, die bei den Leichen der ermordeten Offiziere gefunden wurden, gelangen in zwei Transporten in die Chemische Abteilung des Staatlichen Instituts für Gerichtliche Medizin und Kriminalistik in Krakau. Dort befassen sich Jan Zygmunt Robel und seine Mitarbeiter damit.

Robel, Jahrgang 1886, promovierter Chemiker, ist ein Mensch mit einem »düsteren Gesicht, den man nur selten lächeln sieht – schnelle Bewegungen, überaus fleißig, ein Mann, der hohe Anforderungen stellt (mitunter etwas bissig)«.[4] Von den Deutschen ins KZ Sachsenhausen verschleppt, wird er, wie viele andere Krakauer Wissenschaftler, im Februar 1940 »im Zustand völliger Entkräftung und Auszehrung« entlassen.[5] Er kehrt zu seiner Forschungsarbeit zurück, und er engagiert sich konspirativ. Er gibt im Verborgenen Unterricht, versorgt den Untergrund mit Giftstoffen.

Robel und seine Leute untersuchen die Gegenstände aus Katyn, um eine erste Etappe der Identifizierung eines Teils der Opfer zu ermöglichen und die Identität weiterer Opfer zu ermitteln. Zugleich schreiben sie – was geheim gehalten werden muss – die Dokumente ab, die bei den Leichen gefunden wurden, unter anderem Tagebücher der Ermordeten. Robel lässt mehrere Kopien dieser Dokumentation anfertigen, ein Konvolut bewahrt er aller Wahrscheinlichkeit nach selbst auf, weitere Abschriften vertraut er Jugendfreunden an: Prof. Franciszek Bielak und Oberstleutnant Antoni Hniłko vom Stab des Bezirkskommandos der Heimatarmee. Auf diese Weise gelangen die Beweise für das sowjetische Verbrechen noch während des Krieges an den polnischen Untergrund, der für ein unabhängiges Polen kämpft, sowie in die Hände der Exilregierung in London.

Im August 1944 nehmen die Deutschen Robel die Gegenstände weg, die in Katyn gefunden wurden, und bringen sie aus Krakau fort. Wenige Monate später ist die Stadt bereits in sowjetischer Hand. Die Sowjets weisen von Anfang an jede Schuld an den Verbrechen von Katyn von sich. Diese Morde, so heißt es, hätten 1941 die Deutschen begangen. Und jeder, der etwas anderes behauptet, wird verfolgt.

Am Ort der Chemischen Abteilung in Krakau ist seit dem 22. Januar 1945 das Institut für Gerichtsexpertisen untergebracht, das von Robel geleitet wird. Sehn, der Mitte Februar 1945 dorthin delegiert wird, ist tief beeindruckt von Robels »Bienenfleiß« und plant gemeinsam mit ihm eine Erweiterung des Instituts.[6]

Im neuen Polen ist es riskant, über Katyn Bescheid zu wissen. Hniłko wird verhaftet, und es verliert sich seine Spur. Robel wird – nach einem Bericht Sehns an das Justizministerium – »am 17. 3. 1945 von uniformierten sowjetischen Funktionären zu einer Dienstreise aufgefordert. Eine ebensolche Aufforderung erhielten der Laborant [Jan] Pater, der Leiter der Abteilung für Untersuchungen auf dem Gebiet der allgemeinen und der Brandchemie, [Jan] Cholewiński, sowie Robels Sekretärin, Frau [Irma] Fortner«. Robel und seine Mitarbeiter haben mehr Glück als Hniłko – nach fast zwei Monaten, in denen sie verhört werden, sind sie entlassen und kehren ans Institut für Gerichtsexpertisen zurück.

Die Ermittlungen im Fall Katyn nimmt Robert Martini auf, Staatsanwalt des Sonderstrafgerichts in Krakau. Doch geht es nicht darum, die Wahrheit zu ermitteln, sondern die Schuld der Deutschen zu bestätigen. Die Aussagen von Zeugen – der Familien der Opfer oder auch bekannter Literaten – geben Martini nicht viel an die Hand. Die Staatsanwaltschaft holt ein gerichtsmedizinisches Gutachten ein. Seine Verfasser – Jan Olbrycht von der Jagiellonen-

Universität, Sergiusz Siengalewicz von der Universität Poznań – weisen auf »allzu große Lücken, Fehler und Unstimmigkeiten«[7] in der Arbeit von Buhtz und der Internationalen Ärztekommission hin. Das *Amtliche Material zum Massenmord von Katyn* könne somit nicht als seriös bezeichnet werden. Der Staatsanwalt verfolgt auch Polen, die 1943 im Wald von Katyn bei den Exhumierungen zugegen gewesen waren, so etwa den Schriftsteller Ferdynand Goetel. Ihm gelingt es jedoch, sich in den Westen abzusetzen.

Am 30. März 1946 wird Martini in Krakau ermordet. Und wenn es auch keine Beweise für einen Zusammenhang mit Katyn gibt, wird das gesamte Ermittlungsverfahren doch spürbar gebremst. Die ganze Sache geht, mit etlichen Aktenbänden, an die Staatsanwaltschaft des Obersten Nationalen Tribunals über. Diese wiederum greift auf die Hilfe der Hauptkommission zur Untersuchung der deutschen Verbrechen zurück, auf deren Bezirksabteilungen sowie auf die Polnische Militärmission zur Untersuchung der deutschen Kriegsverbrechen.

Noch zu Martinis Lebzeiten verfügt Sehn über eine Akte, die »Prof. Buhtz und dessen Untersuchungen in der Sache Katyn« betrifft.[8] Zu Beginn des Frühjahrs 1946 fordert der Staatsanwalt Stefan Kurowski, Chef der polnischen Delegation in Nürnberg, dass ihm diese Unterlagen rasch zugestellt werden. Vor dem Internationalen Militärgerichtshof ist der Prozess gegen die NS-Hauptkriegsverbrecher im Gang. Die Sowjets fügen der Anklage die angebliche Verantwortung der Deutschen für Katyn hinzu. Die Hauptkommission zur Untersuchung der deutschen Verbrechen lässt die Akte aus Krakau holen und sendet sie an Kurowski.

Sehn hält sich zu diesem Zeitpunkt in Wiesbaden auf. Krystyna Szymańska wird Jahre später berichten, er habe auf diese Reise »unter anderem einen Stapel Dokumente über die Ermordung der polnischen Offiziere in Katyn [mitgenommen], der betitelt war mit dem Wort ›Katyń‹«.[9] Laut Szymańska hatte Robel dieses Material bearbeitet und zusammengestellt: »Ich hatte Sehn ausdrücklich nahegelegt, den Dokumentenstapel mit einem Titel wie etwa ›Akte‹ zu versehen, der Richter aber – mit seiner rigorosen Natur – blieb stur, und die Unterlagen gingen mit dem Titel ›Katyń‹ auf die Reise nach Nürnberg, was ohne Frage über ihr Schicksal entschied, namentlich ihr baldiges Verschwinden zur Folge hatte.« Auf einem der

Bahnhöfe sei ein Passagier zur Lokomotive vorgedrungen und habe ein »nicht allzu großes Päckchen« in die Feuerbüchse geworfen – vermutlich die besagten Dokumente. Diese Version will Krystyna Szymańska von Menschen aus dem Umkreis der Krakauer Kommission gehört haben.

Aber wie wahrscheinlich ist das? Sehn hätte schon ungemein naiv und leichtsinnig sein müssen, hätte er Robels Dokumente tatsächlich nach Deutschland mitgenommen. Ausgerechnet diese Dokumente, die die sowjetische Version in Frage stellten, noch dazu betitelt mit ›Katyń‹. Man könnte überlegen, ob er nicht vielleicht – nach einer entsprechenden Dienstanweisung – andere Dokumente mitgenommen hatte, die den Deutschen die Verantwortung zuschieben sollten. Wären diese aber abhandengekommen, hätte es mit Sicherheit Ermittlungen und dienstliche Konsequenzen gegeben.

So spricht am Ende doch einiges dafür, dass Krystyna Szymańska die sensationelle Geschichte mit den in der Feuerbüchse verbrannten Papieren erfunden hat. Möglich, dass sie als Sekretärin der Bezirkskommission gebeten worden war, die Unterlagen von Buhtz für Kurowski vorzubereiten, und Jahre später die verschiedenen Fäden der Sache Katyn verwechselt und zugleich dramatisch eingefärbt hat.

Bedeutend in diesem Zusammenhang ist weiterhin, dass Szymańska auch erzählt, sie habe angeblich im Juni 1947 im Sitz der Krakauer Kommission einen Mann getroffen, der die Erschießungen in Katyn überlebte, weil die Kugel ihn »nicht in den Hinterkopf traf, sondern in den Kiefer«, wovon ihm »eine entsetzliche Narbe« verblieben sei. Der Mann sei dann wenig später in den Westen ausgereist und hätte noch 1947 in den USA in einem Prozess ausgesagt, bei dem Stalin in absentia wegen der Verbrechen in Katyn hätte verurteilt werden sollen. Ein solcher Prozess aber hat in Wirklichkeit nie stattgefunden. Zwar wurde eine Sonderermittlungskommission des Kongresses der Vereinigten Staaten in der Sache Katyn tätig, doch war das zu Beginn der 1950er Jahre. Und nach allem, was bekannt ist, ist in Katyn niemand »aus dem Grab gekrochen«, wie Szymańska es nennt.

Nach der Rückkehr aus Nürnberg befasst sich Kurowski, nun bereits als Erster Staatsanwalt des Obersten Nationalen Tribunals, mit dem Verbrechen von Katyn. Er stellt Untersuchungen an zu den Aussagen der Zeugen, die bei den Exhumierungen zugegen waren, ebenso zu den »Kisten mit dem Archiv zu Katyn«.[10] Hier handelt es sich vermutlich um die Akten, die die Deutschen gegen Ende des Krieges Robel weggenommen und aus Krakau fortgebracht haben. Zugleich ist Kurowski bemüht nachzuweisen, dass die Art der Tötungen, wie sie im Wald von Katyn stattgefunden hatten – mit einem Schuss in den Hinterkopf – üblicherweise von den Nationalsozialisten praktiziert wurde.

In die Ermittlungen nach Martinis Ermordung bindet Kurowski (und später Tadeusz Cyprian) auch Sehn mit ein. Dieser wagt es nicht abzulehnen, mehr noch, er unterbreitet den Staatsanwälten bestimmte Vorschläge. Insgesamt jedoch gewinnt man den Eindruck, er habe versucht, die Ermittlungen auf ein totes Gleis zu schieben. »Persönlich halte ich es für wesentlich«, so äußert er sich etwa im Dezember 1947, »dass das Außenministerium veranlasst, dass unsere Dienststellen die Jahrgänge amerikanischer und englischer Zeitschriften durchsehen im Hinblick auf das Stichwort Katyn und das damit verbundene Material«.[11] Ein anderes Mal entwirft er die Idee, »eine Reihe von Exhumierungen durchzuführen in einsamen Waldgegenden, zu denen es keine Verkehrsanbindung gibt«.[12] Mit Kurowski fährt er in die Puszcza Niepołomicka, ein urwüchsiges Waldgebiet östlich von Krakau, in dem die Deutschen Polen und Juden erschossen haben. Ebenso begeben sie sich nach Wrocław, wo sie – vergeblich – Akten aufzuspüren versuchen, die die Deutschen zurückgelassen haben könnten. Sehn befragt den wegen mehrerer Verbrechen unter Verdacht stehenden Ernst Boepple zum Verbleib der Katyn-Dokumente – Boepple behauptet, nichts zu wissen.

Sehns offizielle Verlautbarungen zu Katyn wirken geradezu kläglich, insbesondere im Vergleich zu den Ermittlungsergebnissen, die er gegen die Nationalsozialisten zusammengetragen hat. Hier imponiert er mit emsigster Arbeit, unermüdlichem Eifer und größter Findigkeit; in Bezug auf Katyn aber, da das Resultat durch die kommunistischen Machthaber bereits festgesetzt ist, tut er lediglich das Allernötigste. Ab Frühjahr 1949, als er bereits Chef des Instituts für Gerichtsexpertisen ist, befasst er sich aller Wahrscheinlichkeit nach überhaupt nicht mehr mit Katyn. Die Akten, die er von Kurowski und Cyprian erhalten hat, gibt er im Dezember 1952 dem Archiv der Hauptkommission in Warschau zurück.

Als das Institut für Gerichtsexpertisen im selben Jahr seinen Umzug vorbereitet, beschließt Jan Robel, seine Katyn-Dokumente, die er bis dahin – ganz bewusst – in anderem Aktenmaterial verstreut aufbewahrt hat, zu ordnen und zu sichern. Unter dem Siegel der Verschwiegenheit bittet er Maria Kozłowska um Hilfe; zu diesem Zeitpunkt ist sie Leiterin der Institutskanzlei. »Wir haben immer nur abends gearbeitet, und immer bei verschlossener Eingangstür«,[13] erinnert sie sich. »Ich weiß nicht«, so ihre Aussage später, bereits in der Zeit der Dritten Polnischen Republik, »unter welchen Umständen und von wem Sehn von dieser Arbeit an der Dokumentation erfahren hat. Schließlich hat Dr. Robel ihn dann auch eingeweiht, da Sehn ja sein Vorgesetzter war«.[14] Wenig später beschließen Sehn und Robel, dass das Material im neuen Institutsgebäude versteckt werden müsse.[15]

Auch Maria Kozłowskas Vater wird eingeweiht, Stanisław Grygiel, der im Institut als Hausmeister tätig ist: »Es war Sehns Initiative, dass er meinen Vater, der vorher schon mit ihm in der Bezirkskommission zur Untersuchung der Hitler-Verbrechen gearbeitet hatte, dafür bestimmte, ein Versteck für diese Dokumente zu suchen. […] Er durfte den Ort frei wählen.«[16] Mithilfe seiner Tochter bereitet Grygiel das Paket vor, nimmt es an sich und versteckt es gewissenhaft auf dem Dachboden des Gebäudes in der Straße, die später nach der Westerplatte benannt werden sollte. »Weder […] Sehn noch Robel noch ich sollten wissen, wo die Stelle ist«, so Kozłowska. Dieses Vorgehen war überaus klug: Im Falle eines Verhörs durch die Staatssicherheit hätte niemand außer Grygiel selbst angeben können, wo die Dokumente versteckt waren.

Bei dem hohen Risiko, das die vier eingehen, müssen sie einander unbedingt vertrauen können. Da sie nicht wissen, ob sie nicht möglicherweise abgehört werden, erwähnen auch weder Sehn noch Robel in späteren Gesprächen mit Maria Kozłowska jemals die Katyn-Dokumente. Kurz vor seinem Tod beschreibt Grygiel die Stelle, an der er das Paket versteckt hat. Doch ist er bereits nicht mehr in der Lage, selbst auf den Dachboden zu gehen und die anderen zu dem Versteck zu führen.

Grygiel stirbt im Dezember 1957, Robel im Frühjahr 1962, Sehn dreieinhalb Jahre später. Maria Kozłowska lebt viele Jahre lang allein mit dem Geheimnis. Als sie Mitte der 1980er Jahre in den Ruhestand geht, informiert sie Prof. Jan Markiewicz, Sehns Nachfolger als Institutsleiter, über die Dokumente. Als dann gegen Ende der Volksrepublik die Renovierung des Instituts beginnen soll, weihen die beiden den Fotografen Jerzy Rys ein und versuchen, gemeinsam mit ihm das Versteck zu finden. Doch erst der Arbeiter der Baufirma wird auf die Katyn-Dokumente stoßen.

Die Medien berichten ausführlich über den Fund. Bei der Staatsanwaltschaft meldet sich dann Stanisław Sobolewski, der Enkel Franciszek Bielaks. Er übergibt ein Konvolut der kopierten Dokumente, die Robel damals seinem Großvater anvertraut hatte.

Als Stefania Próchniewicz, die Witwe des in Katyn ermordeten Hauptmanns, einige Jahre nach dem Krieg eine Bestätigung für den Tod ihres Mannes beantragt, gibt das Amtsgericht in Przemyśl als Todesdatum den 31. Dezember 1941 an – einen Tag also, an dem die Gegend bei Smolensk bereits von deutschen Truppen besetzt war. 1990 erst bekennen die sowjetischen Machthaber öffentlich, dass die Morde von Katyn »eines der schwersten Verbrechen des Stalinismus« gewesen seien. Stefania Próchniewicz hat diesen Tag noch erlebt. Sie stirbt am 2. Januar 2000. Sie wird auf dem Rakowicki-Friedhof in Krakau beerdigt, in derselben Grabstätte, in der Jahre zuvor Jan Sehn beerdigt worden war.

Frankfurt

Auf dem Frankfurter Markt Stimmengewirr und Gedränge. Seit drei Wochen ist Weihnachtsmarkt. Wenige Tage vor dem Fest kann man hier noch Geschenke kaufen und regionale Spezialitäten probieren. Gleich nebenan, im Rathaus, beginnt unterdessen der bislang größte Prozess in der Geschichte der Bundesrepublik Deutschland. Der Ort, an dem die Stadtverordnetenversammlung zu ihren Sitzungen zusammenkommt, ist zum provisorischen Gerichtssaal geworden.

Am 20. Dezember 1963 sitzen 22 Männer vom Personal in Auschwitz auf der Anklagebank: ein Funktionshäftling, Ärzte, Sanitäter, Verwaltungsmitarbeiter. Richard Baer, der letzte Kommandant des Lagers, war ein halbes Jahr zuvor in der Untersuchungshaft gestorben. Die Journalisten interessieren sich am meisten für Robert Mulka, einen Geschäftsmann aus Hamburg – in Auschwitz war er Adjutant von Rudolf Höß.

Mulka geht auf die siebzig zu, die meisten der Angeklagten aber gehören der Generation von Sehn an, es sind die Jahrgänge von 1902 bis 1911. Nach dem Krieg haben sie jahrelang ein ruhiges Leben geführt. Als Apotheker oder Arzt, als Lehrer oder Handwerker.

Die Staatsanwaltschaft wirft ihnen mehrfachen Mord beziehungsweise mehrfache Beihilfe zum Mord vor. Zahlreiche Zeugen kommen aus Polen, auch ein großer Teil des Beweismaterials stammt von dort. Vieles geht auf die Verdienste Professor Sehns zurück, der eigens aus Krakau gekommen ist, um bei der Prozesseröffnung zugegen zu sein.

*

Die junge Bundesrepublik Deutschland ist alles andere als erpicht darauf, sich mit dem Nationalsozialismus auseinanderzusetzen. Bundeskanzler Konrad Adenauer will einen dicken Schlussstrich unter die Vergangenheit ziehen. Öffentlich wird über Auschwitz so gut wie nie gesprochen. In vielen Ämtern sitzen ehemalige NSDAP-Mitglieder auf hohen Posten, ebenso ehemalige SS-Offiziere und Kriegsverbrecher. Exemplarisch für diese Form der personellen Kontinuität steht Hans Globke. In Hitlers Staat war er

Mitverfasser und Kommentator der Nürnberger Rassengesetze, in Adenauers Bundesrepublik ist er langjähriger Chef des Kanzleramts.

Mit der Zeit jedoch wird deutlich, dass die braunen Täter nicht mehr gänzlich ruhig werden schlafen können. In Ludwigsburg entsteht 1958 die Zentrale Stelle der Landesjustizverwaltungen zur Aufklärung nationalsozialistischer Verbrechen. Bereits 1956 übernimmt in Hessen Fritz Bauer das Amt des Generalstaatsanwalts mit Sitz in Frankfurt am Main. Der Jurist jüdischer Herkunft und engagierte Sozialdemokrat war in den 1930er Jahren Häftling im Konzentrationslager Heuberg, später wurde er zur Emigration gezwungen. Er kehrt 1949 nach Deutschland zurück und wird später als »Nazi-Jäger« bekannt. Im Verborgenen hat er auch seinen Anteil daran, dass Adolf Eichmann in Argentinien gefasst und in Israel vor Gericht gebracht wird. Sein großer Wunsch ist es, einen ähnlichen Prozess in der Bundesrepublik zu führen – einen Prozess, der das Bewusstsein der Deutschen umwälzen soll.

Die Dinge nehmen einen günstigen Verlauf. 1959 überträgt der Bundesgerichtshof in Karlsruhe die Ermittlungen zu Verbrechen in Auschwitz dem Landgericht in Frankfurt am Main. Bauer kann jetzt offiziell tätig werden. Als Generalstaatsanwalt ist er eine Art Dirigent. In dem Orchester, das er leitet, spielen Hanns Großmann, Joachim Kügler, Georg Friedrich Vogel und Gerhard Wiese. Alle vier sind jünger als Sehn, und die drei Letztgenannten gehören einer gänzlich anderen Generation an. Ins Erwachsenenalter traten sie erst gegen Ende des Krieges beziehungsweise nach dessen Ende ein.

Die Frankfurter Staatsanwälte sammeln entschlossen Beweise und befragen Zeugen. Sie wissen aber auch, dass sich wesentliches Archivmaterial in Polen befindet und dass dort noch viele ehemalige Häftlinge aus Auschwitz leben. Bauers Untergebene sind auch vertraut mit der deutschsprachigen Ausgabe von Sehns Monografie über das Lager Auschwitz. Im Februar 1960 lädt Großmann den Krakauer Juristen schriftlich nach Frankfurt ein. Er möchte mit ihm über »die verschiedensten [...] Fragen« sprechen, die für die Frankfurter Staatsanwaltschaft im Zusammenhang mit Auschwitz relevant sind.[1] Interesse an einer Begegnung mit Sehn hatte zuvor schon Erwin Schüle signalisiert, der Leiter der Zentralen Stelle in Ludwigsburg. Von einem Austausch mit Sehn verspricht er sich »sehr viel«, sowohl für die jetzige als auch die zukünftige Arbeit seines Amtes.[2]

Vermittler bei der Kontaktaufnahme und der Übergabe des Briefes Großmanns ist der Österreicher Hermann Langbein, ein ehemaliger Auschwitz-Häftling, später Mitbegründer und Generalsekretär des Internationalen Auschwitz Komitees (IAK). Der frühere Funktionär der Kommunistischen Partei Österreichs, der nach 1956 zunehmend kritisch gegenüber Moskau eingestellt ist, arbeitet mit Sehn im Rahmen des IAK zusammen. In den 1950er Jahren hilft er dem Krakauer Juristen, einen westdeutschen Verlag für die Aufzeichnungen von Höß aus der Haftzeit zu finden. Jetzt möchte er unbedingt die Arbeit der Frankfurter Staatsanwaltschaft unterstützen.

Sehns Reise nach Hessen ist alles andere als leicht. Europa ist durch den Eisernen Vorhang geteilt. Die Bundesrepublik, Mitglied der NATO, unterhält keine diplomatischen Beziehungen zur kommunistischen Volksrepublik Polen. Also führt der Weg durch das neutrale Österreich. Da Langbein gerade nicht zu Hause ist, kommt Sehn bei Otto Wolken unter, einem weiteren ehemaligen Auschwitz-Häftling. Hier erst, in Wien, erhält er sein Einreisevisum für die Bundesrepublik. Die Zugfahrt Wien-Frankfurt und zurück bezahlt die Frankfurter Staatsanwaltschaft per Überweisung auf das österreichische Konto des IAK. »Lieber Professor!«, schreibt Langbein an Sehn, »Teile […] bitte […] mit, ob Du 1. Klasse Schlafwagen fahren willst oder 2. Klasse Liegewagen.«[3]

Am 1. März 1960 kommt Sehn in Frankfurt an, und zwar – so wollte es der Premierminister Józef Cyrankiewicz – als »Privatperson«.[4] An dem ersten Treffen am Nachmittag nehmen vonseiten der Gastgeber unter anderem Großmann und Vogel teil, abends kommen Bauer und Schüle hinzu. »Die ersten Besprechungen«, so Bauer später, »galten einfach der Schaffung der erforderlichen menschlichen Atmosphäre.«[5] »Prof[essor] Sehn war zunächst sehr zurückhaltend, machte [aber] einen äußerst korrekten, guten und objektiven Eindruck«,[6] bemerkt Schüle. Sehn fragt, warum sich die westdeutsche Staatsanwaltschaft erst fünfzehn Jahre nach dem Kriegsende mit Auschwitz befasse. Es gelingt den Gastgebern, ihren polnischen Kollegen davon zu überzeugen, dass sie ernsthaft daran interessiert seien, die Täter vor Gericht zu bringen. Am zweiten Tag – so Schüle – sei Sehn bereits weit aufgeschlossener gewesen.

Die Deutschen interessieren sich vor allem für das polnische Beweismaterial. Sehn erklärt, dass sich die wichtigsten Dokumente im Archiv der Hauptkommission zur Untersuchung der Hitlerverbrechen in Warschau befinden, andere wiederum im Staatlichen Museum Auschwitz. Er verspricht, in Erfahrung zu bringen, wo diese Dokumente der westdeutschen Seite zur Verfügung gestellt werden könnten – am Sitz der Polnischen Militärmission in Westberlin oder an einem anderen Ort. Es geht darum, die Originale einsehen zu können, denn in der Bundesrepublik, so Bauer, werde ständig erklärt, bei übersandten Fotokopien könne es sich um Fälschungen handeln.[7]

In den kommenden Tagen setzt Sehn Vogel auseinander, welche Zeugen befragt werden sollten. Dieser wiederum übergibt Sehn eine Liste der Angeklagten und überschüttet ihn mit Fragen. So möchte er zum Beispiel wissen, ob es möglich sei, ehemalige Häftlinge in Polen zu befragen, auf welche Weise am leichtesten Zeugen nach Frankfurt eingeladen werden könnten und wen man noch unter Anklage stellen sollte.

Sehn trifft sich auch mit einem Untersuchungsrichter aus Nürnberg sowie mit Staatsanwälten aus Bonn und Münster, die ebenfalls mit Verbrechen aus den Kriegsjahren befasst sind. Am 7. März ist er im Bundeskriminalamt in Wiesbaden zu Gast. Dort empfängt ihn Dr. Bernhard Niggemeyer, der Leiter des Kriminalistischen Instituts. Niggemeyer, der als ehemaliges Mitglied der NSDAP und ehemaliger SS-Offizier in Kriegsverbrechen im Hinterland der Ostfront verwickelt war,[8] hat kein Interesse daran, sich der Vergangenheit zu stellen. Kein Wunder also, dass sich der Kontakt auf den »Austausch kriminalistischer Literatur« beschränkt.[9]

Bereits in einem Brief vom 2. März 1960 dankt Bauer dem polnischen Juristen für seinen Besuch und die »wertvolle Hilfe«, lobt dessen »große Erfahrung und Sachkenntnis«.[10] Ähnlich äußert sich Vogel. Langbein bestätigt, dass die Deutschen zufrieden seien. »Oberstaatsanwalt [Heinz] Wolf war des Lobes voll«,[11] schreibt er an Sehn. Dieser wiederum dankt Bauer für die Gastfreundschaft. »Die sachlichen Gespräche, welche wir in Frankfurt geführt haben, haben mich tief beeindruckt und zur Mitwirkung an der Sache verpflichtet«,[12] betont er in einem Brief vom 21. April. Aus den weiteren Ausführungen geht hervor, dass die besagten Dokumente schon bald zur Verfügung gestellt werden könnten, und zwar in Westberlin – mit Eugeniusz Szmulewski wolle er dorthin fahren.

Von diesem Zeitpunkt an wird Szmulewski Sehn bei dessen Besuchen in Deutschland begleiten. Maria Kozłowska nennt ihn den »Bewacher« ihres Chefs auf den Auslandsreisen.[13]

»Wir haben ihn als […] Aufpasser angesehen, dass Sehn auch wieder nach Warschau zurückkommt«, so auch die Einschätzung Wieses. »Wenn wir mit Sehn privat ausgegangen sind, war Szmulewski nicht dabei.«[14]

Wer ist dieser geheimnisvolle Bewacher? Szmulewski, Jahrgang 1912, ist der Sohn eines jüdischen Kaufmanns, von Beruf Bauarbeiter. Vor dem Krieg schon war er mit der kommunistischen Bewegung verbunden und hatte im Spanischen Bürgerkrieg gekämpft. In Volkspolen arbeitet er mehrere Jahre lang in der Hauptkommandantur der Bürgermiliz (Milicja Obywatelska, MO),[15] in den 1960er Jahren erlangt er dort den Rang eines Obersten. Auch Szmulewski ist ehemaliger Auschwitz-Häftling, der Einzige seiner Familie, der die Shoah überlebt hat. Da er durch seine Tätigkeit im Internationalen Auschwitz Komitee mit zahlreichen polnischen Zeugen in Kontakt steht, kann er der Frankfurter Staatsanwaltschaft von Nutzen sein. Die Last der entscheidenden Verhandlungen mit den Deutschen aber nimmt Sehn auf sich. Szmulewski – so ein Beamter des bundesdeutschen Justizministeriums – beschränkt sich »auf eine Beobachtung des Gesprächs«.[16] In formaler Hinsicht treten beide in derselben Rolle auf: als Bevollmächtigte des Justizministeriums der Volksrepublik Polen. Dass Szmulewski an den Reisen teilnehmen kann, verdankt er Premierminister Cyrankiewicz. Die beiden kennen sich aus Auschwitz.

Im Juni 1960 bringt Sehn – der Premierminister hat ihn zum Vorsitzenden der Kommission »für die Sammlung von Beweismaterial zu den Vergehen der Hitler-Verbrecher«[17] gemacht – fünf Aktenbände mit Ermittlungsunterlagen gegen Rudolf Höß nach Westberlin, des Weiteren Personalakten von SS-Männern, die zum Personal in Auschwitz gehörten. »Eine Durchsicht der Akten hat ergeben, dass die Voruntersuchung von Prof. Sehn [gegen Höß] außerordentlich gründlich geführt worden ist«, so das Urteil Küglers. Der deutsche Staatsanwalt fertigt von diesen Unterlagen vor Ort Kopien an. »In den Personalakten befinden sich Dokumente, aus denen hervorgeht [...], welche Personen bei den Vergasungen mitgewirkt haben [...]. Zusammenfassend kann festgestellt werden, dass die in Polen verwahrten Dokumente die wichtigste Quelle für die Überführung der Beschuldigten [darstellen], soweit dies nicht durch Zeugenaussagen geschehen kann«,[18] so Kügler weiter.

Sehn ermutigt die jungen Frankfurter Staatsanwälte, nach Polen zu kommen. Das wird auch geschehen – im August 1960 sind Kügler und Vogel in der Volksrepublik Polen zu Gast, gleichfalls als »Privatpersonen«. Sie erhalten Mikrofilme von etwa 5.000 Dokumenten aus den Beständen der Hauptkommission in Warschau und des Staatlichen Museums Auschwitz. Auch treten sie mit ehemaligen Auschwitz-Häftlingen in Kontakt.

Im Sommer 1961 beginnen weitere Ermittlungen, die der Untersuchungsrichter Heinz Düx leitet. Im Juli 1963 fährt Düx nach Oświęcim. Der Besuch in dem ehemaligen Lager hinterlässt einen tiefen Eindruck. »An der Stelle, an der die Scheiterhaufen gewesen waren, zog er mit dem unscheinbaren Halm einer Waldbinse ein nicht verbranntes Stück eines menschlichen Knochens aus der Erde«,[19] berichten Szmulewski und Sehn. Düx gelangt zu der Auffassung, dass »seine Berichte und Aussagen eine Inaugenscheinnahme des Ortes durch das Gericht nicht ersetzen können, deshalb erachte er einen solchen Ortstermin für unumgänglich«.[20]

Ähnlicher Meinung ist Henry Ormond, Anwalt in Frankfurt am Main. Als Jude war er im Konzentrationslager Dachau inhaftiert, später wurde er gezwungen zu emigrieren. Nach dem Krieg vertritt er mit großem Engagement Opfer des Nationalsozialismus. Mit Sehn steht er spätestens seit 1959 in Kontakt;[21] auf dessen Wunsch wird er zum Anwalt Mieczysław Kietas, auch er ein ehemaliger Auschwitz-Häftling, der im Frankfurter Prozess als Nebenkläger aussagen wird.

Ormond war bereits 1957 in Oświęcim gewesen. Damals hatte Carl Clauberg in Kiel vor Gericht stehen sollen. Clauberg war Arzt in Auschwitz gewesen, bekannt für seine medizinischen Experimente. Im Kreis des Internationalen Auschwitz Komitees war damals schon die Idee aufgekommen, auf dem Gelände des ehemaligen Lagers einen Ortstermin für das westdeutsche Gericht anzusetzen. Sehn hatte sich damals bemüht herauszufinden, welchen Standpunkt das Kieler Gericht vertrat, einen diesbezüglich guten

Willen hatte er jedoch nicht erkennen können.[22] Im August 1957 wurde die Sache endgültig fallen gelassen, da Clauberg noch vor Prozessbeginn starb.

Nun wird die Idee im Zusammenhang mit den Frankfurter Ermittlungen wieder aufgenommen. Sehn und Szmulewski sehen sich selbst als Urheber des Plans, aus formaltaktischen Gründen aber soll Ormond den Antrag stellen. Premierminister Cyrankiewicz gibt grünes Licht, auch Bauer »war positiv eingestellt, er unterstrich die Bedeutung, und nicht nur für diesen Prozess, doch äußerte er auch die Befürchtung, dass die Bonner Politiker sich eben deshalb querstellen könnten«.[23]

Da er nicht daran glaubt, dass der Ortstermin stattfinden wird, organisiert der Generalstaatsanwalt in der Frankfurter Paulskirche eine Ausstellung zu Auschwitz. Gezeigt werden Exponate aus dem Staatlichen Museum Auschwitz, bei deren Beschaffung Sehn behilflich war. Doch nicht allen in der Bundesrepublik behagt diese Zusammenarbeit über den Eisernen Vorhang hinweg. Skeptisch ist etwa die *Union Deutscher Widerstandskämpfer- und Verfolgtenverbände* (UDWV). In einem Brief an den Frankfurter Bürgermeister Willi Brundert muss Bauer erklären, dass Polen kein Synonym sei für Kommunisten. Seines Wissens gehöre Sehn keiner Partei an, er sei ein Mensch von vorbildlicher Neutralität.[24] Das Problem liegt, wie man sieht, nicht allein beim fehlenden Willen eines Teils der westdeutschen Elite – viele Juristen und Politiker in der Bundesrepublik haben schlicht kein Vertrauen zur kommunistischen Regierung in Warschau. Wird es nicht Schwierigkeiten mit den Einreisevisa für die Volksrepublik Polen geben? Vielleicht werden die Angeklagten, die an dem Ortstermin teilnehmen sollen, in Polen verhaftet und zum Tode verurteilt. Ormond bittet für alle Fälle Sehn, er möge beim Außen- wie beim Justizministerium vorfühlen, ob die Teilnehmer auf freies Geleit zählen dürfen.

»Die Sache zog sich in die Länge und ging auf den Weg der Korrespondenz über«,[25] schreiben Sehn und Szmulewski. Erst am 11. April 1964 ermächtigt Jan Pawlak, Staatsuntersekretär im Justizministerium, den Krakauer Professor schriftlich zu der »Erklärung, dass die Regierung der Volksrepublik Polen dem Gedanken eines solchen Ortstermins positiv gegenübersteht«. Die Einzelheiten sollten dann »im respektvollen Einvernehmen der beiden Seiten festgesetzt werden«.[26] Auf der Grundlage dieser Vorarbeit stellt Ormond am 8. Juni den Antrag, dass auf dem Gelände des ehemaligen Lagers Auschwitz ein Ortstermin stattfinden kann. Die deutsche Holocaustforscherin Prof. Sybille Steinbacher nennt diesen Schritt bravourös: »Auschwitz lag hinter dem ›Eisernen Vorhang‹, und nicht lange zuvor hatte die Kuba-Krise die Welt an den Rand einer neuen militärischen Auseinandersetzung geführt.«[27] Ludwig Erhard, Adenauers Nachfolger als Bundeskanzler, will von einer Anerkennung der Oder-Neiße-Grenze nichts wissen. Seit 1963 aber hat Bonn eine Handelsvertretung in Warschau. Sehn und Szmulewski argumentieren, dass auch einer Zusammenarbeit bei der Verfolgung von NS-Verbrechern nichts im Wege stehe.[28]

Hans Hofmeyer, der am Frankfurter Gericht den Vorsitz führt, übergibt die Sache dem hessischen Justizministerium in Wiesbaden, dieses wiederum reicht sie weiter nach Bonn. Würde über diesen Antrag positiv entschieden, wäre es ein Präzedenzfall, denn bisher hatten die westdeutschen Gerichte Ortstermine im Ausland lediglich in der neutralen Schweiz wahrgenommen. So hatte auch 1963 die skeptische Haltung des Bonner Justizministeriums in einer anderen Angelegenheit, die ebenfalls Verbrechen des Zweiten Weltkriegs betraf, den Ortstermin eines Hannoveraner Gerichts in Łódź blockiert. Doch jetzt, da der laufende Frankfurter Prozess bereits breit in den Medien besprochen wird, wäre eine solche Absage weit schwerer vorzubringen. Die westdeutsche Regierung möchte nicht, dass die Bundesrepublik als ein Land dasteht, das die Abrechnung mit seiner braunen Vergangenheit verhindert, und so erfolgt in diesem Fall kein Widerspruch mehr.

Die Details besprechen Sehn und Szmulewski in Frankfurt, in telefonischem Austausch mit Premierminister Cyrankiewicz und Vize-Justizminister Stanisław Walczak. An den entscheidenden Gesprächen am 2. Dezember 1964 nehmen Hofmeyer und eine Dolmetscherin teil, ebenso »zwei Herren aus Bonn«, die sich erst nach dem Ende der Unterredung vorstellen: Es sind Vertreter des Justizressorts und des Auswärtigen Amtes. Sehn schlägt ein Abkommen zwischen dem Justizministerium der Volksrepublik und der westdeutschen Regierung vor – für die Machthaber in Warschau ohne Frage eine prestigeträchtige Lösung –, schließlich gehen die Polen aber auch auf ein asymmetrisches Angebot ein, bei dem Richter

Jan Sehn begleitet die westdeutschen Vertreter beim Ortstermin in Auschwitz, Dezember 1964.

Hofmeyer als Partner für den Justizminister Marian Rybicki fungiert. Möglich, dass sie auch das schon als einen Schritt auf dem Weg hin zur Anerkennung der Volksrepublik Polen durch die Bundesrepublik ansehen.

Rybicki akzeptiert auch die Bedingungen der westdeutschen Seite: die Garantie der Unantastbarkeit aller Personen, die am Ortstermin teilnehmen. Eine entsprechende Erklärung unterschreiben – im Namen des Ministers – Sehn und Szmulewski. Am 4. Dezember sucht Hofmeyer die beiden auf und bestätigt den Erhalt der Erklärung. »Dass Hofmeyer zu uns ins Hotel kam«, so schreiben sie später, »sahen wir als bedeutende Geste von ihm an, deshalb luden wir ihn nach Erledigung der Angelegenheit zu einem Kaffee und einem Wodka ein, was er auch angenommen hat.« Es gibt ja durchaus einen Grund zu feiern. »Dass im politisch eisigen Klima der sechziger Jahre die Ortsbesichtigung in Auschwitz stattfand, ist erstaunlich«,[29] so Steinbacher. Und sie fügt hinzu, dies sei nicht das Verdienst westdeutscher Politiker gewesen, sondern zweier Juristen: Ormond und Sehn.

Am frühen Nachmittag des 13. Dezember 1964 – schlechter Wetterverhältnisse wegen einen Tag später als ursprünglich geplant –

landet die deutsche Gruppe auf dem Warschauer Flughafen Okęcie. Nur ein Teil der am Prozess beteiligten Personen ist anwesend, doch ist die Delegation insgesamt zahlreich. Richter Walter Hotz, ein Protokollant, zwei Gerichtspolizisten, eine Dolmetscherin, drei Staatsanwälte, zwei Vertreter von Nebenklägern (ihnen wird sich Friedrich Karl Kaul aus der DDR anschließen), elf Verteidiger, ebenso der Angeklagte Franz Lucas, ehemaliger SS-Arzt, der sich auf freiem Fuß befindet. Auf dem Flughafen reicht Sehn auch ihm die Hand – allerdings wohl irrtümlich, da er ihn für einen Mitarbeiter des Gerichts gehalten hatte. Alle erhalten ohne Schwierigkeiten ihre Visa und fahren noch am selben Tag mit einem Bus nach Krakau, wo sie im Hotel *Francuski* unterkommen, das auch für ausländische Journalisten vorgesehen ist.

Die Gäste von der anderen Seite des Eisernen Vorhangs werden genauestens vom Sicherheitsdienst beobachtet, mehr noch – sie werden abgehört. Wera Kapkajew, die als Dolmetscherin für die Deutschen tätig ist, hat den Verdacht, dass auch Sehn, der der Kommission angehört, die den Ortstermin vorbereitet hat und die Gäste während ihres Aufenthalts in Polen begleitet, für den Geheimdienst arbeitet. Als dieser von den Frankfurter Staatsanwälten von dieser Vermutung erfährt, ist er schockiert. »Nach einem starken Alkoholgenuss habe er darüber sogar echte Tränen vergossen. Er wolle doch nur das Beste«[30] – so zu lesen in dem Bericht, der auf den Schreibtisch des bundesdeutschen Justizministers gelangte.

Am Morgen des 14. Dezember – es ist ein Montag – beginnen die richterlichen Tätigkeiten in Auschwitz. »Als Richter«, sagt Sehn zu Hotz, »bin ich mir darüber im Klaren, dass diese Inaugenscheinnahme, deretwegen wir nach Auschwitz gekommen sind, zum Schwierigsten gehören, was ein Richter zu tun hat. [...] Ich bin fest davon überzeugt, dass alle Anwesenden sich alle Mühe geben, Ihnen, verehrter Herr Richter, die Ausführung dieser schweren Aufgabe zu erleichtern.« Er spricht Polnisch, den letzten Satz aber sagt er auf Deutsch: »Jetzt, Herr Amtsgerichtsrat Hotz – walten Sie bitte Ihres Amtes.«[31]

Zu Beginn wird an der Todeswand des ehemaligen Lagers eine Schweigeminute eingelegt. Dann machen sich die Deutschen an die Arbeit.

Drei Tage lang nehmen die Mitarbeiter des Gerichts verschiedene Messungen vor – für alle Anwesenden wird offenkundig, dass im Lager vieles zu sehen und zu hören gewesen war. Die Angeklagten werden sich also nicht herausreden können, nicht gewusst zu haben, was an der Bahnrampe in Birkenau vor sich ging, was im Krematorium geschah oder auf dem Platz vor dem Block 11. Doch sind dies nicht die einzigen Ergebnisse. Zahlreiche Beiträge verschiedener Medien, die weltweit über den Ortstermin berichten, führen dazu, dass sich weitere Zeugen melden.

Auch hat die Inaugenscheinnahme unübersehbar große psychologische Bedeutung für die Prozessteilnehmer. Die Gastgeber sind sich dessen auch bewusst und geben sich alle Mühe, den Effekt zu verstärken. Sie bringen die Deutschen zuerst nach Birkenau, dort wird das Ausmaß der Verbrechen am deutlichsten sichtbar. Auch möchten sie, dass diese Begehung noch vor dem Einsetzen des Schneefalls erfolgt, damit das faktische Bild nicht in irgendeiner Weise beeinträchtigt wird.[32]

Am Mittwoch, dem 16. Dezember, besuchen die Gäste das Staatliche Museum und sehen sich eine Chronik der Befreiung des Lagers an. Der Sicherheitsdienst notiert, dass Anton Reiners, einer der Verteidiger der Angeklagten, nach der Filmvorführung »einen Nervenanfall erlitt, [...] er brach in Tränen aus, weinte im Bus auf dem Rückweg nach Krakau, und er weinte noch im Hotel Francuski«.[33] Tags darauf sind die Gäste aus Frankfurt bereits in Warschau, wo sie einen Film anschauen, der die Zerstörung Warschaus durch die Deutschen dokumentiert. Hotz wird von Minister Rybicki empfangen. Sehn nimmt eine Weile an dieser Begegnung teil, später stimmt er mit Hotz im Hotel *Europejski* den Inhalt der Verlautbarung des Ministers ab. Und es bleibt auch noch Zeit für weniger offizielle Gespräche: »Wir, das heißt Dr. Großmann, Kügler und ich, waren abends bei Professor Sehn zum Essen eingeladen worden«, erinnert sich Wiese.

Auf dem Weg nach Polen waren die Teilnehmer der Reise guter Laune gewesen, hatten gescherzt. Jetzt, auf dem Rückweg, herrscht Schweigen.

Vor ihrer Abreise aus Warschau ergreift Sehn noch einmal das Wort: »Wir verabschieden uns von Ihnen, wir wünschen einen guten Flug und eine glückliche Rückkehr in Ihr Land.« In dieser

Jan Sehn während des Ortstermins in Auschwitz, Dezember 1964.

Ansprache, die er zuvor schriftlich aufgesetzt hatte, nennt er den Ortstermin einen Präzedenzfall. »Präzedenzfälle weisen in eine bestimmte Richtung, manchmal bestimmen sie auch den Weg«,[34] so seine prophetisch klingenden Worte. Im Dezember 1970 unterzeichnen die Volksrepublik Polen und die Bundesrepublik Deutschland einen Vertrag über die Grundlagen der Normalisierung ihrer gegenseitigen Beziehungen. Sehn wird diesen Moment nicht mehr erleben, der hessische Justizminister aber, der Sozialdemokrat Lauritz Lauritzen, vermerkt zu Recht Sehns Verdienste um die deutsch-polnische Verständigung.[35]

Die ersten Bilanzen des Ortstermins fallen auf beiden Seiten positiv aus. Sehn und Szmulewski schreiben, dass alles »ohne Zwischenfälle ablief«.[36] Wiese dankt nach der Rückkehr Sehn mit einem Brief für die »großherzige und uneingeschränkte Hilfsbereitschaft«.[37] Am 7. Januar 1965 wird während des Frankfurter Prozesses das Protokoll verlesen. Sehn und Szmulewski sind zugegen. »Bauer gratulierte uns und betonte die politische Bedeutung des Ortstermins für die Bundesrepublik und für die jetzige Etappe des Prozesses. Hofmeyer dankte unserer Regierung für die Unterstützung des Gerichts […].« Der Verteidiger Reiners – der in

Auschwitz in Tränen ausgebrochen war – lädt die Gäste aus Polen zu sich nach Hause ein und erzählt von seinen Eindrücken bei jener Begehung auf dem Gelände des ehemaligen Lagers.[38]

Es ist ein einschneidender Moment im Frankfurter Prozess. Doch geben sich die Verteidiger nicht geschlagen. Sie bemühen sich, das Gericht davon zu überzeugen, dass die Regierung der Volksrepublik die polnischen Zeugen entsprechend instruiert habe, dass sie weiterhin die Ausreise von Personen verhindere, die zugunsten der Angeklagten aussagen könnten und diejenigen schikaniere, die bereits in solcher – günstiger – Weise ausgesagt hätten. Diese Darstellung muss als überzeichnet angesehen werden, und doch ist sie nicht gänzlich aus der Luft gegriffen. In der internen Korrespondenz der Warschauer Regierungskreise finden sich Vorschläge, entsprechende Schritte zu unternehmen, »damit sichergestellt [sei], dass die Zeugen vor Gericht in einer Art und Weise aussagen, die für das polnische Volk günstig wäre«.[39] Die Hauptkommission wiederum räumt ein, dass jeder Zeuge »von der Kommission verhört beziehungsweise befragt wird«, ehe er einen Pass erhält – angeblich um »festzustellen, dass seine Aussage für die Sache auch von Bedeutung sei«.[40]

Insgesamt sind an dem Prozess über 200 ehemalige Auschwitz-Häftlinge beteiligt, von denen einige Dutzend in der Volksrepublik Polen leben. Ein Teil der polnischen Zeugen erscheint allerdings nicht – sei es, dass die Hauptkommission dies so beabsichtigt hat, sei es, dass »die Fahrkarten aus Frankfurt nicht rechtzeitig eingetroffen sind«,[41] und dieser Umstand wird durchaus zum Problem für die Glaubwürdigkeit der Anklage. Im März 1965 wendet sich Ormond alarmierend an Sehn: »Ich muss Ihnen leider sagen, dass wir dadurch gerade zum Ende des Prozesses in eine sehr schwierige Situation geraten sind [...].« Zugleich bittet er um entsprechende Einflussnahme, dass wenigstens ein größerer Teil der Zeugen nach Frankfurt komme beziehungsweise sich bereit erkläre, von einem polnischen Richter befragt zu werden.[42]

Das kann schließlich auch erwirkt werden. Obwohl kein rechtskräftiges polnisch-westdeutsches Abkommen besteht, stimmt Premierminister Cyrankiewicz am 16. März einer kommissarischen Befragung der Zeugen durch polnische Gerichte zu. Acht Tage später wird Sehn von Vizeminister Walczak bevollmächtigt, mit Regierungsvertretern der Bundesrepublik Deutschland eine entsprechende Vereinbarung zu schließen.[43] Sehn und Szmulewski kommen nach Frankfurt, »um im Interesse des Prozesses und des guten polnischen Namens«[44] die Wogen zu glätten. Vor Ort unterschreiben sie mit Richter Hofmeyer das Dokument, das die Befragung fast aller ausgewählter Zeugen durch einen polnischen Richter ermöglicht. Auch kann verfügt werden, dass bei den Befragungen die Frankfurter Staatsanwälte, Vertreter der Nebenkläger sowie die Verteidiger der Angeklagten anwesend sein dürfen. Während ihres mehrtägigen Aufenthalts werden Sehn und Szmulewski von Minister Lauritzen empfangen, der sich für die Hilfe bedankt, die die Regierung der Volksrepublik Polen den hessischen Justizorganen gewährt hat.

Alles Weitere ergibt sich ohne Schwierigkeiten. Am 20. April fliegen die Staatsanwälte Vogel und Wiese nach Warschau, ebenso die Verteidiger Eugen Gerhardt und Gerhard Göllner. Auf einer gemeinsamen Konferenz spricht Sehn über die internationale Zusammenarbeit, die zum Ziel habe, »die Menschheit vor dem Rezidiv des Faschismus zu bewahren«. »Unerschütterlich vertreten wir den Standpunkt«, so betont er, »dass die gerechte Bestrafung der Verbrecher ein Gebot des öffentlichen Gewissens der gesamten Menschheit und eine unbedingte Verpflichtung aller Staaten sein müsse«.[45] Einige Tage lang sind die westdeutschen Juristen zwischen Warschau, Łódź, Wrocław, Katowice und Krakau unterwegs. Am Ende überreicht Sehn im Kreisgericht in Krakau die Protokolle der Befragungen von zwanzig Zeugen. In Frankfurt wird der Verteidiger Hans Laternser vergeblich versuchen, ihre Verlesung zu verhindern.

Das Urteil fällt am 19. August 1965. Josef Klehr, Stefan Baretzki, Wilhelm Boger, Emil Bednarek, Oswald Kaduk und Franz Hofmann werden zu lebenslangen Haftstrafen verurteilt. Drei Angeklagte werden freigesprochen. Die übrigen erhalten Strafen, die zwischen einigen und einem guten Dutzend Jahren Freiheitsentzug liegen. Aus heutiger Perspektive scheinen jedoch nicht allein die Verurteilungen das Wichtigste. Wie Prof. Sybille Steinbacher bemerkt, wurde dank dieses Prozesses Auschwitz »in der Bundesrepublik Deutschland zum Symbol und Synonym für die Massenverbrechen des NS-Regimes«.[46]

Die Regierung der Volksrepublik ist nicht unbedingt bereit, dies einzugestehen. »Milde Urteile für Verbrechen gegen die Menschheit«,[47] so die Zeitung *Sztandar Młodych*. »Nur für sechs

Personen lebenslänglich«,[48] so *Życie Warszawy*. Für Ormond aber ist das Glas halb voll. In einem Beitrag für die westdeutsche Presse betont er, dass »nur drei Freisprüche erfolgt sind«. Bei dieser Gelegenheit lobt er Sehn als denjenigen, »der die Arbeit von Staatsanwaltschaft und Gericht in jeder Weise erleichterte«. Ohne die langjährige Hilfe von polnischer Seite hätte man sich diesen Prozess schwer vorstellen können.[49] In der Bundesrepublik aber erntet der Krakauer Jurist nicht nur Lob. Noch während des Prozesses wirft Laternser ihm vor, dass er allein bis zum 29. November 1963 etwa 5.000 DM aus dem Topf für die Zeugen erhalten habe, obwohl er nicht als Zeuge ausgesagt habe. »Was war er denn? Informant? [...] Für wen? War er Zuträger für die polnischen Zeugen? Wollte er sich selbst orientieren, um seinerseits die polnischen Zeugen orientieren zu können?«,[50] fragt Laternser im Gerichtssaal. Seine Worte werden auch abgedruckt – in der *Deutschen National-Zeitung und Soldaten-Zeitung*, einer revanchistischen Wochenschrift, die mit Kreisen in Verbindung steht, die den Untergang des Reiches nicht anerkennen. Der Titel von Laternsers Beitrag lässt keinen Zweifel, auf wessen Seite die Redaktion steht: »Dr. Sehn kam – sah – konspirierte und – kassierte«.[51]

Die Antipathie war gegenseitig. Sehn und Szmulewski hatten bereits früher behauptet, dass Laternser und »andere Verteidiger seiner Couleur« im Grunde nicht im Namen ihrer Mandanten aufträten, sondern »im Namen der Verteidigung des Faschismus«. »Ihre Methode dabei ist«, so die polnischen Gesandten an ihre Vorgesetzten, »alles anzugreifen, was antifaschistisch ist.«[52]

Das Gericht weist Laternsers Vorwürfe als »vollends unberechtigt« zurück. Es sei völlig üblich, so die Begründung, dass die Staatsanwaltschaft Auskunft einhole bei jemandem, der sich als Untersuchungsrichter mit derselben Materie befasst habe. Die hohen Kosten wiederum ergäben sich daraus, dass der Złoty nach dem amtlichen Kurs eins zu eins in DM umgerechnet worden sei.[53] Auch die Frankfurter Staatsanwaltschaft stellt sich hinter Sehn. Ormond legt Sehn sogar nahe, mit rechtlichen Schritten gegen die Verleumdung vorzugehen. Es ist nicht ausgeschlossen, dass auch hier eine der Ursachen für den frühen Tod des Krakauer Professors liegt.

Tod

Am 13. Dezember 1965 – einem Montagmorgen – schreibt Adalbert Rückerl, Staatsanwalt bei der Zentralen Stelle zur Aufklärung von NS-Verbrechen in Ludwigsburg, einen neunseitigen Brief an Prof. Jan Sehn. Er entwirft die Vision »einer intensiveren und noch erfolgversprechenderen Zusammenarbeit«.[1] Bei einem weiteren Besuch in Polen, so seine Hoffnung, könnten die Staatsanwälte aus Ludwigsburg die Akten zu Josef Bühler einsehen, die zu einem großen Teil vor Jahren von Sehn erarbeitet worden waren.

Rückerl weiß zu diesem Zeitpunkt noch nicht, dass Sehn bereits seit mehr als 24 Stunden tot ist. Er erfährt es an eben jenem Morgen, bevor er den Brief aufgeben kann, über den Hessischen Rundfunk. Staatsanwalt Hanns Großmann aus Frankfurt bestätigt die traurige Nachricht. Schon am Nachmittag ist Rückerl zu einem Treffen mit Szmulewski unterwegs – dem wahrscheinlich letzten Menschen, der Sehn lebend gesehen hat.

Das Hotel *Miramar* in der Berliner Straße kann sich damit rühmen, im Herzen Frankfurts zu liegen. Tatsächlich gelangt man von hier aus in wenigen Minuten zum gotischen Kaiserdom St. Bartholomäus, zum Marktplatz und zum Rathaus. In der Nähe befinden sich auch die Börse, das Bankenviertel und die Fußgängerzone Zeil, eine der berühmtesten Einkaufsmeilen Deutschlands. In den 1960er Jahren war an der Stelle des *Miramar* noch das *Rex* ansässig, »ein kleines, bescheidenes Hotel«, wie sich der Anwalt Christian Raabe erinnert, einer der Vertreter der Nebenkläger in den Frankfurter Auschwitz-Prozessen. Raabe hatte Sehn gelegentlich in der Berliner Straße besucht, ab und an hatten sie auch im Restaurant des Hotels zusammen gegessen.[2]

Als Sehn am 6. Dezember 1965 wieder einmal mit Szmulewski nach Frankfurt kommt, steigt er wie üblich im *Rex* ab. Grund seines Aufenthaltes ist der zweite Frankfurter Auschwitz-Prozess, der in diesen Tagen beginnen soll. In der westdeutschen Presse wird er auch als »kleiner Auschwitz-Prozess« bezeichnet. Denn nun sitzen nur drei Angehörige des ehemaligen Lagerpersonals auf der Anklagebank: Wilhelm Burger, der Leiter der Lagerverwaltung, Josef Erber von der Politischen Abteilung und der SS-Arzt Gerhard Neubert. Sehn kennt Burger, Ende der 1940er, Anfang der 1950er Jahre führte er selbst Ermittlungen gegen ihn durch. In Polen wurde Burger in erster Instanz zu fünf Jahren Gefängnis verurteilt, in zweiter zu acht. Damals hatte er sich vor Gericht der fatalen Versorgung wegen verantworten müssen – Lebensmittel, Kleidung, Unterbringung. Jetzt wird ihm vorgeworfen, Zyklon B für den Massenmord besorgt zu haben.

Sehn bringt neues Beweismaterial vor. Von den Gastgebern wiederum erhält er eine Liste der Zeugen der Anklage, die die Staatsanwaltschaft nach Frankfurt geladen hat. Weiterhin zu besprechen ist die Frage der Nebenkläger – in dieser Rolle soll unter anderem Izabella Marzec-Styrna aus Krakau auftreten. Sehn bittet Ormond, er möge sie vertreten.

Von Beginn des Aufenthalts an fühlt sich Sehn nicht wohl: »Freunden und Kollegen in Frankfurt sagte er, dass es ihm nicht gutgehe, dass er nicht gern nach Frankfurt gekommen sei«[3] – so heißt es später in der Zeitung *Die Welt*. »Es ergab sich, dass ich kurz vor seiner Abreise nach Frankfurt noch mit ihm gesprochen hatte. Er sagte, er fühle sich unwohl, klagte über Kreislaufbeschwerden«,[4] bestätigt Jahre später der Jurist Prof. Władysław Mącior, ein ehemaliger Student Sehns.

Vor Ort kommt es dann zu Missklängen. Am 10. Dezember veröffentlicht die *Deutsche National-Zeitung und Soldaten-Zeitung* einen Beitrag mit dem Titel »Die teuersten Zeugen der Welt«, der noch einmal darauf beharrt, Sehn, der im ersten Frankfurter Auschwitz-Prozess weder als Gutachter noch als Zeuge aufgetreten sei, habe Geld aus dem Topf für die Zeugen erhalten, unter anderem als Ausgleich für den Verdienstausfall, obwohl er als hoher Beamter einen solchen nicht gehabt habe.[5] Prof. Sehn hat allen Grund, verbittert zu sein. An jenem Tag sind Sehn und Szmulewski in der Zentralen Stelle in Ludwigsburg zu Gast, essen mit den Staatsanwälten Erwin Schüle und Adalbert Rückerl zu Mittag. Schüle ist in einer schwierigen Situation – im Februar 1965 hat die ostdeutsche Presseagentur ADN (Allgemeiner Deutscher Nachrichtendienst) bekannt gegeben, dass er Mitglied der SA und der NSDAP gewesen war. Der DDR-Kampagne gegen ihn schließt sich bald die Sowjetunion an. Sehn betont, dass das die Zusammenarbeit bei der Verfolgung der Verbrecher in keiner Weise beeinträchtigen sollte. Er verspricht, sich dafür einzusetzen, dass die Ludwigsburger Stelle so rasch wie möglich die Mikrofilme der Akten erhält, die ihre Staatsanwälte in der ersten Jahreshälfte in Warschau, Lublin, Łódź, Bydgoszcz und Gdańsk durchgesehen haben. Auch fragt er nach dem Fortgang der Ermittlungen, die in der Bundesrepublik laufen, hier geht es vor allem um die deutsche Zivilverwaltung im besetzten Polen.

In Frankfurt besucht Sehn den Staatsanwalt Georg Friedrich Vogel im Krankenhaus. Vogel erholt sich von einer Operation. Am 11. Dezember – einem Samstag – verbringt Sehn den Abend in dem Städtchen Neu-Isenburg bei Frankfurt.

»Wir, das heißt [Staatsanwalt] Kügler und ich und Sehn, haben abends noch zusammen gegessen und gesprochen, und haben uns dann etwa gegen zehn, halb elf, elf verabschiedet«, erinnert sich Wiese.[6]

Prof. Sehn begibt sich in sein Hotel, legt sich zu Bett. Was weiter geschieht, lässt sich nur schwer rekonstruieren.

»Herr Szmulewski berichtete, dass Prof. Sehn am Sonntag gegen 3.30 Uhr morgens einen Herzanfall erlitten habe und kurze Zeit später verstorben sei«,[7] so Rückerl, der diese Information aus erster Hand erhielt. Szmulewski sagte Rückerl zufolge auch, dass auf dem Nachttisch eine Ausgabe der *Deutschen National-Zeitung und Soldaten-Zeitung* mit dem Artikel »Die teuersten Zeugen der Welt« gelegen habe: »Herr Szmulewski erklärte dazu, seiner Meinung nach habe sich Prof. Sehn über diesen Zeitungsartikel sehr erregt.« Vorher schon hatte Sehn gesagt, dass er der Angriffe vonseiten des Anwalts Laternser wegen nicht mehr in die Bundesrepublik kommen werde und sich allein aufgrund der Bedeutung der Frankfurter Sache für diese Reise entschieden habe.

In der *Frankfurter Allgemeinen Zeitung* ist zu lesen, dass sich Sehn gegen vier Uhr am Morgen unwohl gefühlt und Szmulewski gerufen habe, der im Nachbarzimmer schlief. »Ich wollte, es wäre besser, ich wäre jetzt zu Hause« – das seien seine letzten Worte gewesen. »Der Arzt stellte fest, dass Sehn einem Herzschlag erlegen ist«,[8] so die *Frankfurter Allgemeine Zeitung*. Einem Bericht der *Welt* zufolge habe Sehn in den Morgenstunden den Portier angerufen und um Hilfe gebeten. Szmulewski eilte demnach sofort in Sehns Zimmer, doch bei der Ankunft des Arztes war Sehn bereits tot.[9]

Einen anderen Ablauf der Ereignisse schildert Maria Kozłowska: Szmulewski verlässt für einen Moment das Hotel, um Zigaretten zu holen, und als er zurückkommt, ist Sehn tot. Der plötzliche Tod »während der einminütigen Abwesenheit des Bewachers gab doch sehr zu denken. Ein Herzinfarkt – tatsächlich?«, fragt sich Sehns Untergebene. Auch kommt sie auf die anonymen Drohschreiben zu sprechen, die ihr Chef »von Gegnern einer Abrechnung mit der Hitlervergangenheit erhalten hatte«. Vor der Reise hatte er auch eine größere Geldsumme in einem Umschlag hinterlegt, der beschriftet war mit den Worten »Für eigene Kosten«. Und der Sekretärin hatte er den Schlüssel für die »Schublade mit seinen persönlichen Dingen [gegeben], was er zuvor noch nie getan hatte«.[10]

Arthur Sehn greift die Überlegungen von Maria Kozłowska auf: »In der Bundesrepublik wimmelte es von Leuten, die ihn als Renegaten ansahen und denen seine Unterstützung der Ankläger im Frankfurter Prozess überhaupt nicht in den Kram passte. Ein paar Jahre später erlitt übrigens sein Fachkollege Fritz Bauer in der Badewanne einen Schwächeanfall und starb.«[11]

Vieles jedoch lässt darauf schließen, dass Jan Sehn eines natürlichen Todes gestorben ist, dessen Ursachen im Tempo und der Art seines Lebens zu suchen sind. Maria Kozłowska räumt ein, dass ihr Chef gelegentlich zu verstehen gegeben habe, dass es mit seiner Gesundheit nicht zum Besten stehe, dennoch rauchte er »eine Zigarette nach der anderen«.[12]

»Wir wussten, dass er Probleme mit dem Herzen hatte und auch Tabletten nehmen musste«, bestätigt Wiese.

Der Frankfurter Juristenkreis ist erschüttert. Nicht anders ist es in der Zentralen Stelle in Ludwigsburg: »Das Ableben von Prof. Sehn, der in seinem Bereich immer um eine Verständigung zwischen Polen und Deutschen bemüht war, bedeutet [...] einen sehr schmerzlichen Verlust.«[13] Als am Dienstag, dem 14. Dezember, der zweite Frankfurter Prozess beginnt, macht sich das Flugzeug mit dem Sarg auf den Weg nach Warschau.

»Am Tage der Überführung war ich mit auf dem Flughafen«, erinnert sich Wiese. »Dort hat Fritz Bauer [...] Gedenkworte für Prof. Sehn gesprochen.«

Auf dem Flughafen Okęcie schmückt Premierminister Cyrankiewicz den Sarg mit einem Kranz. Auf der Schleife ist zu lesen: »Für die Verdienste um Ermittlungen zu Hitlerverbrechen«. Sehn wird postum mit dem Orden der Arbeitsstandarte 1. Klasse ausgezeichnet.

Premierminister Józef Cyrankiewicz (Mitte) schmückt auf dem Flughafen Okęcie den Sarg mit dem Leichnam Jan Sehns, Warschau, Dezember 1965.

Die Beerdigung findet am 16. Dezember auf dem verschneiten Rakowicki-Friedhof in Krakau statt. Eine zahlreiche Menschenmenge nimmt Abschied von Prof. Sehn, auch Justizminister Stanisław Walczak ist anwesend. Anfangs hatte die Regierung eine rein weltliche Zeremonie verfügen wollen, Pfarrer Ferdynand Machay kündigt aber an, den Sarg zu begleiten, »da der Verstorbene sein persönlicher Freund gewesen sei. [...] Diese bittere Pille hat die Regierung auch geschluckt, doch erhielt dann die Witwe nach der Beerdigung von der Stadt eine gesalzene Rechnung. Das Institut leitete sie an die Kanzlei des Vorsitzenden des Ministerrats weiter. Weitere Einzelheiten gab es nicht.«[14]

Für die Mitarbeiter des Instituts für Gerichtsexpertisen beginnt nun eine Zeit des Wartens. »Die Unsicherheit bezüglich der Besetzung des Direktorpostens, die Begehrlichkeiten und die Versuche von außerhalb, auf uns einzuwirken, waren sehr schmerzlich für uns«, schreibt Kozłowska später. »Wohl nur dank der Kontakte Prof. Sehns, die auch nach seinem Tod noch zu Buche schlugen, bescherte man uns nicht einen Direktor, der uns ›in der Aktentasche‹ vor die Nase gesetzt wurde, sondern besetzte den Posten mit Prof. Jan Markiewicz, mit dem wir konfliktfrei arbeiten konnten.« Im Dezember 1966 wird das Institut nach Jan Sehn benannt.

Zofia Sehn, die Witwe, lebt bis zum März 1968 in der Czysta-Straße 1. Sie stirbt 1984.[15]

»Seit einigen Jahren schon möchte ich, dass an dem Haus eine Gedenktafel für Prof. Sehn angebracht wird, doch müssen wir zuerst die Renovierungsarbeiten abschließen«, erklärt Adam Mróz, der derzeitige Verwalter und Mitbesitzer der Immobilie, im Jahr 2019. »Das Haus haben wir von der Stadt übernommen, vielmehr der Stadt weggenommen, als es sich in einem skandalösen Zustand befand.«[16]

Ein gutes Jahrzehnt zuvor war Sehn bereits ein anderes, bescheidenes Gedenken zuteilgeworden. Nicht in Krakau, sondern in seinem Heimatdorf.

Gedenken

März 2004 – kurz vor dem 95. Geburtstag Jan Sehns. In Tuszów Narodowy bei Mielec, der Heimat von Jan Sehn, soll eine Gedenktafel enthüllt werden. Dann geht ein Protestbrief bei der Gemeinde ein: »Über diesen Menschen«, so der anonyme Verfasser, »wissen wir nur, dass er Deutscher war, in einer deutschen Kolonie bei Tuszów Narodowy geboren wurde [...]. Das angebliche und einzige Verdienst in seinem Leben ist, dass er als Deutscher deutsche Verbrecher verfolgt hat. Für Tuszów Narodowy hat er nichts getan, denn er war in keiner Weise mit unserem Ort verbunden.« Als »überprüfte Tatsache« – und damit quasi als schwersten Vorwurf – nennt der Verfasser, dass Sehns Eltern sich während des Krieges »als Volksdeutsche haben registrieren lassen und dann von hier weggefahren sind«. Gegen eine Gedenktafel wird außerdem Sehns unerwarteter Tod angeführt, dessen Umstände nicht gänzlich geklärt seien. »Wir sind der Ansicht, dass diese Person keine Gedenktafel ausgerechnet an einer Grundschule in Tuszów Narodowy verdient hat, zumal dann nicht, wenn diese Schule bereits nach einem wahren polnischen Helden benannt ist – General Władysław Sikorski.«[1]

Von den »Volksdeutschen« in Sehns Familie war bereits die Rede. Doch was hat es mit den anderen Vorwürfen auf sich?

*

Mit der ersten Teilung Polens 1772 fällt die Gegend um Mielec an Österreich. Die Region erhält die Bezeichnung Galizien. Der habsburgische Kaiser Joseph II. bringt deutsche Siedler in diese Gegend. Die meisten von ihnen – mehr als ein Drittel – kommen aus der Pfalz. Im Kammergut Sandomierz [Sandomir], um die zehn Kilometer von Mielec entfernt, entsteht das Dorf Tuszów Kolonia. Hier lassen sich sowohl katholische Siedler – unter anderem die Sehns – als auch protestantische nieder.[2]

Mit dem Journalisten Piotr Litka und Arthur Sehn fahre ich in die Gegend um Tuszów Mały, wie das Dorf Tuszów Kolonia heute heißt. In den Pfarrgemeinden Chorzelów, Tuszów Narodowy und Jaślany fragen wir vergeblich nach den Taufscheinen von Jan Sehn und seinen nächsten Anverwandten. Der sechzigjährige Arthur Sehn, der seit Jahren in Schweden wohnt, interessiert sich seit Längerem schon für seinen Stammbaum. Laut seinen Nachforschungen war bereits Gaspar Sehn, Sohn des Johann, mit Tuszów verbunden – er wurde um 1794 geboren und starb 1844. Die nächsten Nachfahren in der männlichen Linie sind Jacob (Jakub), Jahrgang 1826, und dessen Sohn, 1851 geboren, der denselben Namen trug. Diese Angaben lassen sich im Archiv der Diözese Tarnów bestätigen. Pfarrer Krzysztof Kamieński erklärt, dass das lateinische Kirchenbuch zu Gaspar (beziehungsweise Kacper) als gesellschaftlichen Status »colonista hujas« angebe: »hiesiger Kolonist«.[3]

Tuszów Kolonia zählt in Zeiten des österreichischen Teilungsgebietes eben zwanzig Haushalte – weit weniger als das nahe gelegene Tuszów Narodowy, in dem Polen leben. Dort kommt am 20. Mai 1881 Władysław Sikorski, der spätere Ministerpräsident und Oberbefehlshaber, auf die Welt. Tuszów Kolonia, bekannt auch als Tuszów Niemiecki, führt lange ein eigenes Leben. Doch die dortigen Bewohner polonisieren sich. Die in den 1860er und 1870er Jahren gewährte Autonomie Galiziens kommt dem entgegen.

In Dokumenten aus dem Jahr 1870 ist Jakub Sehn (aller Wahrscheinlichkeit nach der Urgroßvater Jan Sehns) als Gemeindevorsteher zu finden, unter den wahlberechtigten Gemeindemitgliedern zahlt er notabene auch die höchsten Steuern.[4] Der Großvater wiederum ist ein bekannter Aktivist für die Sache der Bauern. 1896 wird er als einer der zwölf bäuerlichen Vertreter für den Kreisrat in Mielec gewählt. »Er trug Krakauer Tracht, brachte damit sein Polentum zum Ausdruck. Es heißt, er habe auch die Errichtung des Grunwald-Denkmals in Krakau unterstützt und an der feierlichen Enthüllung teilgenommen [1910]«,[5] so der Mielecer Journalist und Historiker Włodzimierz Gąsiewski.

In verschiedenen Formularen wird Jan Sehn unter dem Punkt »gesellschaftliche Herkunft« immer wieder »bäuerlich«[6] angeben – in der Volksrepublik Polen ist das gerne gesehen. In der Rubrik »Volkszugehörigkeit« hingegen wird er konsequent »polnisch« eintragen.[7] Seine Eltern wie seine Großeltern waren Bauern, nach der bolschewistischen Logik aber Kulaken, denn es ging ihnen materiell recht gut. Zu Hause wird Polnisch gesprochen, auch wenn es bis in die 1930er Jahre gelegentlich vorkommt, dass die Familie ins Deutsche wechselt. »Manchmal, wenn mein seliger Vater [Józef, der

Bruder Jan Sehns] mit seinem Vater, also meinem Großvater [Jan Sehn senior] einen Zwist austrug, sprachen sie Deutsch. Das haben wir dann nicht verstanden«,[8] so die Erinnerungen von Józef junior, Jahrgang 1931. Jan Sehn senior, Jahrgang 1876, diente noch in der österreichisch-ungarischen Armee, seine Kinder aber erlebten das Erwachsenenalter im unabhängigen Polen, das mit dem Ende des Ersten Weltkriegs wiederauferstanden war.

Dass der zukünftige Professor – der im Alter von acht Jahren seine Mutter verloren hatte – eine feste Bindung an das Polentum entwickelte, war sicher auch ein Verdienst der Schule. 1929 schließt er in Mielec das Staatliche Stanisław-Konarski-Gymnasium ab; diese Schule befand sich damals in der Kiliński-Straße. Die meisten in Sehns Klasse sind katholisch, doch sind von den vierzig Schülerinnen und Schülern auch sieben jüdisch. Die Schule steht für ein hohes Niveau, sie zieht begabte Schüler an und formt deren Talente aus. In Sehns Parallelklasse ist der zukünftige Dichter Wojciech Skuza. Drei Jahre später maturiert an dieser Schule Kazimierz Sabbat, der zukünftige polnische Exil-Präsident.

In der schriftlichen Maturaprüfung im Fach Polnisch hat Sehn drei Themen zur Auswahl: über Figuren der Unbeugsamkeit, über die soziale Idee – und: »Schön ist der Tod fürs Vaterland, doch nicht weniger schön ist das Leben dafür«.[9] Auf dem Zeugnis hat er überwiegend die Note »gut«. Im Deutschen sticht er nicht heraus, dafür hat er besondere Leistungen in Latein, Geschichte und Philosophie. Auch sein Betragen ist vorbildlich.

1930 verkauft Jan senior den Besitz in Tuszów, und die Familie zieht nach Bobrowa bei Dębica. Die Kinder, nun schon erwachsen, ziehen in verschiedene Gegenden Polens. Beim Vater in Bobrowa bleibt nur der älteste Sohn Józef.

Die Person, die 2004 gegen die Gedenktafel für Jan Sehn in Tuszów Narodowy protestiert, kennt offenbar die Familiengeschichte nicht oder sie stellt sie bewusst verzerrt dar. Der anonyme Brief aber bleibt nicht unbeachtet, im Gegenteil – er löst einige Aufregung aus. »Als der Brief auftauchte, wandelte sich das Bild wie in einem Kaleidoskop, es gab einige Treffen in dieser Angelegenheit, es wurden Beschlüsse gefasst, die teils auch widersprüchlich waren und sich gegenseitig ausschlossen«,[10] so ein Bericht in der lokalen Zeitschrift *Wieści Regionalne*. Die ursprüngliche Idee, die Gedenktafel an der

Familie Sehn, um 1917. Ganz rechts Jan Sehn, in Schuluniform. Neben ihm seine Großeltern, Eltern und Geschwister.

Schule anzubringen, wird fallengelassen. Dann ist von einer Büste die Rede, die in Tuszów Mały »an dem kleinen Glockenturm angebracht werden soll, neben dem Jan Sehn auf die Welt gekommen war«. Auch will man die Feierlichkeit in den Dezember verlegen, auf den Todestag von Jan Sehn.

Gerettet wird die Sache von Józef Dziewit und seinem Sohn Mieczysław. Sie wohnen in Tuszów Mały genau auf dem Grundstück, auf dem früher das Haus der Sehns gestanden hatte. Sie haben nichts dagegen einzuwenden, dass die Gedenktafel mit einem Reliefporträt Jan Sehns auf dem Gelände ihres Anwesens angebracht wird. Die feierliche Enthüllung findet am 22. April 2004 statt – genau am 95. Geburtstag Jan Sehns. Anwesend sind Vize-Justizminister Tadeusz Wołek, der Leiter des Jan-Sehn-Instituts für Gerichtsexpertisen Aleksander Głazek, Vertreter verschiedener Gerichte sowie der Staatsanwaltschaft, ebenso Janusz Kurtyka, Direktor der Krakauer Abteilung des Instituts für Nationales Gedenken (IPN), der zukünftig die Leitung dieses Instituts auf Landesebene übernimmt.

Der 100. Geburtstag Jan Sehns vergeht ohne Misstöne. Allerdings auch ohne Echo.

Anmerkungen

Intro

1 AIPN, GK 162/II/1945, Bericht von einer Dienstreise nach Österreich, in die Bundesrepublik Deutschland und nach Berlin, 23.2.-12.3.1960, Bl. 3. Ein weiteres Exemplar: AMSZ, D IV, Best. 10, Bdl. 76, Bd. 697, Bl. 15.

Auschwitz 1945

1 Hier und im Weiteren: L. Marschak, Ostatnia rozmowa z prof. dr. Janem Sehnem [Das letzte Gespräch mit Prof. Dr. Jan Sehn], in: Kulisy, 1 (463) (1966). Alle in diesem Kapitel angeführten Zitate aus Marschaks Artikel stammen aus dieser Quelle.

2 Bericht von Edward Pęchalski und Jan Sehn über die Tätigkeit der Krakauer Abteilung der Hauptkommission zur Untersuchung der deutschen Verbrechen in Polen, 18.12.1945, in: Główna Komisja Badania Zbrodni Niemieckich w Polsce i jej oddziały terenowe w 1945 roku. Wybór dokumentów [Die Hauptkommission zur Untersuchung der deutschen Verbrechen in Polen und ihre regionalen Abteilungen. Ausgewählte Dokumente], bearb. v. M. Motas, Warszawa 1995, S. 82-83.

3 AIPN, GK 196/82, Protokoll der Befragung Luigi Ferris, 21.4.1945, Bl. 82.

4 AIPN, GK 196/82, Protokoll der Befragung Roman Goldmans, 24.4.1945, Bl. 90, abgedruckt in: Zapisy terroru [Aufzeichnungen des Terrors], Bd. 6: Auschwitz-Birkenau. Los kobiet i dzieci [Auschwitz-Birkenau. Das Schicksal der Frauen und Kinder], hrsg. v. M. Panecki, Warszawa 2019, S. 289-294.

5 Hier und im Weiteren: AIPN, GK 196/82, Protokoll der Befragung Eugenia Halbreichs, 27.4.1945, Bl. 94-118. Auszüge daraus sind abgedruckt in: Zapisy terroru, Bd. 5: Auschwitz-Birkenau. Życie w fabryce śmierci [Auschwitz-Birkenau. Leben in der Fabrik des Todes], hrsg. v. M. Panecki, Warszawa 2019, S. 239-241. Während der Befragung waren die Abgeordneten Jerzy Kornacki und Helena Boguszewska-Kornacka anwesend.

6 AIPN, Kr 120/33, M. Kozłowska, Tak było … a karawana idzie dalej … Moje wspomnienia o Instytucie Ekspertyz Sądowych [So war es … und die Karawane zieht weiter … Meine Erinnerungen an das Institut für Gerichtsexpertisen], Kraków, 10.3.1999, Bl. 12.

7 AIPN, Kr 1/106, Bericht von Wincenty Jarosiński, [1980], Bl. 68.

8 AIPN, Kr 1/2314, Bericht von Krystyna Szymańska, Kraków, 9.3.1990, Bl. 3. Das Original befindet sich in den Sammlungen des APMA-B, Zeugenberichte, Bd. 125, Bl. 1-23.

9 AIPN, GK 196/91, Protokoll der Inspektion im Spital des ehemaligen Konzentrationslagers Auschwitz, 25.5.1945, Bl. 7.

10 AIPN, Kr 1/106, Bericht von Krystyna Szymańska, [1980], Bl. 57-58.
11 In den Sammlungen des APMA-B.
12 Bericht von Edward Pęchalski und Jan Sehn, S. 84.
13 AIPN, Kr 1/2314, Bericht von Krystyna Szymańska, Kraków, 9.3.1990, Bl. 4-5.
14 Bericht von Edward Pęchalski und Jan Sehn, S. 85.
15 AIPN, Kr 1/2314, Bericht von Krystyna Szymańska, Kraków, 9.3.1990, Bl. 5.
16 Bericht von Edward Pęchalski und Jan Sehn, S. 85. Vgl. auch AIPN, GK 162/137, Schreiben Edward Pęchalskis und Jan Sehns an das Präsidium der Hauptkommission zur Untersuchung der deutschen Verbrechen in Polen, Kraków, 30.5.1945, Bl. 136-139.
17 Bericht von Edward Pęchalski und Jan Sehn, S. 86.
18 Zit. n.: Z. Nałkowska, Dzienniki [Tagebücher], Bd. 6: 1945-1954, Teil 1: 1945-1948, bearb. v. H. Kirchner, Warszawa 2000, S. 58.
19 Bericht von Edward Pęchalski und Jan Sehn, S. 86.
20 J. Markiewicz, Wspomnienie o profesorze doktorze Janie Sehnie [Erinnerung an Prof. Dr. Jan Sehn], in: Z Zagadnień Kryminalistyki, 11 (1976), S. 110.
21 AIPN, Kr 1/106, Bericht von Wincenty Jarosiński, Bl. 68-69.
22 AIPN, GK 174/133, Vortrag Jan Sehns »Krematoria oświęcimskie« [Die Krematorien von Auschwitz], Kraków, 10.8.1945, Bl. 7.
23 APMA-B, Zeugenberichte, Bd. 21, Protokoll der Befragung Jan Sehns während des Prozesses gegen Johann Paul Kremer vor dem Landgericht Münster, [1960], Bl. 59.

Bolesław Drobner

1 AUJ, S III 246, Schreiben [Bolesław Drobners] an den Leiter der Personalabteilung der Jagiellonen-Universität, undatiert.
2 ANK, StGKr 181, Schreiben des 5. Kommissariats der Staatlichen Polizei an die Starostei Krakau, Kraków, 5.8.1933, Bl. 885.
3 IES, Personalakte Jan Sehns, Schreiben Jan Sehns an den Vorsitzenden des Appellationsgerichts in Krakau, Kraków, 4.7.1933, S. 1.
4 Ebd., Schreiben der Sicherheitsabteilung des Krakauer Wojewodschaftsamts an den Vorsitzenden des Appellationsgerichts in Krakau, Kraków, 13.9.1933, S. 9.
5 Ebd., Schreiben Jan Sehns an den Vorsitzenden des Appellationsgerichts in Krakau, Kraków, 4.4.1935, S. 15.
6 Ebd., Schreiben Jan Sehns an den Vorsitzenden des Appellationsgerichts in Krakau, Kraków, 28.6.1935, S. 18.
7 Ebd., Schreiben Jan Sehns an den Vorsitzenden des Appellationsgerichts in Krakau, Kraków, 19.9.1935, S. 26.
8 Hier und im Weiteren: Bericht von Hanna Restorff-Libiszowska (Telefongespräch vom 23.3.2019), Privatarchiv des Autors. Alle Aussagen Restorff-Libiszowskas in diesem Kapitel stammen aus dieser Quelle.

9 AIPN, Kr 010/4189, Protokoll des Verhörs von Marian Restorff, Warszawa, 2.12.1950, Bl. 19.
10 Hier und im Weiteren: ANK, 29/467/417, B. Drobner, Co widziałem w Rosji Sowieckiej? [Was habe ich in Sowjetrussland gesehen?], Bl. 17-76.
11 AAN, Bezirksgericht Krakau, Sign. 39, Schreiben des Unterkommissars Wiktor Olearczyk an den Vizestaatsanwalt des 1. Rayons des Bezirksgerichts in Krakau, Kraków, 16.10.1936, Bl. 45.
12 Ebd., Schreiben des Unterkommissars Wiktor Olearczyk an den Vizestaatsanwalt des 1. Rayons des Bezirksgerichts in Krakau, Kraków, 12.11.1936, Bl. 52.
13 Hier und im Weiteren: AAN, Bezirksgericht in Krakau, Sign. 39, Protokoll des Verhörs von Bolesław Drobner, Kraków, 18.9.1936, Bl. 26. Vgl. B. Drobner, Moje cztery procesy [Meine vier Prozesse], Warszawa 1962, S. 293.
14 B. Drobner, Bezustanna walka [Ständiger Kampf], Bd. 3: Wspomnienia 1936-1944 [Erinnerungen 1936-1944], Warszawa 1967, S. 51.
15 Hier und im Weiteren: Ebd., S. 65-66.
16 AAN, Bezirksgericht in Krakau, Sign. 39, Protokoll des Verhörs von Bolesław Drobner, Kraków, 5.3.1937, Bl. 7-8.
17 AAN, Bezirksgericht in Krakau, Sign. 40, Protokoll des Verhörs von Bolesław Drobner, Kraków, 28.6.1937, Bl. 430 (vgl. B. Drobner, Moje cztery procesy, S. 268, 294).
18 AAN, Bezirksgericht in Krakau, Sign. 41, Anklageschrift gegen Bolesław Drobner, Kraków, 24.9.1937, Bl. 479.
19 Ilustrowany Kurier Codzienny, 23.3.1938, S. 1.
20 Dr Drobner skazany na trzy lata więzienia [Dr. Drobner zu drei Jahren Gefängnis verurteilt], in: Ilustrowany Kurier Codzienny, 3.4.1938.
21 IES, Akte des Assessors Jan Sehn, Schreiben des Vorsitzenden des Appellationsgerichts in Krakau an das Personalbüro des Justizministeriums, Kraków, 18.11.1937, S. 1.
22 AIPN, Kr 010/4189, Schreiben des Amtsleiters im Amt für Öffentliche Sicherheit im Landkreis Pińczów an den Abteilungsleiter des 5. Wojewodschaftsamts für Öffentliche Sicherheit in Krakau, Pińczów, 10.7.1952, Bl. 78.
23 Ebd., Plan für das Vorgehen in der Sache gegen Marian Restorff, Kraków, [1951], Bl. 12-13.
24 AIPN, 01236/1247/J, Bearbeitungsnotiz in den Akten der Sache Mieczysław Siewierski, Warszawa, 21.3.1972, Bl. 4-5.
25 AIPN, Kr 092/23, Bd. 7, Archivalien alter operativer Vorgänge des Wojewodschaftsamts für Öffentliche Sicherheit und des Präsidiums der Bürgermiliz in Krakau, vormals Abteilung II, Nr. 15667, [1955], Bl. 35. In dem Dokument ist das korrekte Geburtsdatum Jan Sehns angegeben, allerdings heißt es dort fälschlicherweise, er sei der Sohn von Józef.
26 AIPN, 0192/652, Bd. 1, Beschluss über den Beginn einer beweisführenden Beobachtung in Sachen Bolesław Drobner, Warszawa, 6.6.1955, Bl. 7. Dasselbe Dokument: AIPN, 01222/2682/J, Bl. 6.
27 Bericht Maria Kozłowskas (Telefongespräch vom 4.6.2018), Privatarchiv des Autors.

28 Bericht Maria Kozłowskas, in: collections.ushmm.org, bit.ly/2osM6fB (4.10.2022).
29 AIPN, GK 190/132, Brief von Kazimierz Rusinek an Jan Sehn, Warszawa, 24.2.1962, Bl. 53.

Der Krieg

1 Hier und im Weiteren: Dekret des Polnischen Komitees der Nationalen Befreiung vom 31. August 1944 über das Strafmaß für faschistische Hitler-Verbrecher, die des Mordes und der Grausamkeiten an der Zivilbevölkerung sowie an Kriegsgefangenen schuldig sind, sowie für Verräter am polnischen Volk, in: Dziennik Ustaw (Dz.U.), 1944, Nr. 4, Pos. 16.
2 A. Chwalba, Okupacyjny Kraków w latach 1939-1945 [Krakau in den Jahren der Besatzung 1939-1945], 2. Aufl., Kraków 2002, S. 178.
3 Z. Stryjeńska, Chleb prawie że powszedni. Kronika jednego życia [Das beinahe tägliche Brot. Chronik eines Lebens], Wołowiec 2016, S. 251.
4 A. Chwalba, Okupacyjny Kraków, S. 31.
5 PA AA, RAV 132/47, Schreiben der Passstelle beim Chef des Distrikts Krakau ans Deutsche Konsulat Krakau, 17.1.1940.
6 AUJ, S III 246, Erklärung Jan Sehns, Kraków, 29.9.1960.
7 IES, Personalakte Jan Sehns, Personalbogen Jan Sehns, Kraków, 12.1.1952, S. 24.
8 Hier und im Weiteren: AIPN, Ka 0264/305, Sonderformular von Tadeusz Puskarczyk, 10.11.1945, Bl. 8-19.
9 Z. Leśnicki, Kraków. Historie, anegdoty i plotki [Krakau. Geschichten, Anekdoten und Klatsch], Kraków 2015, S. 187.
10 Bericht von Zofia Sehn vom 2.3.1984. Zit. n.: R. Kotarba, Jan Sehn – pierwszy przewodniczący i organizator Okręgowej Komisji Badania Zbrodni Niemieckich w Krakowie [Jan Sehn – erster Vorsitzender und Organisator der Bezirkskommission zur Untersuchung der deutschen Verbrechen in Krakau], in: Biuletyn Głównej Komisji Badania Zbrodni przeciwko Narodowi Polskiemu – Instytutu Pamięci Narodowej, 33 (1991), S. 199.
11 ANK, 29/749/2452, Protokoll des Verhörs von Jan Sehn, Kraków, 23.7.1946, Bl. 76. Auch die folgenden Zitate aus der Erklärung Jan Sehns stammen aus diesem Dokument.
12 A. Chwalba, Okupacyjny Kraków, S. 387.
13 AIPN, GK 174/74A, Schreiben Jan Sehns an Józef Szymański, Kraków, 8.6.1949, Bl. 11.
14 Hier und im Weiteren: ANK, 29/749/2452, Protokoll der Befragung Adam Wojtaszeks, Kraków, 15.6.1946, Bl. 69-70.
15 So seine Aussage 1946. Im Archiv des Museums Groß-Rosen in Rogoźnica figuriert ein gewisser Adam Wo[j]taszek, geb. am 19.2.1909. Ins Lager kam er am 18.7.1944. Dział Gromadzenia Zbiorów Muzeum Groß-Rosen, elektronische Korrespondenz mit dem Autor vom 16.7.2019.

16 ANK, 29/749/2452, Protokoll der Befragung Julia Biel[owas], Kraków, 14.6.1946, Bl. 67-68.

17 ANK, 29/749/2452, Protokoll der Befragung Aniela Witeks, Kraków, 15.6.1946, Bl. 71-72.

18 ANK, 29/749/2452, Erklärung des Vorstands der Vereinigung der gastronomischen Industrie der Wojewodschaft Krakau, Kraków, 18.7.1946, Bl. 73.

19 ANK, 29/749/2452, Protokoll der Befragung Józef Lubelskis, Kraków, 2.8.1946, Bl. 88.

20 Hier und im Weiteren: ANK, 29/749/2452, Protokoll der Befragung Franciszek Międziks, Kraków, 2.8.1946, Bl. 91-92.

21 ANK, 29/749/2452, Protokoll der Befragung Adam Wojtaszeks, Kraków, 19.8.1946, Bl. 95-96.

22 ANK, 29/749/2452, Protokoll der Befragung Julia Bielowas, Kraków, 19.8.1946, Bl. 97-98.

23 ANK, 29/749/2452, Antrag auf Einstellung des Verfahrens gegen Jan Sehn, Kraków, 24.8.1946, Bl. 63-65. Über den Antrag wurde zwei Tage später vom Staatsanwalt positiv entschieden (Ebd., Bl. 65).

24 ANK, 29/749/2452, Schreiben des Staatsanwalts M[ichał] Trembałowicz an die staatsanwaltliche Aufsichtsbehörde beim Justizministerium, Kraków, 27.8.1946, Bl. 1.

25 AIPN, Kr 080/1, Abschrift des beschädigten Blattes E-14 zur Sache Jan Sehn. Ich danke Radosław Peterman, dass er mir das Dokument zur Verfügung gestellt hat.

26 AIPN, 003439/259, Archivbuch des MSW, Notizen in der Sache Jan Sehn, Bl. 50.

27 AIPN, Ka 0264/305, Sonderformular von Tadeusz Puskarczyk, 10.11.1945, Bl. 18.

28 IES, Personalakte Jan Sehns, Personalbogen Jan Sehns, Kraków, 12.1.1952, S. 24.

29 APRz, Deutsche Gemeinschaft im Generalgouvernement, Bestand 108, Signatur 89, Bl. 63-64. Nach diesem Dokument hatte die Kennkarte Johann Sehns die Nr. 547/40, die Kennkarte Josef Sehns die Nr. 549/40. Vgl. auch W. Gąsiewski, Jan Sehn (1909-1965), in: Wieści Regionalne, 5 (2009).

30 In anderen Quellen heißt es, er sei Gemeindevorsteher gewesen.

31 A. Nagorski, Łowcy nazistów [Die Nazijäger], übers. v. J. Szkudliński, Poznań 2016 (amerikanische und polnische Erstveröffentlichung 2016), S. 90.

32 Hier und im Weiteren: Michał Sehn, elektronische Korrespondenz mit dem Autor vom 23.7.2019.

33 Zit. n.: H. Niziołek, »Pola zielone, wciąż widzę je …« [Die grünen Felder, ich sehe sie noch immer …], Dębica 2017, S. 392. Harlas Bericht stammt von 1982, ähnliche Zeugenaussagen aber wurden in den ersten Jahren nach dem Krieg aufgenommen.

34 Hier und im Weiteren: Berichte von Józef und Franciszka Sehn, in: collections.ushmm. org, bit.ly/2mNKUmE (4.10.2022).

35 Dekret des Polnischen Komitees der Nationalen Befreiung vom 4. November 1944 über sichernde Maßnahmen gegenüber Volksverrätern, in: Dz.U., 1944, Nr. 11, Pos. 54.
36 Bericht von Arthur Sehn vom 28. 2. 2018, Privatarchiv des Autors.
37 APRz, Zespół Sąd Grodzki w Mielcu, sygn. 1196, Antrag Józef Sehns auf erneute Ausstellung einer Geburtsurkunde, Uciąż, 16. 12. 1949, Bl. 1. Dem Antrag wurde stattgegeben.
38 Arthur Sehn, elektronische Korrespondenz mit dem Autor vom 28. 1. 2019.

Wiesbaden

1 Hier und im Weiteren: Greiser i Fischer przywiezieni do Warszawy [Greiser und Fischer nach Warschau gebracht], in: Dziennik Polski, 31. 3. 1946.
2 Polska Kronika Filmowa 12/46.
3 AIPN, GK 351/337, Befehl Nr. 57 Marschall Michał Żymierskis, Warszawa, 15. 2. 1946, Bl. 4-5. Einer der Autoren datiert den Befehl irrtümlich auf den 15. 11. 1946, vgl. L. Gondek, Polskie Misje Wojskowe 1945-1949. Polityczno-prawne, ekonomiczne i wojskowe problemy likwidacji skutków wojny na obszarze okupowanych Niemiec [Die polnischen Militärmissionen 1945-1949. Politisch-rechtliche, ökonomische und militärische Schwierigkeiten bei der Beseitigung der Kriegsfolgen auf dem Gebiet des besetzten Deutschlands], Warszawa 1981, S. 29.
4 IES, Personalakte Jan Sehns, Abschnitt betreffs seines Militärdienstes (Abschrift), Kraków, 13. 11. 1933 (mit späteren Ergänzungen), o. P.
5 Erlass vom 3. April 1948, über den Militärdienst der Offiziere der Polnischen Armee, Dz.U. 1948, Nr. 20, Punkt 135.
6 AMSZ, DP, Best. 6, Bdl. 106, Bd. 1717, Schreiben Oberst Marian Muszkats, Bad Oeynhausen, 12. 6. 1946, Bl. 8.
7 AIPN, GK 351/337, Schreiben Oberstleutnant Marian Muszkats an General Marian Spychalski, [Wiesbaden], 15. 4. 1946, Bl. 18.
8 AIPN, GK 162/272, Schreiben Janusz Gumkowskis an die Krakauer Bezirkskommission zur Untersuchung der deutschen Verbrechen, Warszawa, 22. 2. 1946, Bl. 23.
9 AIPN, 2386/17056, Rapport Nr. 1 Hauptmann Ignacy Wójciks, Warszawa, 29. 4. 1946, Bl. 1.
10 B. Musiał, NS-Kriegsverbrecher vor polnischen Gerichten, in: Vierteljahrshefte für Zeitgeschichte, 1999, H. 1, S. 43.
11 AIPN, GK 162/141A, Bericht Jan Sehns [Wiesbaden], 24. 4. 1946, Bl. 255.
12 Odszukamy zbrodniarzy wojennych [Wir finden Kriegsverbrecher], in: Dziennik Polski, 3. 3. 1946.
13 AIPN, GK 162/141A, Bericht Jan Sehns [Wiesbaden], 24. 4. 1946, Bl. 253.
14 AIPN, GK 351/337, Schreiben Oberstleutnant Marian Muszkats an Oberst Jakub Prawin [Wiesbaden], 31. 3. 1946, Bl. 11. Ein weiteres Exemplar: AMSZ, DP, Best. 6, Bdl. 106, Bd. 1717, Bl. 2-3.
15 AIPN, GK 184/34, Schreiben Oberstleutnant Marian Muszkats an General Stanisław Zawadzki, Wiesbaden, 5. 5. 1946, Bl. 118.

16 AIPN, Kr 1/2069, Erinnerungen Edward Pęchalskis, Kraków, 12.3.1975, Bl. 31.
17 Hier und im Weiteren: AIPN, GK 162/141A, Bericht Jan Sehns [Wiesbaden], 24.4.1946, Bl. 254.
18 AIPN, GK 162/141, Bericht [Jan Sehns], o.O., [1946], Bl. 51.
19 AIPN, 2386/17056, Rapport Nr. 3 Hauptmann Ignacy Wójciks, Warszawa, 29.4.1946, Bl. 5.
20 AIPN, 2386/17056, I. Wójcik, Charakterisierung der Mitarbeiter der Kommission zur Untersuchung der deutschen Verbrechen, Warszawa, 29.4.1946, Bl. 15.
21 AIPN, GK 184/34, Schreiben Oberstleutnant Marian Muszkats ans Justizministerium, Wiesbaden, 8.5.1946, Bl. 136.
22 IES, Personalakte Jan Sehns, Angaben zur Person, Kraków, 12.1.1952, [S. 23].
23 Polska Kronika Filmowa 18/46.

Amon Göth

1 AIPN, GK 196/42, Erklärung Amon Göths, Dachau, 20.2.1946, Bl. 37-41. Zur Vernehmung Göths in Dachau am 20.2.1946 vgl. auch: J. Sachslehner, Der Henker. Leben und Taten des SS-Hauptsturmführers Amon Leopold Göth, Wien/Graz/Klagenfurt 2020, S. 447f.
2 Hier und im Weiteren: AIPN, GK 196/40, Protokoll der Inaugenscheinnahme des Geländes des Konzentrationslagers Plaszow am 29.5.1946, Kraków, 23.7.1946, Bl. 10-21.
3 AIPN, GK 196/39, Protokoll der Befragung Jakub Kornhausers, Gliwice, 15.7.1946, Bl. 98.
4 AIPN, GK 196/39, Protokoll der Befragung Schmeiser Fischels, Kraków, 19.7.1946, Bl. 101-102.
5 AIPN, Kr 425/138, Schreiben des Staatsanwalts Michał Trembałowicz an den Direktor des Gefängnisses in der Montelupich-Straße in Krakau (Abschrift), [Kraków], 26.8.1946, Bl. 22.
6 AIPN, Kr 425/138, Schreiben des Staatsanwalts Tadeusz Cyprian an den Staatsanwalt des Sonderstrafgerichts in Krakau (Abschrift), Warszawa, 23.8.1946, Bl. 23.
7 AIPN, Kr 1/2314, Bericht Krystyna Szymańskas, Kraków, 9.3.1990, Bl. 8. Das Wort »Abschaum« wurde handschriftlich ergänzt, über dem durchgestrichenen »[werden] Verbrecher«.
8 Hier und im Weiteren: AIPN, GK 174/351, Bd. 1, Protokoll des Verhörs Amon Göths, Kraków, 12.8.1946, Bl. 125-136.
9 T. Cyprian, J. Sawicki, Procesy wielkich zbrodniarzy wojennych w Polsce [Die Prozesse gegen Hauptkriegsverbrecher in Polen], [Warszawa] 1949, S. 6.
10 AIPN, GK 174/351, Bd. 1, Protokoll des Verhörs Amon Göths, Kraków, 12.8.1946, Bl. 134-135.
11 Hier und im Weiteren: AIPN, GK 174/351, Bd. 1, Protokoll des Verhörs Amon Göths (Abschrift), Kraków, 13.8.1946, Bl. 137-150.

12 AIPN, GK 196/45, Anklageschrift gegen Amon Göth, Kraków, 30.7.1946, Bl. 24-45, hier vor allem: Bl. 24-25. Abgedruckt in: Proces ludobójcy Amona Leopolda Goetha przed Najwyższym Trybunałem Narodowym [Der Prozess gegen den Völkermörder Amon Leopold Göth vor dem Obersten Nationalen Tribunal], bearb. v. S. Kosiński, Warszawa/Łódź/Kraków 1947, S. 25-36.
13 Hier und im Weiteren: AIPN, GK 174/351, Bd. 1, Protokoll des Verhörs Amon Göths (Abschrift), Kraków, 16.8.1946, Bl. 151-154.
14 M. Pemper, Wie es zu Schindlers Liste kam. Die wahre Geschichte, Hamburg 2018, S. 233. An anderer Stelle gab Pemper an, Sehns Bitte habe ihn »Ende 1945/Anfang 1946« erreicht (Ebd., S. 255).
15 AIPN, GK 196/40, Protokoll der Befragung Mieczysław Pempers, Kraków, 23.7.1946, Bl. 117-127.
16 AIPN, GK 174/352, schriftlicher Bericht Mieczysław Pempers zur Tätigkeit Amon Göths in der Lubliner Gegend, Kraków, 9.8.1946, Bl. 34.
17 Hier und im Weiteren: AIPN, GK 196/41, Protokoll der Befragung Mieczysław Pempers (Abschrift), Kraków, 19.8.1946, Bl. 114-121.
18 M. Pemper, Wie es zu Schindlers Liste kam, S. 235.
19 AIPN, GK 196/336, Protokoll des Verhörs Amon Göths (Abschrift), Kraków, 26.8.1946, Bl. 51-54. Vgl. auch: AIPN, GK 174/352, Schreiben Michał Trembałowiczs an den Direktor des Gefängnisses in der Montelupich-Straße in Krakau, Kraków, 26.8.1946, Bl. 47.
20 AIPN, GK 196/40, Protokoll der Befragung Mieczysław Pempers, Kraków, 23.7.1946, Bl. 120 u. 126.
21 J. Jasiński, Kat Płaszowa przed sądem [Der Henker von Plaszow vor Gericht], in: Dziennik Polski, 26.8.1946.
22 AIPN, GK 174/352, Schreiben des Richters Alfred Eimer an Jan Sehn, ohne Datum, Bl. 50.
23 Rede des Staatsanwalts Tadeusz Cyprian, zit. n.: Proces ludobójcy [Der Prozess gegen den Völkermörder], S. 15-16.
24 Hier und im Weiteren: M. Pemper, Wie es zu Schindlers Liste kam, S. 245.
25 AIPN, GK 196/45, Urteil des Obersten Nationalen Tribunals im Fall Amon Göth, Kraków, 5.9.1946, Bl. 318. Abgedruckt in: Proces ludobójcy [Der Prozess gegen den Völkermörder], S. 471; Siedem wyroków Najwyższego Trybunału Narodowego [Sieben Urteile des Obersten Nationalen Tribunals], hrsg. v. T. Cyprian, J. Sawicki, Poznań 1962, S. 26.
26 AIPN, Kr 425/138, Schreiben des Staatsanwalts Jan Jasiński an den Direktor des Gefängnisses in der Montelupich-Straße in Krakau, [Kraków], 11.9.1946, Bl. 31.
27 J. Sachslehner, Der Henker, S. 381.

Rudolf Höß

1 T. Cyprian, J. Sawicki, Procesy wielkich zbrodniarzy wojennych w Polsce, S. 10.
2 Piotr Setkiewicz, elektronische Korrespondenz mit dem Autor vom 1.12.2017.

3 AIPN, GK 196/93, Protokoll der Inaugenscheinnahme des Konzentrationslagers Auschwitz und der Lagerdokumente, Oświęcim/Kraków, 26.9.1946, Bl. 61-62. Kurz vor seinem Tod soll Sehn dem Journalisten Leopold Marschak gesagt haben, er habe die Pläne für die vier Krematorien 1945 in Wrocław gefunden, vgl. hierzu das Kapitel »Auschwitz 1945«; L. Marschak, Ostatnia rozmowa z prof. dr. Janem Sehnem, in: Kulisy, 1 (463) (1966).

4 AIPN, GK 196/93, Protokoll der Befragung Szlama Dragons, Oświęcim, 10.-11.5.1945 sowie 17.5.1945, Bl. 111. In Ausschnitten abgedruckt in: Zapisy terroru, Bd. 5, S. 258-268. Es handelt sich um die Beschreibung der Tötung in einer provisorischen Gaskammer (der sog. »Freianlage«).

5 AIPN, GK 196/93, Protokoll der Befragung Henryk Taubers, Oświęcim, 24.5.1945, Bl. 131. Ausschnitte in: Zapisy terroru, Bd. 5, S. 269-283.

6 AIPN, GK 196/93, Protokoll der Inaugenscheinnahme des Konzentrationslagers Auschwitz und der Lagerdokumente, Oświęcim/Kraków, 26.9.1946, Bl. 35. Vgl. AIPN, GK 174/132, Bericht des Instituts für Gerichtsexpertisen zu den toxikologischen Gutachten (Abschrift), Kraków, 15.12.1945, Bl. 2-6.

7 Zit. n.: J. Gumkowski, T. Kułakowski, Zbrodniarze hitlerowscy przed Najwyższym Trybunałem Narodowym [Hitler-Verbrecher vor dem Obersten Nationalen Tribunal], 3. Aufl., Warszawa 1967, S. 108.

8 AIPN, GK 174/189, Schreiben Jan Sehns an den Direktor des Zentralgefängnisses in Krakau, Kraków, 6.9.1946, Bl. 5.

9 AIPN, GK 174/189, Schreiben Jan Sehns an den Direktor des Zentralgefängnisses in Krakau, Kraków, 11.11.1946, Bl. 4.

10 A. Nagorski, Łowcy nazistów [Die Nazijäger], übers. v. J. Szkudliński, Poznań 2016, S. 113. Die Hinweise zu den Mittagessen auf S. 101.

11 AIPN, GK 174/30, Schreiben Jan Sehns an die Polnische Militärmission zur Untersuchung der [deutschen] Kriegsverbrechen mit Sitz in Wiesbaden, Kraków, 26.6.1946, Bl. 77.

12 AIPN, GK 196/93, Protokoll der Inaugenscheinnahme des Konzentrationslagers Auschwitz und der Lagerdokumente, Oświęcim/Kraków, 26.9.1946, Bl. 57-59.

13 Das Staatliche Museum Auschwitz-Birkenau gibt an, dass im KL Auschwitz »mehr als 1,1 Mio. Männer, Frauen und Kinder« ihr Leben verloren. Vgl. auschwitz.org, bit.ly/204lzFJ (22.6.2022).

14 AIPN, GK 190/32, Protokoll des Verhörs von Rudolf Höß, Kraków, 11.1.1947, Bl. 158. Vgl. J. Sehn, Wstęp [Einführung], in: Wspomnienia Rudolfa Hoessa, komendanta obozu oświęcimskiego [Die Erinnerungen von Rudolf Höß, dem Kommandanten des Lagers Auschwitz], Warszawa 1956, S. 14.

15 J. Sehn, Wstęp, S. 12.

16 M. Pemper, Schindlers Liste, S. 247.

17 T. Harding, Hanns und Rudolf. Der deutsche Jude und die Jagd nach dem Kommandanten von Auschwitz. Aus dem Englischen von Michael Schwelien, München 2014, S. 302.

18 J. Gumkowski, T. Kułakowski, Zbrodniarze hitlerowscy, S. 89.

19 S. Batawia, Rudolf Hoess, komendant obozu koncentracyjnego w Oświęcimiu [Rudolf Höß, Kommandant des Konzentrationslagers in Auschwitz], in: Biuletyn Głównej Komisji Badania Zbrodni Hitlerowskich w Polsce [Bulletin der Hauptkommission zur Untersuchung der NS-Verbrechen in Polen] 1951, Bd. VII, S. 26-27. Abgedruckt in: Archiwum Kryminologii, 2003-2004 [Ausgabe 2005], Bd. XXVII, S. 8-41. Alle Zitate von Batawia in diesem Kapitel stammen aus dieser Quelle.
20 Hier und im Weiteren: AIPN, Kr 1/2314, Bericht Krystyna Szymańskas, Kraków, 9.3.1990, Bl. 8.
21 Hier und im Weiteren: AIPN, GK 190/32, Protokoll des Verhörs von Rudolf Höß, Kraków, 28.9.1946, Bl. 19-24.
22 AIPN, GK 351/336, Bd. 5, Schreiben des Ersten Staatsanwalts des Obersten Nationalen Tribunals an den Staatsanwalt des Sonderstrafgerichts in Krakau, Kraków, 15.10.1946, Bl. 69.
23 Hier und im Weiteren: AIPN, GK 196/89, Protokoll der Befragung Władysław Fejkiels, Kraków, 10.10.1946, Bl. 22-23, 26.
24 AIPN, GK 196/89, Protokoll der Durchsicht des Tagebuchs von Johann Kremer, Kraków, 21.10.1946, Bl. 59-72.
25 AIPN, GK 190/32, Protokoll des Verhörs von Rudolf Höß, Kraków, 7.11.1946, Bl. 25-26.
26 AIPN, GK 190/32, Protokoll des Verhörs von Rudolf Höß, Kraków, 11.1.1947, Bl. 154.
27 AIPN, GK 174/88, Protokoll des Verhörs von Rudolf Höß, Kraków, 29.1.1947, Bl. 3.
28 AIPN, GK 190/32, Protokoll des Verhörs von Rudolf Höß, Kraków, 11.1.1947, Bl. 154.
29 AIPN, Kr 1/2314, Bericht Krystyna Szymańskas, Kraków, 9.3.1990, Bl. 8-9.
30 AIPN, GK 190/32, Protokoll des Verhörs von Rudolf Höß, Kraków, 11.1.1947, Bl. 157.
31 Hier und im Weiteren: AIPN, GK 190/32, Protokoll des Verhörs von Rudolf Höß, Kraków, 8.1.1947, Bl. 122-123.
32 J. Sehn, Wstęp, S. 12-13.
33 Hier und im Weiteren: J. Rawicz, Vorwort, in: Auschwitz in den Augen der SS. Rudolf Höß, Perry Broad, Johann Paul Kremer, hrsg. v. Jadwiga Bezwińska, Warszawa 1992, S. 11-12.
34 J. Sehn, Wstęp, S. 21.
35 P. Jasienica, U kresu pewnej moralności [An der Grenze einer bestimmten Moralität], in: Nowa Kultura, 3 (147) (1953), S. 3.
36 Rudolf Höß. Kommandant in Auschwitz. Autobiografische Aufzeichnungen, hrsg. v. M. Broszat, München 2019, S. 17.
37 IfZ, ID 104/32, Jan Sehn an Martin Broszat, Kraków, 22.12.1958.
38 J. Sehn, Wstęp, S. 16.
39 AIPN, Kr 1/2314, Bericht Krystyna Szymańskas, Kraków, 9.3.1990, Bl. 8.
40 J. Rawicz, Vorwort, S. 12.

41 AIPN, GK 190/32, Protokoll des Verhörs von Rudolf Höß, Kraków, 11.1.1947, Bl. 159.
42 AIPN, GK 190/32, Protokoll des Verhörs von Rudolf Höß, Kraków, 8.11.1946, Bl. 34.
43 Hier und im Weiteren: Protokoll der Befragung Stanisław Dubiels, Oświęcim, 7.8.1946, in: Auschwitz in den Augen der SS, S. 213-215.
44 AIPN, GK 190/32, Protokoll des Verhörs von Rudolf Höß, Kraków, 14.11.1946, Bl. 74.
45 AIPN, GK 190/32, Protokoll des Verhörs von Rudolf Höß, Kraków, 15.11.1946, Bl. 82.
46 AIPN, GK 190/32, Protokoll des Verhörs von Rudolf Höß, Kraków, 11.11.1946, Bl. 42.
47 AIPN, GK 196/89, Protokoll der Befragung Jan Olbrychts, Kraków, 23.11.1946, Bl. 183, 185, 190. Vgl. J. Gumkowski, T. Kułakowski, Zbrodniarze hitlerowscy, S. 120-121.
48 AIPN, GK 190/32, Protokoll des Verhörs von Rudolf Höß, Kraków, 6.1.1947, Bl. 91, 95, 97.
49 T. Cyprian, J. Sawicki, M. Siewierski, Głos ma prokurator [Der Staatsanwalt hat das Wort], Warszawa 1966, S. 170.
50 AIPN, GK 196/89, Protokoll der Befragung Kazimierz Grabowskis (Abschrift), Płock, 29.11.1946, Bl. 214-215.
51 AIPN, GK 196/89, Protokoll der Befragung Tadeusz Hołujs, Kraków, 25.10.1946, Bl. 94.
52 AIPN, GK 196/89, Protokoll der Befragung Kazimierz Frączeks (Abschrift), Jelenia Góra, 14.11.1946, Bl. 171-172.
53 AIPN, GK 196/89, Protokoll der Befragung Kazimierz Grabowskis (Abschrift), Płock, 29.11.1946, Bl. 214-215. Gemeint ist hier wohl eine Hinrichtung, die im Juli 1943 stattfand.
54 AIPN, GK 190/32, Protokoll des Verhörs von Rudolf Höß, Kraków, 6.1.1947, Bl. 96.
55 AIPN, GK 190/32, Protokoll des Verhörs von Rudolf Höß, Kraków, 7.1.1947, Bl. 119.
56 AIPN, GK 190/32, Protokoll des Verhörs von Rudolf Höß, Kraków, 9.1.1947, Bl. 132-133, 135.
57 AIPN, GK 190/32, Protokoll des Verhörs von Rudolf Höß, Kraków, 11.1.1947, Bl. 157.
58 J. Sehn, Wstęp, S. 19.
59 Ebd., S. 13.
60 AIPN, GK 174/123, Protokoll des Verhörs von Rudolf Höß, Kraków, 31.1.1947, Bl. 2-8.
61 AIPN, GK 351/336, Bd. 5, Schreiben des Ersten Staatsanwalts des Obersten Nationalen Tribunals an die Abteilung für Kriegsverbrechen der Polnischen Militärmission in Berlin, 10.1.1947, Bl. 128.
62 AIPN, GK 351/336, Bd. 5, Schreiben des Ersten Staatsanwalts des Obersten Nationalen Tribunals an Jan Sehn, o.O., 21.2.1947, Bl. 241.
63 AIPN, GK 351/336, Bd. 2, Anklageschrift gegen Rudolf Höß, 11.2.1947, Bl. 12-125.

64 J. Gumkowski, T. Kułakowski, Zbrodniarze hitlerowscy, S. 82.
65 AIPN, GK 351/336, Bd. 2, Urteil des Obersten Nationalen Tribunals in der Sache Rudolf Höß, 2.4.1947, Bl. 126-190. Vgl. S. Batawia, Rudolf Hoess, S. 55-56.
66 Manfred Deselaers, »Und Sie hatten nie Gewissensbisse?«. Die Biografie von Rudolf Höß, Kommandant von Auschwitz, und die Frage nach seiner Verantwortung vor Gott und den Menschen, 2. Aufl., Leipzig 2001, S. 228.
67 Hier und im Weiteren: AIPN, Kr 1/2314, Bericht Krystyna Szymańskas, Kraków, 9.3.1990, Bl. 11.
68 AIPN, GK 351/336, Bd. 1, Schreiben des Staatsanwalts Jan Mazurkiewicz an den Ersten Staatsanwalt des Obersten Nationalen Tribunals, Wadowice, 17.4.1947, Bl. 263.
69 [R. Höß], Brief an seine Frau [Wadowice], 11.4.1947, in: Wspomnienia Rudolfa Hoessa, S. 172.

Arthur Liebehenschel und andere

1 J. Gumkowski, T. Kułakowski, Zbrodniarze hitlerowscy, S. 86.
2 M. Pemper, Schindlers Liste, S. 247.
3 Hier und im Weiteren: AIPN, GK 162/273, Schreiben Jan Sehns an die Hauptkommission zur Untersuchung der deutschen Verbrechen in Polen, Kraków, 2.7.1947, Bl. 49.
4 AIPN, GK 196/134, Protokoll der Befragung Marian Białowieyskis, Dachau, 11.7.1946, Bl. 35.
5 AIPN, GK 196/134, Protokoll des Verhörs Arthur Liebehenschels, Dachau, 19.4.1946, Bl. 30-31.
6 Hier und im Weiteren: AIPN, GK 196/134, Protokoll des Verhörs Arthur Liebehenschels, Kraków, 7.5.1947, Bl. 51-61. Abgedruckt in: P. Setkiewicz, »Nie poczuwam się do żadnej winy«… Zeznania esesmanów z załogi KL Auschwitz w procesie przed Najwyższym Trybunałem Narodowym w Krakowie (24 listopada–16 grudnia 1947) [»Ich fühle mich in keiner Weise schuldig« … Aussagen der SS-Männer des Lagerpersonals in Auschwitz während des Prozesses vor dem Obersten Nationalen Tribunal in Krakau (24. November–16. Dezember 1947], Oświęcim 2016, S. 156-165.
7 AIPN, GK 196/142, Protokoll des Verhörs Hans Münchs, Kraków, 6.10.1947, Bl. 190-191. Abgedruckt in: P. Setkiewicz, »Nie poczuwam się do żadnej winy«…, S. 254.
8 Hier und im Weiteren: AIPN, GK 196/134, Protokoll des Verhörs Arthur Liebehenschels, Kraków, 8.5.1947, Bl. 62-72. Abgedruckt in: P. Setkiewicz, »Nie poczuwam się do żadnej winy«…, S. 165-173.
9 AIPN, Kr 1/2314, Bericht Krystyna Szymańskas, Kraków, 9.3.1990, Bl. 9.
10 AIPN, GK 196/134, Schreiben Arthur Liebehenschels an den Untersuchungsrichter [Jan Sehn], Kraków, 9.5.1947, Bl. 95-169.

11 AIPN, Kr 1/2314, Bericht Krystyna Szymańskas, Kraków, 9.3.1990, Bl. 9.
12 AIPN, GK 196/134, Protokoll der Befragung Władysław Fejkiels, Kraków, 26.8.1947, Bl. 73-75.
13 AIPN, GK 196/134, Protokoll der Befragung Adam Stapfs, Kraków, 13.9.1947, Bl. 84-85.
14 Protokoll der Befragung Stanisław Dubiels, Oświęcim, 7.8.1946, in: Auschwitz in den Augen der SS, S. 212; Zapisy terroru, Bd. 5, Auschwitz-Birkenau. Życie w fabryce śmierci [Auschwitz-Birkenau. Leben in der Fabrik des Todes], hg. v. M. Panecki, Warszawa 2019, S. 190.
15 J. Gumkowski, T. Kułakowski, Zbrodniarze hitlerowscy, S. 95-96.
16 AIPN, GK 196/135, Protokoll der Befragung Erwin Bartels, Kraków, 27.8.1947, Bl. 249-250.
17 AIPN, GK 196/134, Protokoll der Befragung von Franz Xaver Kraus, Kraków, 22.9.1947, Bl. 88-89.
18 AIPN, GK 196/134, Protokoll des Verhörs Arthur Liebehenschels, Kraków, 2.10.1947, Bl. 90-94. Abgedruckt in: P. Setkiewicz, »Nie poczuwam się do żadnej winy«..., S. 174-176.
19 AIPN, GK 196/139, Schreiben Stanisław Żmudas an den Staatsanwalt des Sonderstrafgerichts in Krakau, Kraków, 13.4.1946, Bl. 7.
20 AIPN, Kr 425/351, Krankenkarte Maria Mandls, Bl. 47.
21 AIPN, GK 196/139, Schreiben Maria Mandls an den Staatsanwalt [Jan Sehn], Kraków, 13.6.1947, Bl. 135.
22 Hier und im Weiteren: AIPN, GK 196/139, Protokoll des Verhörs Maria Mandls, Kraków, 19.5.1947, Bl. 111-119. Abgedruckt in: P. Setkiewicz, »Nie poczuwam się do żadnej winy«..., S. 184-191.
23 Hier und im Weiteren: AIPN, GK 196/139, Protokoll des Verhörs Maria Mandls, Kraków, 20.5.1947, Bl. 125-133. Abgedruckt in: P. Setkiewicz, »Nie poczuwam się do żadnej winy«..., S. 191-198.
24 Erinnerungen Krystyna Szymańskas, Tonbandaufnahme, Nachlass Stanisław Kobielas, in Besitz der Familie.
25 AIPN, Kr 425/351, Krankenkarte Maria Mandls, Bl. 47.
26 AIPN, GK 196/139, Schreiben Maria Mandls an den Staatsanwalt [Jan Sehn], Kraków, 13.6.1947, Bl. 159.
27 AIPN, GK 196/139, Schreiben Maria Mandls an den Staatsanwalt [Jan Sehn], Kraków, 21.6.1947, Bl. 169.
28 AIPN, GK 196/140, Protokoll der Durchsicht der von der Hauptkommission zur Untersuchung der deutschen Verbrechen in Polen überstellten Akten, Kraków, 28.6.1947, Bl. 44-45.
29 AIPN, GK 196/139, Schreiben Jan Sehns an das Amtsgericht in Kamienna Góra, Kraków, 16.7.1947, Bl. 212.
30 AIPN, GK 196/139, Protokoll der Befragung Genowefa Ułans, Kraków, 3.6.1947, Bl. 171-173. Abgedruckt in: Zapisy terroru, Bd. 6, S. 143-145.
31 AIPN, GK 196/139, Protokoll der Befragung Teresa Wicińskas, Kraków, 16.6.1947, Bl. 174-175.
32 AIPN, GK 196/139, Protokoll der Befragung Maria Budziaszeks, Kraków, 21.6.1947, Bl. 176-179. Abgedruckt in: Zapisy terroru, Bd. 6, S. 96-98.

33 AIPN, GK 196/139, Protokoll der Befragung von Luba Reiss, Kraków, 4.8.1947, Bl. 200-203. Abgedruckt in: Zapisy terroru, Bd. 6, S. 246-248.
34 AIPN, GK 196/140, Protokoll der Befragung Aleksandra Rybskas, Warszawa, 12.9.1947, Bl. 463-464.
35 AIPN, GK 196/140, Protokoll der Befragung Zofia Mączkas, Kraków, 5.8.1947, Bl. 428-430.
36 AIPN, GK 196/140, Protokoll der Befragung Aleksandra Steuers, Kraków, 20.8.1947, Bl. 436-439.
37 Rachwał[owa] war nach dem Krieg in der antikommunistischen Vereinigung »Freiheit und Unabhängigkeit« (Zrzeszenie Wolność i Niezawisłość; WiN) tätig. Sie wurde im Herbst 1946 verhaftet und Ende 1947 zum Tode verurteilt. 1956 wurde sie aus der Haft entlassen.
38 AIPN, Kr 1/2297, Abschrift des Berichts Stanisława Rachwałowas, [1972], Bl. 5.
39 AIPN, GK 196/139, Schreiben Maria Mandls an den Staatsanwalt [Jan Sehn], Kraków, 13.6.1947, Bl. 160.
40 AIPN, GK 196/135, Schreiben Jan Sehns an den Staatsanwalt des Sonderstrafgerichts in Krakau [Jan Jasiński] (Abschrift), Kraków, 17.8.1945, Bl. 7. Die Notiz im Dziennik Polski war zwei Tage zuvor erschienen.
41 AIPN, GK 196/135, Schreiben der Politischen Mission der Republik Polen in Wien an die Polnische Militärmission zur Untersuchung der deutschen Kriegsverbrechen mit Sitz in Augsburg, Wien, 2.6.1947, Bl. 192.
42 AIPN, GK 196/135, Protokoll der Befragung Erwin Bartels, Kraków, 27.8.1947, Bl. 248.
43 AIPN, GK 196/135, Protokoll der Befragung Feliks Myłyks, Kraków, 28.8.1947, Bl. 258-262.
44 AIPN, GK 196/135, Protokoll der Befragung Jan Pileckis, Kraków, 28.8.1947, Bl. 265.
45 AIPN, GK 196/135, Protokoll der Befragung Bolesław Lerczaks, Katowice, 23.9.1947, Bl. 319.
46 AIPN, GK 196/135, Protokoll des Verhörs Maximilian Grabners, Kraków, 16.9.1947, Bl. 325. Abgedruckt in: P. Setkiewicz, »Nie poczuwam się do żadnej winy«..., S. 64-66.
47 AIPN, GK 196/135, Protokoll des Verhörs Maximilian Grabners, Kraków, 25.9.1947, Bl. 332. Abgedruckt in: P. Setkiewicz, »Nie poczuwam się do żadnej winy«..., S. 70.
48 AIPN, GK 196/135, Protokoll des Verhörs Maximilian Grabners, Kraków, 18.9.1947, Bl. 328-331. Abgedruckt in: P. Setkiewicz, »Nie poczuwam się do żadnej winy«..., S. 67-69.
49 Hier und im Weiteren: AIPN, GK 196/135, Protokoll des Verhörs Maximilian Grabners, Kraków, 25.9.1947, Bl. 332-338. Abgedruckt in: P. Setkiewicz, »Nie poczuwam się do żadnej winy«..., S. 70-75.
50 AIPN, GK 196/135, Schreiben Jan Sehns an die Jüdische Historische Wojewodschaftskommission in Katowice, Kraków, 11.8.1947, Bl. 216-217.
51 AIPN, GK 196/135, Protokoll des Verhörs Maximilian Grabners, Kraków, 27.9.1947, Bl. 349-352. Abgedruckt in: P. Setkiewicz, »Nie poczuwam się do żadnej winy«..., S. 83-86.

52 Hier und im Weiteren: AIPN, GK 196/135, Protokoll des Verhörs Maximilian Grabners, Kraków, 26.9.1947, Bl. 339-348. Abgedruckt in: P. Setkiewicz, »Nie poczuwam się do żadnej winy«..., S. 75-83.
53 AIPN, GK 196/135, Protokoll des Verhörs Maximilian Grabners, Kraków, 29.9.1947, Bl. 353-360. Abgedruckt in: P. Setkiewicz, »Nie poczuwam się do żadnej winy«..., S. 87-93.
54 Hier und im Weiteren: AIPN, GK 196/135, M. Grabner, Bericht über das Lager Auschwitz, Kraków, 17.9.1947, Bl. 361-400.
55 AIPN, GK 196/144, Protokoll des Verhörs Erich Mußfeldts, Kraków, 8.9.1947, Bl. 99-103. Abgedruckt in: P. Setkiewicz, »Nie poczuwam się do żadnej winy«..., S. 238-242.
56 AIPN, GK 196/142, Protokoll des Verhörs Johann Paul Kremers, Kraków, 18.7.1947, Bl. 25-33. Abgedruckt in: P. Setkiewicz, »Nie poczuwam się do żadnej winy«..., S. 129-136.
57 AIPN, GK 196/142, Protokoll des Verhörs Johann Paul Kremers, Kraków, 30.7.1947, Bl. 37. Abgedruckt in: P. Setkiewicz, »Nie poczuwam się do żadnej winy«..., S. 140.
58 APMA-B, Zeugenberichte, Bd. 21, Protokoll der Befragung Jan Sehns während des Prozesses gegen Johann Paul Kremer vor dem Landgericht in Münster, [1960], Bl. 58-59.
59 AIPN, GK 196/142, Aussage Hans Münchs, Dachau, 21.11.1946, Bl. 129.
60 AIPN, GK 196/142, Auslieferungsantrag in der Sache Hans Münch, Wiesbaden, 26.9.1946, Bl. 126.
61 AIPN, GK 196/142, Protokoll des Verhörs Hans Münchs, Kraków, 25.7.1947, Bl. 170. Abgedruckt in: P. Setkiewicz, »Nie poczuwam się do żadnej winy«..., S. 251.
62 AIPN, GK 196/142, Aussage Prof. Géza Mansfelds, Budapest, 5.12.1946, Bl. 148.
63 AIPN, Kr 1/2314, Bericht Krystyna Szymańskas, Kraków, 9.3.1990, Bl. 13.
64 Hier und im Weiteren: AIPN, GK 196/142, Protokoll des Verhörs Hans Münchs, Kraków, 6.10.1947, Bl. 189-191. Abgedruckt in: P. Setkiewicz, »Nie poczuwam się do żadnej winy«..., S. 252-254.
65 AIPN, Kr 1/2314, Bericht Krystyna Szymańskas, Kraków, 9.3.1990, Bl. 13.
66 J. Sehn, Fall des SS-Arztes J. P. Kremer von Auschwitz, in: Unmenschliche Medizin. Anthologie, Bd. I, Teil 2, Auswahl und Einleitung von J. Rawicz, Warszawa 1969, S. 49.
67 Vgl. etwa: https://www.derstandard.at/story/718265/paris-bedingtehaft-fuer-ehemaligen-kz-arzt-muench-verlangt (28.9.2022).
68 FBI, Smlg StA FfM, 175, Beschluss des Staatsanwalts Eberhard Galm bezüglich der Einstellung des Ermittlungsverfahrens gegen Hans Münch, Frankfurt am Main, 4.1.2000, o. P.
69 M. Pemper, Schindlers Liste, S. 247.

Nürnberg

1 E. Osmańczyk, Z lotu ptaka [Aus der Vogelperspektive], in: Przekrój, 33 (1945), S. 4.
2 AIPN, Kr 1/2069, Erinnerungen Edward Pęchalskis, Kraków, 12. 3. 1975, Bl. 31.
3 AIPN, Kr 1/2314, Bericht Krystyna Szymańskas, Kraków, 9. 3. 1990, Bl. 14.
4 AIPN, Kr 1/106, Bericht Krystyna Szymańskas, [1980], Bl. 59.
5 AIPN, GK 162/1046, Bericht Major Bernard Achts, Nürnberg, 12. 12. 1947, Bl. 25.
6 AIPN, GK 184/41, Schreiben Major Bernard Achts an Stefan Kurowski, Nürnberg, 16. 10. 1947, Bl. 83.
7 AIPN, GK 174/30A, Abschrift eines Schreibens des Military Permit Office an das Außenministerium, Warszawa, 22. 5. 1947, Bl. 7.
8 AIPN, GK 184/37, Kopie eines Schreibens von Josiah E. DuBois an Jerzy Sawicki, 16. 6. 1947, Bl. 106.
9 AIPN, GK 184/41, Schreiben [Hauptmann Bernard Achts] an Jan Sehn, Nürnberg, 5. 8. 1947, Bl. 32.
10 AIPN, GK 184/41, Schreiben Hauptmann Bernard Achts an Jan Sehn, Nürnberg, 26. 8. 1947, Bl. 37.
11 AIPN, GK 184/38, Schreiben Oberst Marian Muszkats an Major Bernard Acht, London, 15. 10. 1947, Bl. 16.
12 AIPN, GK 184/41, Schreiben Major Bernard Achts an Oberst Marian Muszkat, Nürnberg, 22. 10. 1947, Bl. 89.
13 AIPN, Kr 1/2314, Bericht Krystyna Szymańskas, Kraków, 9. 3. 1990, Bl. 16.
14 AIPN, GK 162/1046, Bericht Major Bernard Achts, Nürnberg, 7. 11. 1947 [irrtümlich auf den 7. 10. datiert], Bl. 34. Dieses Zitat auch in: R. Kotarba, Dziennik Hansa Franka i okoliczności jego pozyskania przez Polskę w roku 1947 [Das Tagebuch Hans Franks und die Umstände seiner Verbringung nach Polen 1947], in: Annales Universitatis Mariae Curie-Skłodowska. Sectio F, Historia, 60 (2005), S. 286.
15 AIPN, Kr 1/2314, Bericht Krystyna Szymańskas, Kraków, 9. 3. 1990, Bl. 16.
16 AIPN, GK 184/41, Schreiben Jan Sehns an Stefan Kurowski, Nürnberg, 15. 11. 1947, Bl. 108.
17 AIPN, GK 162/1046, Bericht Major Bernard Achts, Nürnberg, 12. 12. 1947, Bl. 27. Dieses Zitat auch in: R. Kotarba, Dziennik Hansa Franka, S. 286.
18 AIPN, GK 184/38, Schreiben Major Władysław Czechowskis an Oberst Marian Muszkat, München, 5. 11. 1947, Bl. 30.
19 AIPN, GK 184/38, Schreiben Jan Sehns an Major [Jerzy Doliwa-]Jankowski, Nürnberg, 19. 11. 1947, Bl. 45.
20 T. Boghardt, Dirty Work? The Use of Nazi Informants by U. S. Army Intelligence in Postwar Europe, in: The Journal of Military History, 79 (2015), S. 400, 406, 415.

21 AIPN, GK 174/34, Schreiben Jan Sehns an das Institut für Nationales Gedenken [beim Präsidium des Ministerrats], Kraków, 12.12.1947, Bl. 142.
22 AIPN, GK 162/1046, Bericht Major Bernard Achts, Nürnberg, 7.11.1947 [irrtümlich auf den 7.10. datiert], Bl. 34.
23 AIPN, Kr 1/2334, Bericht Krystyna Szymańskas, Kraków, [29.4.1986], Bl. 1.
24 AIPN, Kr 1/106, Bericht Krystyna Szymańskas, [1980], Bl. 59.
25 AIPN, Kr 1/2334, Bericht Krystyna Szymańskas, Kraków, [29.4.1986], Bl. 1.
26 AIPN, GK 184/38, Schreiben Jan Sehns an Major Bernard Acht, Kraków, 18.12.1947, Bl. 82.
27 AIPN, Kr 1/106, Bericht Krystyna Szymańskas, [1980], Bl. 59.
28 AIPN, GK 174/66, Protokoll der Durchsicht des Tagebuchs von Hans Frank, Kraków, 19.4.1948, Bl. 3-4.
29 AIPN, GK 184/38, Schreiben Jan Sehns an Major Bernard Acht, Kraków, 18.12.1947, Bl. 82.
30 AIPN, Kr 1/2314, Bericht Krystyna Szymańskas, Kraków, 9.3.1990, Bl. 16.
31 AIPN, GK 184/41A, Schreiben [Major Bernard Achts] an Jan Sehn, Nürnberg, 1.3.1948, Bl. 153.
32 AIPN, GK 162/12, Schreiben Janusz Gumkowskis an die Auslandsabteilung der Polnischen Armee, [Warszawa], 9.8.1948, Bl. 22.
33 IES, Personalakte Jan Sehns, Angaben zur Person, Kraków, 12.1.1952, [S. 23].
34 AIPN, GK 162/12, Schreiben Henryk Świątkowskis an Jan Sehn, [Warszawa], [5.2.1949], Bl. 13.
35 AIPN, GK 162/626, Protokoll der Befragung Zofia Semiks, Warszawa, 20.6.1949, Bl. 50.
36 AIPN, GK 162/625, Protokoll der Befragung Tadeusz Nowaks, Warszawa, 20.6.1949, Bl. 8.
37 Hier und im Weiteren: AIPN, Kr 1/106, Bericht Krystyna Szymańskas, [1980], Bl. 59-60.

Josef Bühler

1 Hier und im Weiteren: J. Gumkowski, T. Kułakowski, Zbrodniarze hitlerowscy, S. 178-179. Als Autor des Kapitels über den Prozess gegen Bühler wird Tadeusz Kułakowski angegeben, im Archiv des Instituts für Nationales Gedenken ist jedoch die Mappe mit den handschriftlichen Notizen, die dem Kapitel als Grundlage dienten, mit dem Hinweis versehen: »Proces w sprawie Bühlera (referat omawiający znaczenie i przebieg procesu, opracowany przez doktora Sehna)« [Prozess in der Sache Bühler (Referat über Bedeutung und Verlauf des Prozesses, erstellt von Dr. Jan Sehn)], vgl. AIPN, GK 174/562.

2 AIPN, GK 196/386, Auslieferungsantrag in der Sache Bühler, [Wiesbaden, April 1946], Bl. 130.
3 Hier und im Weiteren: AIPN, GK 196/513, Schreiben Jan Sehns an den Staatsanwalt Stefan Kurowski, Warszawa, 3.12.1947, Bl. 21.
4 Hier und im Weiteren: AIPN, GK 196/513, Zu den Ermittlungen in der Sache Josef Bühler, [3.12.1947], Bl. 23-26.
5 AIPN, GK 196/513, Schreiben Jan Sehns an den Staatsanwalt Stefan Kurowski, Warszawa, 3.12.1947, Bl. 21.
6 AIPN, GK 351/330, Bd. 1, Schreiben des Staatsanwalts Stefan Kurowski an den Staatsanwalt Jerzy Sawicki, Warszawa, 18.3.1948, Bl. 1-2.
7 AIPN, GK 196/514, Schreiben Jan Sehns an die Direktion des Staatlichen Spiritus-Monopols in Krakau, [Kraków], 12.4.1948, Bl. 107.
8 AIPN, GK 196/386, Schriftliche Aussage Curt von Burgsdorffs in der Sache Josef Bühler, Kraków, 1.3.1948, Bl. 439-451.
9 AIPN, GK 196/514, Notiz zum Stand der Ermittlungen in der Sache Josef Bühler, Kraków, 7.4.1948, Bl. 74.
10 AIPN, GK 351/330, Bd. 1, Schreiben des Staatsanwalts Jan Jasiński an den Staatsanwalt [Jerzy Sawicki], Kraków, 22.4.1948, Bl. 14-15.
11 AIPN, GK 196/512, Protokoll des Verhörs Josef Bühlers, Kraków, 29.4.-5.5.1948, Bl. 4.
12 Hier und im Weiteren: AIPN, GK 196/512, Stenogramm des Verhörs Josef Bühlers, [Kraków], 29.4.1948, Bl. 6-32.
13 Hier und im Weiteren: AIPN, GK 196/512, Stenogramm des Verhörs Josef Bühlers, [Kraków], 30.4.1948, Bl. 35-63.
14 Hier und im Weiteren: AIPN, GK 196/512, Stenogramm des Verhörs Josef Bühlers, [Kraków], 2.5.1948, Bl. 69-93.
15 Hier und im Weiteren: AIPN, GK 196/512, Stenogramm des Verhörs Josef Bühlers, [Kraków], 3.5.1948, Bl. 96-128.
16 Hier und im Weiteren: AIPN, GK 196/512, Stenogramm des Verhörs Josef Bühlers, [Kraków], 4.[-5.]5.1948, Bl. 130-157.
17 AIPN, GK 196/514, Schreiben Josef Bühlers an den Untersuchungsrichter [Jan Sehn], Kraków, 12.5.1948, Bl. 111.
18 AIPN, GK 196/514, Ergänzungen Josef Bühlers zu den Verhören 29.4.-5.5.1948, Kraków, 11.5.1948, Bl. 113-127.
19 J. Gumkowski, T. Kułakowski, Zbrodniarze hitlerowscy, S. 178.
20 AIPN, Kr 1/2314, Bericht Krystyna Szymańskas, Kraków, 9.3.1990, Bl. 12.
21 Hier und im Weiteren: AIPN, Kr 502/1470, Protokoll des Verhörs Curt von Burgsdorffs, Kraków, 14.9.1948, Bl. 280-287.
22 AIPN, Kr 502/1470, Protokoll des Verhörs Curt von Burgsdorffs, Kraków, 15.9.1948, Bl. 291.
23 AIPN, Kr 502/1470, Protokoll des Verhörs Josef Bühlers, Kraków, 12.8.1948, Bl. 216.
24 AIPN, Kr 502/1471, Anklageschrift gegen Curt von Burgsdorff, Kraków, 23.10.1948, Bl. 21.
25 E. Kocwa, Zło anonimowe [Das anonyme Böse], in: Tygodnik Powszechny, 30 (175) (1948), S. 1, 9.

26 S. Piotrowski, Buehler zasłużył na najwyższy wymiar kary [Bühler hat das höchste Strafmaß verdient], in: Nowiny Literackie, 35 (75) (1948), S. 7.
27 Hier und im Weiteren: M. Pemper, Wie es zu Schindlers Liste kam, S. 254-255.
28 ZStL, GA 9-1, Bd. 1, Bericht von Hanns von Krannhals über Archivtätigkeit in Warschau, 17.10.-19.11.1963, Lüneburg, 30.11.1963, [S. 8].
29 Hier und im Weiteren: AIPN, Kr 502/11, Protokoll des Verhörs Ernst Boepples, Kraków, 20.1.1949, Bl. 87-98.
30 Hier und im Weiteren: AIPN, Kr 502/11, Protokoll des Verhörs Ernst Boepples, Kraków, 21.1.1949, Bl. 101-110.
31 Hier und im Weiteren: AIPN, Kr 502/11, Protokoll des Verhörs Ernst Boepples, Kraków, 22.1.1949, Bl. 112-121.

Gerhard Maurer

1 Hier und im Weiteren: Pemper, Schindlers Liste, S. 129-130.
2 Hier und im Weiteren: Protokoll der Befragung Mieczysław Pempers, Kraków, 23.2.1950, in: M. Pemper, Wie es zu Schindlers Liste kam, S. 129-139, hier S. 130.
3 AIPN, Kr 502/2211, schriftliche Aussage Gerhard Maurers »D II«, [Kraków], 23.6.1950, Bl. 178.
4 Hier und im Weiteren: AIPN, GK 162/981, Notiz Jan Sehns zum Prozess gegen Gerhard Maurer und andere (Abschrift), Kraków, 5.10.1950, Bl. 3-8.
5 ASO, Personalakte Jan Sehns, Protokoll der Vereidigung Jan Sehns, Kraków, 3.7.1945, Bl. 19.
6 IES, Personalakte Jan Sehns, Angaben zur Person, Kraków, 12.1.1952, [S. 23].
7 ANK Spytk, WK SD Kraków, IV/2/E/49/233, Schreiben Alfred Eimers und Maria Nosarzewskas an das Zentralkomitee der Demokratischen Partei, [Kraków], 6.4.1949, mit einem Anhang.
8 ANK Spytk, SD MK Kraków, IV/2/G/49, Personalakte Jan Sehns, Kraków, 25.4.1949, Bl. 60.
9 IES, Personalakte Jan Sehns, Angaben zur Person, Kraków, 12.1.1952, [S. 25].
10 Hier und im Weiteren: ANK, PWRN, Vereine 123, Statut der Gesellschaft der Freunde der Milizionärsfamilien, [Kraków], [1947], Bl. 21-28. Auch alle übrigen Informationen über die Gesellschaft stammen aus diesem Archivmaterial.
11 Hier und im Weiteren: AIPN, Kr 502/2211, Protokoll des Verhörs Gerhard Maurers, Kraków, 11.1.1951, Bl. 141-147.
12 Hier und im Weiteren: [R. Höß], Charakteristik Gerhard Maurers, [Kraków], November 1946, in: Wspomnienia Rudolfa Hoessa, S. 250-253.
13 Hier und im Weiteren: AIPN, Kr 502/2211, Protokoll des Verhörs Gerhard Maurers, Kraków, 25.1.1951, Bl. 205-209.

14 Hier und im Weiteren: AIPN, Kr 502/2211, Protokoll des Verhörs Gerhard Maurers, Kraków, 15.5.1951, Bl. 274-278.
15 Hier und im Weiteren: AIPN, Kr 502/2211, Protokoll des Verhörs Gerhard Maurers, Kraków, 26.1.1951, Bl. 211-215.
16 Hier und im Weiteren: AIPN, Kr 502/2211, Protokoll des Verhörs Gerhard Maurers, Kraków, 27.1.1951, Bl. 233-237.
17 Zum Sachverhalt siehe: https://www.faz.net/aktuell/feuilleton/debatten/ns-verbrechen-reichsuniversitaet-strassburg-liess-haeftlinge-ermorden-18129608.html (1.10.2022).
18 Hier und im Weiteren: AIPN, Kr 502/2211, Protokoll des Verhörs Gerhard Maurers, Kraków, 26.4.1951, Bl. 271-273.
19 AIPN, Kr 502/2211, Protokoll des Verhörs Gerhard Maurers, Kraków, 25.1.1951, Bl. 209.
20 Hier und im Weiteren: AIPN, Kr 502/2211, Protokoll des Verhörs Gerhard Maurers, Kraków, 15.5.1951, Bl. 278.
21 Hier und im Weiteren: AIPN, Kr 502/2211, Protokoll des Verhörs Gerhard Maurers, Kraków, 27.1.1951, Bl. 237, 236.
22 Hier und im Weiteren: AIPN, Kr 502/2211, Protokoll des Verhörs Gerhard Maurers, Kraków, 26.1.1951, Bl. 215.
23 J. Sehn, Handlarze śmierci [Die Händler des Todes], in: Za Wolność i Lud, 6 (87) (1955), S. 22.

Der Professor

1 Hier und im Weiteren: AAN, Ministerium für Hochschulwesen, Sign. 3643, J. Sehn, Formular für Anwärter auf einen akademischen Titel als selbstständige Wissenschaftler, Kraków, 7.4.1954, [S. 7].
2 ANK, 29/467/512, Abschrift der Stellungnahme Jan Sehns zum Tod der Ärzte Jan Oremus, Jerzy Oszacki und Zbigniew Ścisławski, Kraków, 31.7.1939, Bl. 43. Sehn hatte beschlossen, die Ermittlungen einzustellen.
3 AIPN, Kr 1/828, J. Sehn, Oględziny [Inaugenscheinnahme], Kraków 1948, [S. 60].
4 J. Markiewicz, Prof. dr Jan Sehn. Wspomnienie pośmiertne [Prof. Dr. Jan Sehn. Erinnerungen postum], in: Z Zagadnień Kryminalistyki, 2 (1967), S. 8.
5 AAN, Ministerium für Hochschulwesen, Sign. 3643, J. Sehn, Formular für Anwärter auf einen akademischen Titel als selbstständige Wissenschaftler, Kraków, 7.4.1954, [S. 7].
6 D. Różycka, T. Borkowski, Dzieje Instytutu Ekspertyz Sądowych 1929-1979 [Die Geschichte des Instituts für Gerichtsexpertisen 1929-1979], Warszawa 1979, S. 81.
7 AIPN, Kr 1/828, J. Sehn, Oględziny [Inaugenscheinnahme], Kraków 1948, [S. 34].
8 J. Sehn, Obóz koncentracyjny i zagłady Oświęcim [Das Konzentrations- und Vernichtungslager Auschwitz], in: Biuletyn Głównej Komisji Badania Zbrodni Niemieckich w Polsce [Bulletin der Hauptkommission zur Untersuchung der deutschen Verbrechen in Polen], 1 (1946), S. 65-130.

9 Jacek Lachendro, elektronische Korrespondenz mit dem Autor vom 1.12.2017. Auch die übrigen Aussagen Lachendros stammen aus dieser Korrespondenz.
10 T. Hołuj, Temat Oświęcim [Thema Auschwitz], in: Twórczość, 2 (1947), S. 140.
11 H. Korotyński, Kiedy będziemy znali Oświęcim? [Wann werden wir Auschwitz kennen?], in: Odrodzenie, 34 (143) (1947), S. 2.
12 J. Sehn, Obóz koncentracyjny i zagłady Oświęcim, S. 71.
13 Ebd, S. 128. In der Buchausgabe von 1956 (deutschsprachige Ausgabe 1957) hält Sehn weiterhin daran fest, dass die Zahl der in Auschwitz durch Gas ermordeten Menschen »nicht weniger als vier Millionen« betragen habe. J. Sehn, Konzentrationslager Oświęcim-Brzezinka (Auschwitz-Birkenau). Auf Grund von Dokumenten und Beweisquellen, Warszawa 1957, S. 173.
14 J. Sehn, Obóz koncentracyjny i zagłady Oświęcim, S. 78.
15 Vgl. die Website des Staatlichen Museums Auschwitz-Birkenau, auschwitz.org, bit.ly/2mx2yuM (2.10.2022).
16 Hier und im Weiteren: J. Sehn, Obóz koncentracyjny i zagłady, Oświęcim, S. 90 u. 120.
17 AIPN, GK 190/1, Schreiben [Jan Sehns] an Prof. Stanisław Batawia, Kraków, 12.1.1946, Bl. 4.
18 J. Markiewicz, Prof. dr Jan Sehn, S. 10.
19 S. Steinbacher, »Menschen in Auschwitz« und die Auschwitz-Forschung. Eine Analyse, in: Einsicht. Bulletin des Fritz Bauer Instituts, 5 (2013), H. 10, S. 20.
20 AAN, Ministerium für Hochschulwesen, Sign. 3643, M. Patkaniowski, Gutachten zur Tätigkeit und den wissenschaftlichen Leistungen Dr. Jan Sehns, Kraków, 3.6.1954, [S. 2-3, 8]. Die weiteren Zitate Patkaniowskis in diesem Kapitel stammen aus derselben Quelle.
21 J. Sehn, Zbrodnicze »eksperymenty« lekarzy SS na ludziach więzionych w hitlerowskich obozach koncentracyjnych [Verbrecherische »Experimente« der SS-Ärzte an Gefangenen in NS-Konzentrationslagern], in: Zagadnienia prawa karnego i teorii prawa. Księga pamiątkowa ku czci profesora Władysława Woltera [Zu Strafrecht und Rechtstheorie. Gedenkschrift zu Ehren Professor Władysław Wolters], hrsg. v. M. Cieślak, Warszawa 1959, S. 169.
22 J. Sehn, Einige rechtliche Aspekte der von den SS-Ärzten in den Konzentrationslagern durchgeführten sogenannten Versuche, in: Unmenschliche Medizin. Anthologie, Bd. I, T. 1, Warszawa 1969, S. 45 u. 181.
23 AAN, Ministerium für Hochschulwesen, Sign. 3643, J. Sehn, Formular für Anwärter auf einen akademischen Titel als selbstständige Wissenschaftler, Kraków, 7.4.1954, [S. 7b].
24 AIPN, GK 174/18, Erklärung Henryk Gawackis für Jan Sehn, Kraków, 30.6.1949, Bl. 11.
25 APMA-B, Materialien, Bd. 56, Bericht einer Sitzung der Historischen Kommission und der Mitarbeiter des Museums Auschwitz, Oświęcim, 21.11.1948, Bl. 61.

26 APMA-B, Zeugenberichte, Bd. 21, Protokoll der Befragung Jan Sehns während des Prozesses gegen Johann Paul Kremer vor dem Amtsgericht in Münster, [1960], Bl. 61.

27 AIPN, Kr 120/33, M. Kozłowska, Tak było … a karawana idzie dalej … Moje wspomnienia o Instytucie Ekspertyz Sądowych [So war es … und die Karawane zieht weiter … Meine Erinnerungen an das Institut für Gerichtsexpertisen], Kraków, 10. 3. 1999, Bl. 9. Sofern nicht anders ausgewiesen, stammen auch alle weiteren Aussagen Kozłowskas in diesem Kapitel aus dieser Quelle.

28 Maria Kozłowska, Telefongespräch mit dem Autor vom 16. 7. 2019.

29 J. Markiewicz, Wspomnienie o profesorze doktorze Janie Sehnie, S. 111.

30 AAN, Ministerium für Hochschulwesen, Sign. 3643, Antrag des Justizministers [Henryk Świątkowski] an die Zentrale Qualifizierungskommission für Wissenschaftler, Warszawa, 28. 6. 1954, [S. 2].

31 J. Sehn, Struktura organizacyjna i działalność Instytutu Ekspertyz Sądowych w Krakowie [Organisationsstruktur und Tätigkeit des Instituts für Gerichtsexpertisen in Krakau], in: Z Zagadnień Kryminalistyki, 1 (1960), S. 17.

32 Hier und im Weiteren: D. Różycka, T. Borkowski, Dzieje Instytutu, S. 87 u. 82.

33 Berichte von Zofia Chłobowska und Jerzy Łabędź vom 1. 3. 2018, Archiv des Autors. Vgl. auch: J. Kostrzewa, Przewodnicy po labiryncie. Dzieje Instytutu Ekspertyz Sądowych w latach 1929-2019 [Führer durch das Labyrinth. Die Geschichte des Instituts für Gerichtsexpertisen 1929-2019], Kraków 2019, S. 138.

34 Notizen Maria Kozłowskas, ohne Datum, Kopie im Besitz des Autors.

35 IES, Personalakte Andrzej Łobaczewskis, Schreiben Jan Sehns an Andrzej Łobaczewski (Abschrift), [Kraków], 2. 5. 1951, ohne Datum; IES, Personalakte Andrzej Łobaczewskis, Schreiben Jan Sehns an die Abteilung für Personalfragen und die Schulung für juristische Berufe beim Justizministerium, Kraków, 10. 5. 1951.

36 AAN, Ministerium für Hochschulwesen, Sign. 3643, J. Sehn, Formular für Anwärter auf einen akademischen Titel als selbstständige Wissenschaftler, Kraków, 7. 4. 1954, [S. 7b].

37 J. Markiewicz, Prof. dr Jan Sehn, S. 11.

38 Notizen Maria Kozłowskas, ohne Datum, Kopie im Besitz des Autors.

39 AAN, Ministerium für Hochschulwesen, Sign. 3643, J. Sehn, Formular für Anwärter auf einen akademischen Titel als selbstständige Wissenschaftler, Kraków, 7. 4. 1954, [S. 7c].

40 Der Band erschien im Verlag des Justizministeriums. Herausgeber war die »Komisja Konsultacyjno-Naukowa przy Ministerstwie Sprawiedliwości« [Beratungswissenschaftliche Kommission beim Justizministerium].

41 J. Sehn, Obecny stan kryminalistyki w Polsce [Der gegenwärtige Stand der Kriminalistik in Polen], in: Stan kryminalistyki i medycyny sądowej. Konferencja teoretyków i praktyków prawa karnego. Materiały z prac przygotowawczych do I Kongresu Nauki Polskiej [Der Stand der Kriminalistik und der Gerichtsmedizin. Konferenz der Theoretiker und Prak-

tiker des Strafrechts. Materialien der vorbereitenden Arbeiten für den 1. Kongress der Polnischen Wissenschaft], Warszawa 1951, S. 5 u. 14.

Katyn

1 AIPN, Kr 287/7, Bd. 1, Amtliche Notiz [eines Offiziers des UOP (Urząd Ochrony Państwa, Amt für Staatsschutz)] in der Sache der Dokumentation von Katyn, Kraków, 19.4.1991, Bl. 12.
2 AIPN, Rz 82/3052, Schreiben des von Stefania Próchniewicz Bevollmächtigten an das Amtsgericht in Przemyśl, [1949], Bl. 2; AIPN, Rz 82/3052, Abschrift des Trauscheins von Antoni Próchniewicz und Stefania Dawiskiba, Kraków, 3.8.1948, Bl. 3.
3 Dalsza lista ofiar katyńskich [Die weitere Liste der Opfer von Katyn], in: Goniec Krakowski, 4.6.1943.
4 M. Kozłowska, Archiwum doktora Robla w moich wspomnieniach [Das Archiv des Dr. Robel in meinen Erinnerungen], in: Z Zagadnień Kryminalistyki (1991) (Supplement), S. 34.
5 J. Markiewicz, Dr Jan Zygmunt Robel. Uczony – działacz – konspirator [Dr. Jan Zygmunt Robel. Gelehrter – Aktivist – Konspirateur], in: Z Zagadnień Kryminalistyki (1991) (Supplement), S. 9.
6 Hier und im Weiteren: IES, Teczka Szkic rozwoju instytutów i laboratoriów kryminalistycznych [Mappe Skizze zur Entwicklung der kriminalistischen Institute und Labore], Schreiben Jan Sehns an Lucjan Szulkin, das Institut für Gerichtsexpertisen betreffend, Kraków, 29.3.1945, [S. 1-2].
7 J. Olbrycht, S. Siengalewicz, Opinia sądowo-lekarska dla prokuratora Specjalnego Sądu Karnego w Krakowie [Gerichtsmedizinisches Gutachten für den Staatsanwalt des Sonderstrafgerichts in Krakau], Kraków, 12.12.1945, in: J. Bratko, Dlaczego zginąłeś, prokuratorze? [Warum bist du ums Leben gekommen, Staatsanwalt?], Kraków 1998, S. 319.
8 AIPN, GK 162/1045, Schreiben Stefan Kurowskis an die Hauptkommission zur Untersuchung der deutschen Verbrechen in Polen, Nürnberg, 25.3.1946, Bl. 9; AIPN, GK 162/1045, Schreiben Janusz Gumkowskis an die Krakauer Bezirkskommission zur Untersuchung der deutschen Verbrechen, [Warszawa], 9.4.1946, Bl. 10; AIPN, GK 162/1045, Schreiben Janusz Gumkowskis an Stefan Kurowski, Warszawa, 16.4.1946, Bl. 11.
9 Hier und im Weiteren: AIPN, Kr 1/2314, Bericht Krystyna Szymańskas, Kraków, 9.3.1990, Bl. 14-15, 19; vgl. AIPN, Kr 1/2334, Notiz Krystyna Szymańskas zu den Katyn-Dokumenten, Kraków, [6.11.1984], Bl. 2. In der Notiz von 1984, die weniger detailliert ist als der spätere Bericht, gibt sie an, dieses Ereignis habe sich 1946 zugetragen.
10 AIPN, GK 162/859, Schreiben Stefan Kurowskis an Jan Sehn, [Warszawa], 26.6.1948, Bl. 46. Das Datum ist handschriftlich notiert, es könnte auch der 28.6.1948 sein.

11 AIPN, GK 174/30A, Notiz Jan Sehns für Stefan Kurowski, Kraków, 22.12.1947, Bl. 34.
12 AIPN, GK 162/1062, Schreiben Jan Sehns an Janusz Gumkowski, Kraków, 21.12.1948, Bl. 175.
13 M. Kozłowska, Archiwum doktora Robla, S. 36.
14 AIPN, Kr 287/7, Bd. 1, Protokoll der Befragung Maria Kozłowskas, Kraków, 7.5.1991, Bl. 101.
15 M. Kozłowska, Archiwum doktora Robla, S. 36-37; vgl. AIPN, Kr 120/33, M. Kozłowska, Tak było … a karawana idzie dalej … Moje wspomnienia o Instytucie Ekspertyz Sądowych [So war es … und die Karawane zieht weiter … Meine Erinnerungen an das Institut für Gerichtsexpertisen], Kraków, 10.3.1999, Bl. 10.
16 Hier und im Weiteren: AIPN, Kr 287/7, Bd. 1, Protokoll der Befragung Maria Kozłowskas, Kraków, 7.5.1991, Bl. 101-102.

Frankfurt

1 FBI, NL 03-1, Bd. 1, Schreiben Hanns Großmanns an Jan Sehn, Frankfurt am Main, 9.2.1960, Bl. 151.
2 K. Stengel, Hermann Langbein. Ein Auschwitz-Überlebender in den erinnerungspolitischen Konflikten der Nachkriegszeit, Frankfurt am Main/New York 2012, S. 410.
3 FBI, NL 03-1, Bd. 1, Brief Hermann Langbeins an Jan Sehn, Wien, 21.2.1960, Bl. 153. Vgl. auch: ÖStA, NL Langbein, E 1797/34, Bd. 2, [o. P.].
4 AIPN, GK 162/II/1945, J. Sehn, Bericht der Dienstreise nach Österreich, in die Bundesrepublik Deutschland und nach Berlin, 23.2.-12.3.1960, Warszawa, 31.3.1960, Bl. 1.
5 Auszug aus dem Sitzungsprotokoll der Rechtskommission des hessischen Landesparlaments (Hessischer Landtag), 3.6.1960, Bl. 12, Kopie im Besitz des Autors.
6 Hier und im Weiteren: ZStL, GA 9-1, Bd. 5, Notiz Erwin Schüles zu Gesprächen mit Jan Sehn am 1. und 2.3.1960, Ludwigsburg, 4.3.1960, [S. 1].
7 Auszug aus dem Sitzungsprotokoll der Rechtskommission des hessischen Landesparlaments (Hessischer Landtag), 3.6.1960, Bl. 13, Kopie im Besitz des Autors.
8 D. Schenk, Die braunen Wurzeln des BKA, Frankfurt am Main 2003, S. 182-190.
9 FBI, 4 Js 1031/61, Berichtsheft, Bd. 1, Schreiben Hanns Großmanns an den Generalstaatsanwalt [Fritz Bauer], Frankfurt am Main, 20.12.1962, Bl. 74.
10 AIPN, GK 190/150, Schreiben des Generalstaatsanwalts [Fritz Bauer] an Jan Sehn, Frankfurt am Main, 2.3.1960, Bl. 1.
11 ÖStA, NL Langbein, E 1797/34, Bd. 2, Brief Hermann Langbeins an Jan Sehn, Wien, 23.3.1960, [o. P.].

12 HHStA, Abt. 461, 37638/245, Abschrift eines Briefs von Jan Sehn an Fritz Bauer, Kraków, 21.4.1960, Bl. 363.
13 AIPN, Kr 120/33, M. Kozłowska, Tak było ... a karawana idzie dalej ... Moje wspomnienia o Instytucie Ekspertyz Sądowych [So war es ... und die Karawane zieht weiter ... Meine Erinnerungen an das Institut für Gerichtsexpertisen], Kraków, 10.3.1999, Bl. 14.
14 Gerhard Wiese, Telefongespräch mit dem Autor vom 7.6.2018. Alle Aussagen Wieses in diesem Kapitel stammen aus derselben Quelle.
15 1967 wurde er – da er die entsprechende Zahl an Dienstjahren absolviert hatte – vom Dienst freigestellt. Kurz darauf wurde er Opfer der antisemitischen Kampagne in der Volksrepublik Polen. 1969 emigrierte er, zwei Jahre später entzog man ihm »aufgrund fehlender moralischer Werte« den Offiziersrang. Er taucht im Index der »unerwünschten« Personen der Volksrepublik Polen auf. 1990 starb er; sein Grab befindet sich in Paris. Personalakten: AIPN, 0194/2427; AIPN, 1368/705; AIPN, 2174/2707.
16 BAK, B141/22762, Notiz von [Paul-Günter] Pötz zur Ortsbesichtigung des Frankfurter Schwurgerichts auf dem Gelände des ehemaligen Konzentrationslagers Auschwitz, Bonn, 7.12.1964, Bl. 139.
17 AIPN, GK 190/147, Verordnung Nr. 73 des Vorsitzenden des Ministerrats vom 24.5.1960, [o. P.].
18 HHStA, Abt. 461, 37638/245, Notiz Hans Küglers zu seinem Besuch in West-Berlin, 20.-22.6.1960, Frankfurt am Main, 29.6.1960, Bl. 438-439.
19 AIPN, 2586/403, Bericht Eugeniusz Szmulewskis und Jan Sehns, Wizja lokalna w Oświęcimiu-Brzezince [Ortsbesichtigung in Auschwitz-Birkenau], Kraków, 5.2.1965, Bl. 4.
20 Ebd.; vgl. HHStA, Abt. 461, Nr. 37654/11, Bericht von Heinz Düx über den Besuch in Auschwitz, 26.-28.7.1963, Frankfurt am Main, 1.8.1963, Bl. 15967-15976.
21 AIPN, GK 917/216, Schreiben Henry Ormonds an Jan Sehn, Frankfurt am Main, 11.6.1959, Bl. 78-79; vgl. auch weitere Schreiben unter dieser Archivsignatur. In der Fachliteratur findet sich der irrtümliche Hinweis, Ormond habe erst 1962 mit Sehn Kontakt aufgenommen.
22 FBI, NL 03-1, Bd. 2, Dienstliche Notiz Jan Sehns, Kraków, 27.12.1956, Bl. 9.
23 AIPN, 2586/403, Bericht Eugeniusz Szmulewskis und Jan Sehns, Wizja lokalna w Oświęcimiu-Brzezince [Ortsbesichtigung in Auschwitz-Birkenau], Kraków, 5.2.1965, Bl. 6.
24 StAFfM, Magistratsakten, Sign. 61, Schreiben Fritz Bauers an Willi Brundert, Frankfurt am Main, 4.11.1964, [S. 1]; vgl. Auschwitz-Prozeß 4 Ks 2/63 Frankfurt am Main, hrsg. v. I. Wojak, Köln 2004, S. 64.
25 AIPN, 2586/403, Bericht Eugeniusz Szmulewskis und Jan Sehns, Wizja lokalna w Oświęcimiu-Brzezince [Ortsbesichtigung in Auschwitz-Birkenau], Kraków, 5.2.1965, Bl. 5.
26 AIPN, 2586/403, Schreiben Jan Pawlaks an Jan Sehn, Warszawa, 11.4.1964, Bl. 57.

27 S. Steinbacher, »Protokoll von der Schwarzen Wand«. Die Ortsbesichtigung des Frankfurter Schwurgerichts in Auschwitz, in: »Gerichtstag halten über uns selbst ...«. Geschichte und Wirkung des ersten Frankfurter Auschwitz-Prozesses, hrsg. v. I. Wojak, Frankfurt am Main/New York 2001, S. 61.

28 Hier und im Weiteren: AIPN, 2586/403, Bericht Eugeniusz Szmulewskis und Jan Sehns, Wizja lokalna w Oświęcimiu-Brzezince [Ortsbesichtigung in Auschwitz-Birkenau], Kraków, 5. 2. 1965, Bl. 8, 19, 22-23.

29 S. Steinbacher, »Protokoll von der Schwarzen Wand«..., S. 65.

30 BAK, B136/3173, Bericht [Rolf Vogels], Politische Beobachtungen zur Ortsbesichtigung von Auschwitz, Frankfurt am Main, 19. 12. 1964, [S. 1].

31 AIPN, 2586/403, Bericht Eugeniusz Szmulewskis und Jan Sehns, Wizja lokalna w Oświęcimiu-Brzezince [Ortsbesichtigung in Auschwitz-Birkenau], Kraków, 5. 2. 1965, Bl. 27-28.

32 AIPN, Kr 060/13, Sondermeldung Nr. 2 betreffs der Sicherung und Durchführung der Ortsbesichtigung in Auschwitz, Kraków, 14. 12. 1964, Bl. 87.

33 AIPN, Kr 060/13, Sondermeldung Nr. 5 betreffs der Sicherung und Durchführung der Ortsbesichtigung in Auschwitz, Kraków, 16. 12. 1964, Bl. 250.

34 AIPN, 2586/403, Bericht Eugeniusz Szmulewskis und Jan Sehns, Wizja lokalna w Oświęcimiu-Brzezince [Ortsbesichtigung in Auschwitz-Birkenau], Kraków, 5. 2. 1965, Bl. 34; vgl. FBI, Sammlung Hotz, Dokumente Ortsbesichtigung, Bericht von Walter Hotz für den Bundesjustizminister [Ewald Bucher], Frankfurt am Main, 5. 1. 1965, [S. 7].

35 Lauritzen würdigt Professor Sehn, in: Frankfurter Rundschau, 14. 12. 1965.

36 AIPN, 2586/403, Bericht Eugeniusz Szmulewskis und Jan Sehns, Wizja lokalna w Oświęcimiu-Brzezince [Ortsbesichtigung in Auschwitz-Birkenau], Kraków, 5. 2. 1965, Bl. 36.

37 AIPN, Kr 1/981, Schreiben Gerhard Wieses an Jan Sehn, Frankfurt am Main, 24. 12. 1964, Bl. 47.

38 AIPN, 2586/403, Bericht Eugeniusz Szmulewskis und Jan Sehns, Wizja lokalna w Oświęcimiu-Brzezince [Ortsbesichtigung in Auschwitz-Birkenau], Kraków, 5. 2. 1965, Bl. 42-43.

39 AIPN, 3058/179, Schreiben Henryk Cieśluks, Vize-Generalstaatsanwalt der Volksrepublik Polen, an den Vize-Justizminister Jan Pawlak, Warszawa, 14. 3. 1964, Bl. 6.

40 AIPN, 3058/179, Notiz Janusz Gumkowskis zum Prozess gegen die Auschwitz-Verbrecher in Frankfurt am Main, Warszawa, 18. 3. 1964, Bl. 3.

41 AIPN, Kr 1/981, Bericht Eugeniusz Szmulewskis und Jan Sehns, Rekwizycja w sprawie komisarycznego przesłuchania świadków w procesie oświęcimskim przed Sądem Przysięgłych we Frankfurcie nad Menem [Requisition betreffs der kommissarischen Befragung der Zeugen im Auschwitz-Prozess vor dem Frankfurter Schwurgericht], Kraków, 15. 5. 1965, Bl. 19.

42 AIPN, Kr 1/981, Schreiben Henry Ormonds an Jan Sehn, Frankfurt am Main, 10.3.1965, Bl. 48-49.
43 AIPN, Kr 1/981, Schreiben Stanisław Walczaks an Jan Sehn, Warszawa, 24.3.1965, Bl. 50-51.
44 AIPN, Kr 1/981, Bericht Eugeniusz Szmulewskis und Jan Sehns, Rekwizycja w sprawie komisarycznego przesłuchania świadków w procesie oświęcimskim przed Sądem Przysięgłych we Frankfurcie nad Menem, [Requisition betreffs der kommissarischen Befragung der Zeugen im Auschwitz-Prozess vor dem Frankfurter Schwurgericht], Kraków, 15.5.1965, Bl. 42.
45 Ebd., Bl. 34.
46 S. Steinbacher, »Protokoll von der Schwarzen Wand«..., S. 61.
47 Łagodne wyroki za zbrodnie przeciwko ludzkości [Milde Urteile für Verbrechen gegen die Menschheit], in: Sztandar Młodych, 21.8.1965.
48 Wyrok na katów Oświęcimia [Urteil gegen die Henker von Auschwitz], in: Życie Warszawy, 20.8.1965.
49 H. Ormond, Ein Wort zur Kritik am Auschwitz-Urteil, in: Allgemeine Wochenzeitung der Juden in Deutschland, 27.8.1965. Wiederabdruck in gekürzter Form in: Die Welt, 30.8.1965.
50 Verteidigungsplädoyer Hans Laternsers in der Sache Victor Capesius, 15.-16.7.1965, in: H. Laternser, Die andere Seite im Auschwitz-Prozeß 1963/65. Reden eines Verteidigers, Stuttgart-Degerloch 1966, S. 350.
51 Dr. Sehn kam – sah – konspirierte und – kassierte, in: Deutsche National-Zeitung und Soldaten-Zeitung, 32 (1965). Vgl. auch: H. Laternser, Gab Oberstaatsanwalt Dr. Rahn falsche Informationen über Zeugengebühren?, in: Deutsche National-Zeitung und Soldaten-Zeitung, 36 (1965).
52 AIPN, Kr 1/981, Bericht Eugeniusz Szmulewskis und Jan Sehns, Rekwizycja w sprawie komisarycznego przesłuchania świadków w procesie oświęcimskim przed Sądem Przysięgłych we Frankfurcie nad Menem [Requisition betreffs der kommissarischen Befragung der Zeugen im Auschwitz-Prozess vor dem Frankfurter Schwurgericht], Kraków, 15.5.1965, Bl. 9.
53 FBI, FAP1, HA 155, Begründung des Urteils in der Strafsache 4 Ks 2/63 – Mulka und andere, [Frankfurt am Main], 19.8.1965, [S. 12].

Tod

1 ZStL, GA 9-1, Bd. 6, Entwurf eines Schreibens Adalbert Rückerls an Jan Sehn, Ludwigsburg, 13.12.1965, [S. 7].
2 Christian Raabe, Brief an den Autor vom 4.7.2018.
3 W. Pfuhl, Professor Jan Sehn gestorben, in: Die Welt, 14.12.1965.
4 W. Mącior, Profesor Jan Sehn (1909-1965), in: Gazeta Wyborcza (Kraków), 10.12.2005.
5 R. Dahl, Die teuersten Zeugen der Welt, in: Deutsche National-Zeitung und Soldaten-Zeitung, 50 (1965).

6 Gerhard Wiese, Telefongespräch mit dem Autor vom 7.6.2018. Alle Äußerungen Wieses in diesem Kapitel aus derselben Quelle.

7 Hier und im Folgenden: ZStL, GA 9-1, Bd. 6, Notiz Adalbert Rückerls über den Besuch und den Tod Jan Sehns, Ludwigsburg, 16.12.1965, [S. 4-5].

8 Heimkehr mit dem Flugzeug, in: Frankfurter Allgemeine Zeitung, 14.12.1965.

9 W. Pfuhl, Professor Jan Sehn gestorben.

10 AIPN, Kr 120/33, M. Kozłowska, Tak było ... a karawana idzie dalej ... Moje wspomnienia o Instytucie Ekspertyz Sądowych [So war es ... und die Karawane zieht weiter ... Meine Erinnerungen an das Institut für Gerichtsexpertisen], Kraków, 10.3.1999, Bl. 14-15.

11 Arthur Sehn, elektronische Korrespondenz mit dem Autor vom 29.1.2018.

12 Bericht Maria Kozłowskas, collections.ushmm.org, bit.ly/2osM6fB (4.10.2022).

13 ZStL, GA 9-1, Bd. 6, Entwurf eines Schreibens [Adalbert Rückerls] an Bernd Mumm von Schwarzenstein, [Ludwigsburg], 21.12.1965, [S. 2].

14 Hier und im Weiteren: AIPN, Kr 120/33, M. Kozłowska, Tak było ... a karawana idzie dalej ... Moje wspomnienia o Instytucie Ekspertyz Sądowych [So war es ... und die Karawane zieht weiter ... Meine Erinnerungen an das Institut für Gerichtsexpertisen], Kraków, 10.3.1999, Bl. 7 u. 14-15.

15 Vgl. die Todesanzeige für Zofia Sehn, in: Dziennik Polski, 3.8.1984.

16 Adam Mróz, elektronische Korrespondenz mit dem Autor vom 3.1.2019. Die Renovierungsarbeiten sind inzwischen abgeschlossen (Stand: August 2022). Adam Mróz und seine Frau beabsichtigen, für die geplante Gedenktafel einen Zuschuss zu beantragen.

Gedenken

1 Zit. n.: WG [W. Gąsiewski], Polowanie na volksdeutschów czy antyniemieckie nastroje w Tuszowie [Jagd auf Volksdeutsche – antideutsche Stimmungen in Tuszów], in: Wieści Regionalne, 3 (2004).

2 H. Lepucki, Działalność kolonizacyjna Marii Teresy i Józefa II w Galicji 1772-1790 [Die kolonisatorische Tätigkeit Maria Theresias und Josephs II. in Galizien 1772-1790], Lwów 1938.

3 Pfarrer Krzysztof Kamieński, elektronische Korrespondenz mit dem Autor vom 18.6.2019. Signatur der Geburtsurkunden im ADT: MsJ I/1.

4 ANK, TSchn 1644, Register der Einwohner der Gemeinde [Tuszów Kolonia] und der zugehörigen Wahlberechtigten in den Orten der Umgebung, Tuszów Kolonia, 20.6.1870, Bl. 1037-1038.

5 W. Gąsiewski, Jan Sehn (1909-1965), in: Wieści Regionalne, 5 (2009).

6 IES, Personalakte Jan Sehns, Angaben zur Person, Kraków, 12.1.1952, [S. 22]; AUJ, S III 246, Angaben zur Person Jan Sehns, Kraków, 4.3.1959, [o. P.].

7 Vgl. z.B. IES, Personalakte Jan Sehns, Angaben zur Person, Kraków, 25.1.1945, [S. 1]; IES, Personalakte Jan Sehns, Angaben zur Person, Kraków, 12.1.1952, [S. 22]; IES, Personalakte Jan Sehns, Fragebogen zur Beantragung eines Reisepasses, Kraków, 24.12.1956, [S. 177]; AAN, Ministerium für Hochschulwesen, Sign. 3643, Angaben zur Person Jan Sehns, Kraków, 7.4.1954, [o. P.].

8 Berichte von Józef und Franciszka Sehn, collections.ushmm.org, bit.ly/2mNKUmE (4.10.2022).

9 27. Bericht der Schulleitung des Staatlichen Stanisław Konarski-Gymnasiums (humanistisches Profil) in Mielec für das Schuljahr 1928-29, Mielec 1929, S. 87.

10 WG [W. Gąsiewski], Polowanie na volksdeutschów.

Quellen und Literatur

Archive

Archiwum Akt Nowych w Warszawie (AAN) [Archiv Neuer Akten in Warschau]
Archiwum Diecezjalne w Tarnowie (ADT) [Diözesanarchiv in Tarnów]
Archiwum Instytutu Ekspertyz Sądowych w Krakowie (IES) [Archiv des Instituts für Gerichtsexpertisen in Krakau]
Archiwum Instytutu Pamięci Narodowej (AIPN) [Archiv des Instituts für Nationales Gedenken]
Archiwum Ministerstwa Spraw Zagranicznych w Warszawie (AMSZ) [Archiv des Außenministeriums in Warschau]
Archiwum Narodowe w Krakowie (Ekspozytura w Spytkowicach)
(ANK, ANK Spytk) [Nationalarchiv in Krakau (auch Spytkowice-Depositum)]
Archiwum Państwowe w Rzeszowie (APRz) [Staatsarchiv in Rzeszów]
Archiwum Państwowego Muzeum Auschwitz-Birkenau w Oświęcimiu (APMA-B) [Archiv des Staatlichen Museums Auschwitz-Birkenau in Oświęcim]
Archiwum Sądu Okręgowego w Krakowie (ASO) [Archiv des Bezirksgerichts in Krakau]
Archiwum Uniwersytetu Jagiellońskiego w Krakowie (AUJ) [Archiv der Jagiellonen-Universität in Krakau]
Bundesarchiv Koblenz (BAK)
Fritz Bauer Institut, Frankfurt am Main (FBI)
Hessisches Hauptstaatsarchiv, Wiesbaden (HHStA)
Institut für Zeitgeschichte (IfZ)
Österreichisches Staatsarchiv, Wien (ÖStA)
Politisches Archiv des Auswärtigen Amts (PA AA)
Stadtarchiv Frankfurt am Main, Institut für Stadtgeschichte (StAFfM)
Zentrale Stelle der Landesjustizverwaltungen zur Aufklärung nationalsozialistischer Verbrechen (ZStL)

Veröffentlichte Quellen

Cyprian Tadeusz/Sawicki, Jerzy/Siewierski, Mieczysław, Głos ma prokurator … [Der Staatsanwalt hat das Wort], Warszawa 1966.
Dekret Polskiego Komitetu Wyzwolenia Narodowego z dn. 31 sierpnia 1944 r. o wymiarze kary dla faszystowsko-hitlerowskich zbrodniarzy winnych zabójstw i znęcania się nad ludnością cywilną i jeńcami oraz

dla zdrajców Narodu Polskiego [Dekret des Polnischen Komitees der Nationalen Befreiung vom 31. August 1944 über das Strafmaß für faschistische Hitler-Verbrecher, die des Mordes und der Grausamkeiten an der Zivilbevölkerung sowie an Kriegsgefangenen schuldig sind, sowie für Verräter am polnischen Volk], in: Dziennik Ustaw (Dz.U.), 1944, Nr. 4, Pos. 16.

Dekret Polskiego Komitetu Wyzwolenia Narodowego z dn. 4 listopada 1944 r. o środkach zabezpieczających w stosunku do zdrajców Narodu [Dekret des Polnischen Komitees der Nationalen Befreiung vom 4. November 1944 über sichernde Maßnahmen gegenüber Volksverrätern], in: Dz.U., 1944, Nr. 11, Pos. 54.

Dekret z dn. 3 kwietnia 1948 r. o służbie wojskowej oficerów Wojska Polskiego [Erlass vom 3. April 1948, über den Militärdienst der Offiziere der Polnischen Armee], in: Dz.U., 1948, Nr. 20, Pos. 135.

Drobner, Bolesław, Bezustanna walka [Ständiger Kampf], Bd. 3: Wspomnienia 1936-1944 [Erinnerungen 1936-1944], Warszawa 1967.

—, Moje cztery procesy [Meine vier Prozesse], Warszawa 1962.

Główna Komisja Badania Zbrodni Niemieckich w Polsce i jej oddziały terenowe w 1945 roku. Wybór dokumentów, oprac. Mieczysław Motas [Die Hauptkommission zur Untersuchung der deutschen Verbrechen in Polen und ihre regionalen Abteilungen. Ausgewählte Dokumente], bearb. v. Mieczysław Motas, Warszawa 1995.

Laternser, Hans, Die andere Seite im Auschwitz-Prozeß 1963/65. Reden eines Verteidigers, Stuttgart-Degerloch 1966.

Nałkowska, Zofia, Dzienniki [Tagebücher], Bd. VI: 1945-1954, Teil 1: 1945-1948, bearb. v. Hanna Kirchner, Warszawa 2000.

Pemper, Mieczysław, Prawdziwa historia listy Schindlera, Warszawa 2006 (dt. Ausgabe: Mietek Pemper, Wie es zu Schindlers Liste kam. Die wahre Geschichte, Hamburg 2018).

Proces ludobójcy Amona Leopolda Goetha przed Najwyższym Trybunałem Narodowym, oprac. Stanisław Kosiński [Der Prozess gegen den Völkermörder Amon Leopold Göth vor dem Obersten Nationalen Tribunal], bearb. v. Stanisław Kosiński, Warszawa/Łódź/Kraków 1947.

Setkiewicz, Piotr, »Nie poczuwam się do żadnej winy«... Zeznania esesmanów z załogi KL Auschwitz w procesie przed Najwyższym Trybunałem Narodowym w Krakowie (24 listopada–16 grudnia 1947) [»Ich fühle mich in keiner Weise schuldig« ... Aussagen der SS-Männer des Lagerpersonals in Auschwitz während des Prozesses vor dem Obersten Nationalen Tribunal in Krakau (24. November – 16. Dezember 1947)], Oświęcim 2016.

Siedem wyroków Najwyższego Trybunału Narodowego [Sieben Urteile des Obersten Nationalen Tribunals], hrsg. v. Tadeusz Cyprian, Jerzy Sawicki, Poznań 1962.

Stryjeńska, Zofia, Chleb prawie że powszedni. Kronika jednego życia [Das beinahe tägliche Brot. Chronik eines Lebens], Wołowiec 2016.

Wspomnienia Rudolfa Hoessa, komendanta obozu oświęcimskiego [Erinnerungen von Rudolf Höß, dem Kommandanten des Konzentrationslagers Auschwitz], Warszawa 1956.

Zapisy terroru [Aufzeichnungen des Terrors], Bd. 5: Auschwitz-Birkenau. Życie w fabryce śmierci [Auschwitz-Birkenau. Leben in der Fabrik des Todes], hrsg. v. Marcin Panecki, Warszawa 2019.

Zapisy terroru [Aufzeichnungen des Terrors], Bd. 6: Auschwitz-Birkenau. Los kobiet i dzieci [Auschwitz-Birkenau. Das Schicksal der Frauen und der Kinder], hrsg. v. Marcin Panecki, Warszawa 2019.

Privatarchiv des Autors

Chłobowska, Zofia, Łabędź, Jerzy (persönliches Treffen am 1. 3. 2018).

Dział Gromadzenia Zbiorów Muzeum Groß-Rosen – (E-Mail vom 16. 7. 2019).

Kamieński, Krzysztof (E-Mail vom 18. 6. 2019).

Kozłowska, Maria (Telefonate am 4. 6. 2018 und am 16. 7. 2019).

Lachendro, Jacek (E-Mail vom 1. 12. 2017).

Mróz, Adam (E-Mail vom 3. 1. 2019).

Raabe, Christian (Schreiben vom 4. 7. 2018).

Restorff-Libiszowska, Hanna (Telefonat am 23. 3. 2019).

Sehn, Arthur (persönliches Treffen am 28. 2. 2018 sowie E-Mails zwischen dem 29. 1. 2018 und dem 28. 1. 2019).

Sehn, Michał (E-Mail vom 23. 7. 2019).

Setkiewicz, Piotr (E-Mail vom 1. 12. 2017).

Wiese, Gerhard (Telefonat am 7. 6. 2018).

Biografien, Monografien und Sammelwerke

XVII Sprawozdanie Dyrekcji Państwowego Gimnazjum im. St. Konarskiego (typ humanistyczny) w Mielcu za rok szkolny 1928-29 [27. Bericht der Schulleitung des Staatlichen Stanisław Konarski-Gymnasiums (humanistisches Profil) in Mielec für das Schuljahr 1928-29], Mielec 1929.

Auschwitz w oczach SS. Rudolf Höss, Pery Broad, Johann Paul Kremer, bearb. v. Jadwiga Bezwińska, Danuta Czech, Oświęcim 2011 (dt. Ausgabe: Auschwitz in den Augen der SS. Rudolf Höß, Perry Broad, Johann Paul Kremer, hrsg. v. Jadwiga Bezwińska, Warszawa 1992).

Auschwitz-Prozeß 4 Ks 2/63 Frankfurt am Main, hrsg. v. Irmtrud Wojak, Köln 2004.

Bratko, Józef, Dlaczego zginąłeś, prokuratorze? [Warum bist du ums Leben gekommen, Staatsanwalt?], Kraków 1998.

Chwalba, Andrzej, Okupacyjny Kraków w latach 1939-1945 [Krakau in den Jahren der Besatzung 1939-1945], 2. Aufl., Kraków 2002.

Cyprian, Tadeusz/Sawicki, Jerzy, Procesy wielkich zbrodniarzy wojennych w Polsce [Die Prozesse gegen Hauptkriegsverbrecher in Polen], [Warszawa] 1949.

Deselaers, Manfred, »I nigdy oskarżony nie miał wyrzutów sumie nia?« Biografia Rudolfa Hössa, komendanta Auschwitz, a kwestia jego odpowiedzialności przed Bogiem i ludźmi, übers. v. Juliusz Zychowicz, Oświęcim 2014 (dt. Ausgabe: Manfred Deselaers, „Und Sie hatten nie Gewissensbisse?« Die Biografie von Rudolf Höß, Kommandant von Auschwitz, und die Frage nach seiner Verantwortung vor Gott und den Menschen, 2. Aufl., Leipzig 2001).

Gondek, Leszek, Polskie Misje Wojskowe 1945-1949. Polityczno-prawne, ekonomiczne i wojskowe problemy likwidacji skutków wojny na obszarze okupowanych Niemiec [Die polnische Militärmissionen 1945-1949. Politisch-rechtliche, ökonomische und militärische Schwierigkeiten bei der Beseitigung der Kriegsfolgen auf dem Gebiet des besetzten Deutschlands], Warszawa 1981.

Gumkowski, Janusz/Kułakowski, Tadeusz, Zbrodniarze hitlerowscy przed Najwyższym Trybunałem Narodowym [Hitler-Verbrecher vor dem Obersten Nationalen Tribunal], 3. Aufl., Warszawa 1967.

Harding, Thomas, Hanns und Rudolf. Der deutsche Jude und die Jagd nach dem Kommandanten von Auschwitz, aus dem Englischen übers. v. Michael Schwelien, München 2014.

Koop, Volker, Rudolf Höss. Komendant obozu Auschwitz, übers. v. Monika Kilis, Warszawa 2016 (dt. Ausgabe: Rudolf Höß. Kommandant in Auschwitz. Autobiografische Aufzeichnungen, hrsg. v. M. Broszat, München 2006).

Kostrzewa, Jarosław, Przewodnicy po labiryncie. Dzieje Instytutu Ekspertyz Sądowych w latach 1929-2019 [Führer durch das Labyrinth. Die Geschichte des Instituts für Gerichtsexpertisen 1929-2019], Kraków 2019.

Lepucki, Henryk, Działalność kolonizacyjna Marii Teresy i Józefa II w Galicji 1772-1790 [Die kolonisatorische Tätigkeit Maria Theresias und Josephs II. in Galizien 1772-1790], Lwów 1938.

Leśnicki, Zbigniew, Kraków. Historie, anegdoty i plotki [Krakau. Geschichten, Anekdoten und Klatsch], Kraków 2015.

Nagorski, Andrew, Łowcy nazistów [Die Nazijäger], übers. v. Jan Szkudliński, Poznań 2016.

Niziołek, Halina, »Pola zielone, wciąż widzę je…« [Die grünen Felder, ich sehe sie noch immer], Dębica 2017.

Rawicz, Jerzy, Dzień powszedni ludobójcy [Der Alltag eines Völkermörders], Warszawa 1973.

Różycka, Danuta/Borkowski, Tadeusz, Dzieje Instytutu Ekspertyz Sądowych 1929-1979 [Die Geschichte des Instituts für Gerichtsexpertisen 1929-1979], Warszawa 1979.

Sachslehner, Johannes, Der Henker. Leben und Taten des SS-Hauptsturmführers Amon Leopold Göth, Wien u.a. 2020.

Schenk, Dieter, Die braunen Wurzeln des BKA, Frankfurt am Main 2003.

Sehn, Jan, Konzentrationslager Oświęcim-Brzezinka (Auschwitz-Birkenau). Auf Grund von Dokumenten und Beweisquellen, Warszawa 1957.

Stan kryminalistyki i medycyny sądowej. Konferencja teoretyków i praktyków prawa karnego. Materiały z prac przygotowawczych do I Kongresu Nauki Polskiej [Der Stand der Kriminalistik und der Gerichtsmedizin. Konferenz der Theoretiker und Praktiker des Strafrechts. Materialien der vorbereitenden Arbeiten für den 1. Kongress der Polnischen Wissenschaft], Warszawa 1951.

Stengel, Katharina, Hermann Langbein. Ein Auschwitz-Überlebender in den erinnerungspolitischen Konflikten der Nachkriegszeit, Frankfurt am Main/New York 2012.

Unmenschliche Medizin, Anthologie, Bd. I, Teil 2, Auswahl und Einleitung von Jerzy Rawicz, Warszawa 1969.

Wissenschaftliche Artikel

Batawia, Stanisław, Rudolf Hoess, komendant obozu koncentracyjnego w Oświęcimiu [Rudolf Höß, Kommandant des Konzentrationslagers in Auschwitz], in: Biuletyn Głównej Komisji Badania Zbrodni Hitlerowskich w Polsce [Bulletin der Hauptkommission zur Untersuchung der NS-Verbrechen in Polen], 1951, Bd. VII, S. 9-58. Nachgedruckt in: Archiwum Kryminologii 2003-2004 [2005], Bd. XXVII, S. 8-41.

Boghardt, Thomas, Dirty Work? The Use of Nazi Informants by U.S. Army Intelligence in Postwar Europe, in: The Journal of Military History, 79 (2015), S. 387-422.

Kotarba, Ryszard, Dziennik Hansa Franka i okoliczności jego pozyskania przez Polskę w roku 1947 [Das Tagebuch Hans Franks und die Umstände seiner Verbringung nach Polen 1947], in: Annales Universitatis Mariae Curie-Skłodowska. Sectio F, Historia, 60 (2005), S. 279-289.

—, Jan Sehn – pierwszy przewodniczący i organizator Okręgowej Komisji Badania Zbrodni Niemieckich w Krakowie [Jan Sehn – erster Vorsitzender und Organisator der Bezirkskommission zur Untersuchung der deutschen Verbrechen in Krakau], in: Biuletyn Głównej Komisji Badania Zbrodni przeciwko Narodowi Polskiemu – Instytutu Pamięci Narodowej, 33 (1991), S. 199-205.

—, Okręgowa Komisja Badania Zbrodni Hitlerowskich w Krakowie 1945-1953 [Bezirkskommission für die Untersuchung von NS-Verbrechen in Krakau 1945-1953], in: Krzysztofory. Zeszyty Naukowe Muzeum Historycznego Miasta Krakowa, 17 (1990), S. 66-74.

Kozłowska, Maria, Archiwum doktora Robla w moich wspomnieniach [Das Archiv des Dr. Robel in meinen Erinnerungen], in: Z Zagadnień Kryminalistyki 1991 (Supplement), S. 34-38.

Markiewicz, Jan, Dr. Jan Zygmunt Robel. Uczony – działacz – konspirator [Dr. Jan Zygmunt Robel. Gelehrter – Aktivist – Konspirateur], in: Z Zagadnień Kryminalistyki 1991 (Supplement), S. 7-15.

—, Prof. dr Jan Sehn. Wspomnienie pośmiertne, in: Z Zagadnień Kryminalistyki, 2 (1967), S. 7-13.

—, Wspomnienie o profesorze doktorze Janie Sehnie [Erinnerung an Prof. Dr. Jan Sehn], in: Z Zagadnień Kryminalistyki, 11 (1976), S. 109-112.

Musiał, Bogdan, NS-Kriegsverbrecher vor polnischen Gerichten, in: Vierteljahrshefte für Zeitgeschichte, 1 (1999), S. 25-56.

Sehn, Jan, Einige rechtliche Aspekte der von den SS-Ärzten in den Konzentrationslagern durchgeführten sogenannten Versuche, in: Unmenschliche Medizin, Anthologie, Bd. 1, Teil 1, Warszawa 1969.

—, Obóz koncentracyjny i zagłady Oświęcim [Das Konzentrations- und Vernichtungslager Auschwitz], in: Biuletyn Głównej Komisji Badania Zbrodni Niemieckich w Polsce [Bulletin der Hauptkommission zur Untersuchung der NS-Verbrechen in Polen], 1 (1946), S. 65-130.

—, Sprawa oświęcimskiego lekarza SS J. P. Kremera [Der Fall des Auschwitz-SS-Arztes J. P. Kremer], in: Przegląd Lekarski«, 1a (1962), S. 49-61.

—, Struktura organizacyjna i działalność Instytutu Ekspertyz Sądowych w Krakowie [Organisationsstruktur und Tätigkeit des Instituts für Gerichtsexpertisen in Krakau], in: Z Zagadnień Kryminalistyki 1 (1960), S. 3-24.

—, Zbrodnicze »eksperymenty« lekarzy SS na ludziach więzionych w hitlerowskich obozach koncentracyjnych [Verbrecherische »Experimente« der SS-Ärzte an Gefangenen in NS-Konzentrationslagern], in: Zagadnienia prawa karnego i teorii prawa. Księga pamiątkowa ku czci profesora Władysława Woltera [Zu Strafrecht und Rechtstheorie. Gedenkschrift zu Ehren Professor Władysław Wolters], hrsg. v. Marian Cieślak, Warszawa 1959, S. 167-178.

Steinbacher, Sybille, »Menschen in Auschwitz« und die Auschwitz-Forschung. Eine Analyse, in: Einsicht. Bulletin des Fritz Bauer Instituts, 5 (2013), H. 10, S. 19-24.

—, »Protokoll von der Schwarzen Wand.« Die Ortsbesichtigung des Frankfurter Schwurgerichts in Auschwitz, in: »Gerichtstag halten über uns selbst…« Geschichte und Wirkung des ersten Frankfurter Auschwitz-Prozesses, hrsg. v. Irmtrud Wojak, Frankfurt am Main/New York 2001, S. 61-89.

Zeitungs- und Zeitschriftenartikel

Bender, Niklas, Kopie von Reichsuniversität Straßburg ließ Häftlinge ermorden, https://www.faz.net/aktuell/feuilleton/debatten/ns-verbrechen-reichsuniversitaet-strassburg-liess-haeftlinge-ermorden-18129608.html (1.10.2022).

Dalsza lista ofiar katyńskich [Die weitere Liste der Opfer von Katyn], in: Goniec Krakowski, 4.6.1943.

Deutsche National-Zeitung und Soldaten-Zeitung, 1965.

Dziennik Polski, 1946, 1984.

Gąsiewski, Włodzimierz, Jan Sehn (1909-1965), in: Wieści Regionalne, 5 (2009).

Heimkehr mit dem Flugzeug, in: Frankfurter Allgemeine Zeitung, 14.12.1965.

Hołuj Tadeusz, Temat Oświęcim [Thema Auschwitz], in: Twórczość, 2 (1947).

Ilustrowany Kurier Codzienny, 1938.

Jasienica Paweł, U kresu pewnej moralności [An der Grenze einer bestimmten Moralität], in: Nowa Kultura, 3 (147) (1953).

Kocwa, Eugenia, Zło anonimowe [Das anonyme Böse], in: Tygodnik Powszechny, 30 (175) (1948).

Korotyński, Henryk, Kiedy będziemy znali Oświęcim? [Wann werden wir Auschwitz kennen?], in: Odrodzenie, 34 (143) (1947).

Lauritzen würdigt Professor Sehn, in: Frankfurter Rundschau, 14.12.1965.

Łagodne wyroki za zbrodnie przeciwko ludzkości [Milde Urteile für Verbrechen gegen die Menschlichkeit], in: Sztandar Młodych, 21.8.1965.

Marschak, Leopold, Ostatnia rozmowa z prof. dr. Janem Sehnem [Das letzte Gespräch mit Prof. Dr. Jan Sehn], in: Kulisy, 1 (463) (1966).

Mącior, Władysław, Profesor Jan Sehn (1909-1965), in: Gazeta Wyborcza (Kraków), 10.12.2005.

Ormond, Henry, Ein Wort zur Kritik am Auschwitz-Urteil, in: Allgemeine Wochenzeitung der Juden in Deutschland, 27. 8. 1965. Wiederabdruck in gekürzter Form in: Die Welt, 30. 8. 1965.
Osmańczyk, Edmund, Z lotu ptaka [Aus der Vogelperspektive], in: Przekrój, 33 (1945).
Paris: Bedingte Haft für ehemaligen KZ-Arzt Münch verlangt, in: Der Standard, 20.9.2002, https://www.derstandard.at/consent/tcf/story/718265/paris-bedingte-haft-fuer-ehemaligen-kz-arzt-muench-verlangt (28. 9. 2022).
Pfuhl, Walter, Professor Jan Sehn gestorben, in: Die Welt, 14.12.1965.
Piotrowski, Stanisław, Buehler zasłużył na najwyższy wymiar kary [Bühler hat das höchste Strafmaß verdient], in: Nowiny Literackie, 35 (75) (1948).
Sehn, Jan, Handlarze śmierci [Die Händler des Todes], in: Za Wolność i Lud, 6 (87) (1955).
WG [Gąsiewski, Włodzimierz], Polowanie na volksdeutschów czy antyniemieckie nastroje w Tuszowie [Jagd auf Volksdeutsche – antideutsche Stimmungen in Tuszów], in: Wieści Regionalne, 3 (2004).
Wyrok na katów Oświęcimia [Urteil gegen die Henker von Auschwitz], in: Życie Warszawy, 20.8.1965.

Wochenschauen

Polska Kronika Filmowa 12/46 u. 18/46

Onlinequellen

Państwowe Muzeum Auschwitz-Birkenau [Staatliches Museum Auschwitz-Birkenau in Oświęcim], auschwitz.org (2. 10. 2022).
Berichte von Józef und Franciszka Sehn, collections.ushmm.org, bit.ly/2mN- KUmE (4. 10. 2022).
Bericht Maria Kozłowskas, collections.ushmm.org, bit.ly/2osM6fB (4. 10. 2022).

Andere

Notizen Maria Kozłowskas, o. D., in Besitz des Autors.
Erinnerungen Krystyna Szymańskas, auf Tonband aufgezeichnet, Nachlass Stanisław Kobiela, im Besitz der Familie.
Auszug aus dem Protokoll der Sitzung des Rechtsausschusses des Hessischen Landtags (Hessischer Landtag), 3. 6. 1960, Kopie in Besitz des Autors.

Abbildungsverzeichnis

S. 10: Instytut Pamięci Narodowej (Fotograf: Stanisław Kolowca)

S. 21: Archiwa Państwowe, Narodowe Archiwum Cyfrowe (Fotograf: Zbyszko Siemaszko)

S. 29: Archiv des Fritz Bauer Instituts, Nachlass Henry Ormond, NL Ormond-272

S. 45: Instytut Pamięci Narodowej

S. 52: Instytut Pamięci Narodowej

S. 85: Archiv des Staatlichen Museums Auschwitz-Birkenau, Oświęcim

S. 109: PAP/ (Vervielfältigung: Jerzy Baranowski)

S. 128: PAP (Fotograf: Stanisław Dąbrowiecki)

S. 133: Instytut Pamięci Narodowej

S. 155: Instytut Pamięci Narodowej (Fotograf: Jerzy Rys)

S. 174: Archiv des Fritz Bauer Instituts (Fotograf: Georg Bürger), Fotosammlung, FAP/BUR 000002

S. 177: Archiv des Fritz Bauer Instituts, Fotosammlung (Fotograf: Georg Bürger), FAP/BUR 000018

S. 185: Archiv des Fritz Bauer Instituts, Nachlass Henry Ormond, NL Ormond-272

S. 190: Privatarchiv Arthur Sehn

Personenregister

Danksagung

Am Anfang stand Prof. Antoni Dudek. Als ich mein Buch über Filmschaffende in der Volksrepublik Polen publizierte, legte er mir nahe, über das nächste Projekt nachzudenken. »Ich möchte zu einer Biografie ermuntern«, schrieb er mir in einer seiner E-Mails. »Das ist zwar eine schwierige Herausforderung, aber nur schwierige Herausforderungen sind es wert, in Angriff genommen zu werden.« Das war am 16. Juli 2011. Ich fand es verlockend, mich dieser Herausforderung zu stellen. In den nächsten Jahren nahmen mich dann allerdings meine Doktorarbeit und deren Veröffentlichung in Buchform in Beschlag. Daraus entstand *»Polen geben wir nicht preis«. Der Kampf der DDR-Führung gegen die Solidarność 1980/81*. Das Vorhaben der Biografie hatte ich dennoch nicht verworfen, ich suchte nur recht lange nach einer Idee, von der ich gänzlich überzeugt gewesen wäre.

2016 las ich mit Interesse Andrew Nagorskis *The Nazi Hunters*. Ich erwartete, die nächsten Geschichten über Simon Wiesenthal und Tuviah Friedman, Beate und Serge Klarsfeld zu erfahren. Und ich fand sie auch. Doch Nagorski, ein amerikanischer Journalist, der jahrelang für *Newsweek* tätig war, beschrieb auch Personen, die ich bis dahin noch nicht näher gekannt hatte, und unter diesen war der Krakauer Untersuchungsrichter Jan Sehn. Dem Namen war ich früher bereits begegnet, als ich im Archiv des IPN (Institut für Nationales Gedenken) die Ermittlungsakten der Verfahren gegen Amon Göth und Rudolf Höß durchgesehen hatte. Ins Zentrum seines Kapitels zu Sehn hatte Nagorski gerade die Verhöre von Höß gesetzt, des berüchtigten Kommandanten von Auschwitz. Ebenso kam Nagorski auf viele andere Aspekte zu sprechen, so etwa Sehns deutsche Wurzeln oder sein Verhältnis zur kommunistischen Regierung in den Jahren nach dem Krieg. Nach der Lektüre dieses Buches wusste ich, dass Sehn alles andere als eine durchschnittliche Persönlichkeit gewesen war. Zugleich wurde meine Neugier eher geweckt als befriedigt.

Im Herbst 2016, während der 25. Geschichtsbuchmesse in Warschau, führte ich gemeinsam mit Maciej Foks ein Interview mit Nagorski. »Ich wäre sehr froh, wenn ich einen Dokumentar- oder Spielfilm über Jan Sehn sehen könnte«, so hörten wir damals. Doch gab sich unser Gesprächspartner zugleich auch skeptisch. Er verwies darauf, dass Sehn nur ungern über sich und seine Familie gesprochen hatte. Tatsächlich war eine seiner Eigenschaften große Zurückhaltung gewesen, und umfangreichere persönliche Notizen hatte er offenbar nicht hinterlassen.

Ich ließ mich davon nicht entmutigen. Ich bestellte weiteres Archivmaterial – und nach und nach enthüllte sich mir der faszinierende Lebenslauf des Krakauer Professors. Als dann im April 2018 im *Bulletin* des IPN mein mehrseitiger Beitrag über Sehn erschien, wusste ich bereits, dass es sich lohnen würde, mehr über ihn zu schreiben. Ich danke dem Czarne Verlag, dass er bereit war, diese Überzeugung zu teilen. Ich danke meiner Frau, dass sie mich unterstützt und später voller Enthusiasmus jedes weitere Kapitel gelesen hat. Auch meine Eltern haben mir immer Mut gemacht, mein Bruder, meine Großeltern, meine Schwiegereltern, ebenso die weitere Verwandtschaft.

Das Buch wäre deutlich spärlicher ausgefallen ohne ein zweimonatiges Stipendium im Fritz Bauer Institut in Frankfurt am Main. Dieser Aufenthalt wurde mir durch den DAAD ermöglicht. Prof. Antoni Dudek und Prof. Sybille Steinbacher, der Leiterin des Instituts, danke ich für die Unterstützung meines Stipendienantrags, meinen Vorgesetzten am IPN danke ich für die Möglichkeit, in diesem Zeitraum unbezahlten Urlaub zu nehmen. In Frankfurt erlebte ich große Herzlichkeit und Hilfsbereitschaft – ganz besonders danken möchte ich Prof. Sybille Steinbacher und Dr. Katharina Stengel, dem Archivleiter Johannes Beermann-Schön sowie seinem Vorgänger Werner Renz, der Bibliothekarin Josefine Ruhe, Werner Lott und vielen anderen – auch außerhalb des Fritz Bauer Instituts. Es war mir eine Freude, die ersten Ergebnisse meiner Forschungen im Rahmen eines internen Seminars im Institut vorstellen zu dürfen. Zu Gast waren zu dieser Gelegenheit auch Markus Krzoska und Konstantin Rometsch von der Justus-Liebig-Universität Gießen.

Im Dickicht der Archive ist man auf Unterstützung angewiesen. Meine Recherchen wären nicht so ergiebig gewesen ohne die ebenso herzliche wie fachlich hervorragende Hilfe von Edyta Rzeszuto vom Krakauer Institut für Gerichtsexpertisen, Iwona Fischer vom Nationalarchiv in Krakau, Grażyna Bembenek und Marek Gieroń vom

Staatsarchiv in Rzeszów, ebenso der Leitung des 1. Allgemeinbildenden Stanisław-Konarski-Lyzeums in Mielec, von Pfarrer Krzysztof Kamieński vom Diözesanarchiv in Tarnów, Dr. Wojciech Płosa vom Staatlichen Museum Auschwitz-Birkenau in Oświęcim, Staatsanwalt Thomas Will aus Ludwigsburg, Christina Kunkel vom Institut für Zeitgeschichte in München und Dr. Johann Zilien vom Hessischen Hauptstaatsarchiv in Wiesbaden.

Wertvolle Ergänzungen zu den Recherchen in Archiven sind immer Gespräche mit Zeitzeuginnen und Zeitzeugen. Es leben nicht mehr viele Personen, die mit Sehn zusammengearbeitet haben. Umso mehr freue ich mich, dass ich mit einigen von ihnen Kontakt aufnehmen konnte – mit Maria Kozłowska, Zofia Chłobowska, Jerzy Łabędź, Staatsanwalt Gerhard Wiese und dem inzwischen leider verstorbenen Anwalt Christian Raabe. Teilhaben durfte ich auch an den Erinnerungen Hanna Restorff-Libiszowskas, der Tochter des Untersuchungsrichters Marian Restorff, der bereits vor dem Krieg Jan Sehns Talent erkannt hatte.

In bester Erinnerung habe ich den Besuch in Jan Sehns ehemaliger Wohnung in der Czysta-Straße in Krakau, wo mich Adam Mróz und seine Frau Jolanta überaus gastfreundlich empfangen haben, ebenso den Besuch im Haus der Familie Sehn in Bobrowa, wo mich Jan Antoni Sehn empfing, der Großneffe des Professors. Gemeinsam mit Arthur Sehn und dem Journalisten Piotr Litka fuhren wir unter anderem nach Tuszów Mały, dem Heimatort Jan Sehns. Dort befindet sich heute die Gedenktafel mit dem Reliefporträt. Mieczysław Dziewit, der Eigentümer des Anwesens, auf dem sich die Tafel befindet, zeigte sich nicht nur offen gegenüber den unangekündigten Besuchern, er zeigte uns auch die Dokumente aus der Zeit vor dem Krieg, über die er verfügt. Katarzyna Gazda, Großnichte des Professors, schickte mir Presseartikel über Sehn. Als ebenso hilfreich erwies sich der Kontakt zu Michał Sehn, der die juristische Tradition in der Familie fortführt.

Vor der Drucklegung haben Antoni Dudek und Maciej Foks das gesamte Manuskript gelesen, Witold Bagieński und Jacek Lachendro Ausschnitte daraus. Allen vieren danke ich für ihre Anregungen. Mit speziellen Detailfragen hatte ich mich an zahlreiche weitere Personen gewandt – an Rafał Dyrcz, Włodzimierz Gąsiewski, Kerstin Hofmann, Sven Felix Kellerhoff, Ryszard Kotarba, Henry

Leide, Radosław Peterman, Marcin Przegiętka, Dieter Schenk, Piotr Setkiewicz, Paweł Sztama, Efraim Zuroff, Mariusz Żuławnik.

Nachdem das Buch in Polen erschienen ist, konnte ich mit dem Wallstein Verlag auch einen deutschen Verleger gewinnen. Prof. Sybille Steinbacher gilt hier nochmals ein besonderer Dank für die Aufnahme meiner Jan-Sehn-Biografie in die Reihe »Studien zur Geschichte und Wirkung des Holocaust«. Das Publikationsvorhaben konnte dank einer Übersetzungsförderung des polnischen Buchinstituts (Instytut Książki) verwirklicht werden. Mit Lothar Quinkenstein stand uns ein erfahrener Übersetzer zur Verfügung, mit dem ich mich von Anfang an bestens verstand. Auch die Zusammenarbeit mit Ursula Kömen vom Wallstein Verlag verlief immer reibungslos. Dr. des. Andrea Kirchner vom Fritz Bauer Institut danke ich für die professionelle redaktionelle Betreuung. Und auch diesmal hat meine Frau das ganze Manuskript mit großer Akribie gelesen und war stets mit ihren Anregungen um Hilfe bemüht. Eventuelle Fehler und Nachlässigkeiten gehen selbstverständlich einzig und allein auf mein Konto.